NOUVEAUX DIALOGUES

FAMILIERS ET PROGRESSIFS,

FRANÇAIS-ALLEMANDS,

PAR

RICHARD ET WOLTERS.

SECONDE ÉDITION.

PRIX, CARTONNÉ : 1 FR. 50 CENT.

PARIS,

LIBRAIRIE DE L. MAISON,

ÉDITEUR DES GUIDES-RICHARD,

17, RUE DE TOURNON.

AF340635

NOUVEAUX DIALOGUES

FRANÇAIS-ALLEMANDS.

X

3193

A la même Librairie :

GUIDES-RICHARD,

ITINÉRAIRES EUROPÉENS

A L'USAGE DES VOYAGEURS,

PAR

RICHARD, AD. JOANNE, DU PAYS, ETC.

Chacun de ces itinéraires est accompagné de cartes routières, plans de villes, vues, etc.

EUROPE, 1 vol. in-12. — BAINS D'EUROPE, par Ad. Joanne et le docteur Le Pileur, 1 vol. in-18. — FRANCE ET BELGIQUE, 1 vol. in-12. — FRANCE, 1 vol. in-18. — FRANCE MONUMENTALE, 1 vol. in-12. — PYRÉNÉES, 1 vol. in-18. — ENVIRONS DE PARIS, 1 vol. in-18. — BELGIQUE ET HOLLANDE, 1 fort vol. in-18. — BELGIQUE *seule*, 1 vol. in-18. — SPA ET SES ENVIRONS, par Ad. Joanne, 1 vol. in-18. — HOLLANDE *seule*, 1 vol. in-18. — BORDS DU RHIN, 1 vol. in-18. — BORDS DU RHIN (*guide pour les trains de plaisir*), par Ad. Joanne, 1 vol. in-18. — BADE ET LA FORÊT-NOIRE, par Ad. Joanne, 1 vol. in-18. — ALLEMAGNE, 1 vol. in-12. — TYROL, 1 vol. in-12. — SUISSE ET JURA FRANÇAIS, par Ad. Joanne; 1 fort vol. in-12. — SUISSE, SAVOIE ET PIÉMONT, traduit de Murray; 1 vol. in-18. — NOUVEL-EBEL. SUISSE, 1 vol. in-18. — ITALIE ET SICILE, 1 fort vol. in-12. — LE MIDI DE LA FRANCE ET L'ITALIE, 1 vol. in-12. — SICILE, 1 vol. in-18. — ROME, SES MONUMENTS, SES CURIOSITÉS, SES ENVIRONS, par G. ROBELLO; 1 fort vol. in-12. — ROME VUE EN HUIT JOURS, 1 vol. in-18. — ESPAGNE ET PORTUGAL, 1 fort vol. in-18. — ANGLETERRE, ÉCOSSE ET IRLANDE, 1 fort vol. in-12. — ÉCOSSE, par Ad. Joanne, 1 vol. in-18. — LONDRES ET SES ENVIRONS, 1 fort vol. in-18. — LONDRES TEL QU'IL EST, 1 vol. in-18. — ORIENT, un fort vol. in-12. — CONSTANTINOPLE, 1 vol. in-12. — LA TERRE-SAINTE, 1 vol. in-12. — ALGÉRIE, 1 vol. in-18. — CALIFORNIE (Description de la), 1 vol. in-12. — CALIFORNIE (Route de la), 1 vol. in-12.

NOUVEAUX
DIALOGUES

FAMILIERS ET PROGRESSIFS,

FRANÇAIS-ALLEMANDS,

PAR

RICHARD ET WOLTERS.

SECONDE ÉDITION.

PRIX, CARTONNÉ : 1 FR. 50 CENT.

DÉPOT LÉGAL
Bas-Rhin
N° 143
1857

PARIS,

LIBRAIRIE DE L. MAISON,
ÉDITEUR DES GUIDES-RICHARD,
17, RUE DE TOURNON.

A la même Librairie :

GUIDES DE LA CONVERSATION.
DIALOGUES
FAMILIERS A L'USAGE DES VOYAGEURS.

Chacun de ces dialogues, imprimé dans le FORMAT GRAND IN-32, est accompagné d'un tableau comparatif des monnaies d'Europe, fort utile aux voyageurs, et élégamment cartonné, avec une couverture imprimée en deux couleurs.

Dialogues en vente :

FRANÇAIS-ANGLAIS, par Richard et Quétin. . . .	1 fr. 50 c.
FRANÇAIS-ESPAGNOLS, par Richard et de Coròna. .	1 50
FRANÇAIS-ITALIENS, par Richard et Boletti . . .	1 50
ANGLAIS-ALLEMANDS, par A. Horwitz	1 50
ANGLAIS-ITALIENS, par Wahl et Brunetti	1 50
ANGLAIS-ESPAGNOLS, par de Coròna et Laran. . .	1 50

LES MUSÉES D'EUROPE,
PAR
M. LOUIS VIARDOT.

4 volumes in-18 anglais à 3 fr. 50 c.

LES MUSÉES DE FRANCE. . .	1 VOLUME BROCHÉ,	5 fr.	50 c.
LES MUSÉES D'ITALIE. . . .	1 —	5	50
LES MUSÉES D'ESPAGNE . . .	1 —	5	50
LES MUSÉES D'ALLEMAGNE . .	1 —	5	50
LES MUSÉES D'ANGLETERRE			
— DE BELGIQUE .	1 —	5	50
— DE HOLLANDE .			
— DE RUSSIE . .			

STRASBOURG, IMPRIMERIE DE G. SILBERMANN.

TABLE DES MATIÈRES.

DIALOGUES

FRANÇAIS-ALLEMANDS.

AVIS.

Pour atteindre autant que possible le but d'utilité que nous nous sommes proposé en faisant ce petit ouvrage, nous avons cru devoir le faire précéder de quelques indications sommaires sur les déclinaisons, les adjectifs et les verbes. A l'aide de ces indications, que nous nous sommes efforcés de rendre claires et précises, nous avons la ferme conviction, que toutes les personnes qui en feront usage pourront aisément former les petites phrases qn'elles devront employer le plus fréquemment en voyageant dans un pays dont elles ignorent la langue.

Toutefois, comme il n'entrait pas dans notre but d'exposer ici les règles qui régissent la déclinaison des substantifs allemands, nous nous sommes contentés d'indiquer, dans le vocabulaire placé à la fin de cet ouvrage, le génitif sin-

gulier et le nominatif pluriel de chacun des substantifs qui s'y trouvent compris.

En allemand, on décline non-seulement le substantif, mais bien encore l'adjectif et l'article.

Les substantifs qui prennent un *s* au génitif singulier, ou ceux qui restent invariables à ce cas, ont leur datif et leur accusatif semblables au nominatif singulier.

Les substantifs qui prennent *es* au génitif, prennent un *e* au datif singulier, et leur accusatif reste semblable au nominatif.

Les substantifs qui prennent un *n* ou *en* au génitif, forment leur datif et leur accusatif comme leur génitif.

Les quatre cas du pluriel sont semblables au nominatif pluriel, on ajoute seulement au datif un *n* quand le nominatif pluriel ne se termine point en *n*.

Les adjectifs se divisent en adjectifs épithètes et adjectifs attributs. On entend par adjectif épithète celui qui qualifie le substantif ou qui s'emploie avec lui, de façon à ce qu'unis ensemble ils n'expriment qu'une seule idée. — L'adjectif attribut qualifie au contraire le verbe. Ex. : Le bon Dieu; *bon* est adjectif épithète, parce que, uni au mot Dieu, il ne forme qu'une seule idée. Mais lorsqu'on dit : Dieu est bon, l'adjectif de-

vient attribut, parce qu'il définit ce qu'est Dieu,
et qu'alors il qualifie le verbe.

L'adjectif épithète est seul déclinable; il se
place devant le substantif, et s'accorde avec lui
en genre, en nombre et en cas.

La terminaison du genre est *er* pour le masculin, *e* pour le féminin et *es* pour le neutre;
mais seulement lorsque l'article indéfini précède
l'adjectif; quand, au contraire, c'est l'article dé-
fini qui le précède, le nominatif des trois genres
se termine en *e*.

Les tableaux suivants feront mieux comprendre
encore que nos paroles le mode de déclinaison
de l'article, de l'adjectif et du substantif:

	Singulier.	Pluriel.
N.	der gute Knabe.	die guten Knaben.
G.	des guten Knaben.	der guten Knaben.
D.	dem guten Knaben.	den guten Knaben.
A.	den guten Knaben.	die guten Knaben.
N.	die schöne Blume.	die schönen Blumen.
G.	der schönen Blume.	der schönen Blumen.
D.	der schönen Blume.	den schönen Blumen.
A.	die schöne Blume.	die schönen Blumen.
N.	das große Haus.	die großen Häuser.
G.	des großen Hauses.	der großen Häuser.
D.	dem großen Hause.	den großen Häusern.
A.	das große Haus.	die großen Häuser.

Masculin.	Féminin.
N. ein kleiner Spiegel.	eine kleine Nuß.
G. eines kleinen Spiegels.	einer kleinen Nuß.
D. einem kleinen Spiegel.	einer kleinen Nuß.
A. einen kleinen Spiegel.	eine kleine Nuß.

Neutre.	Pluriel p. les trois genres.
N. ein kleines Pferd.	kleine Spiegel, Nüsse, Pferde.
G. eines kleinen Pferdes.	kleiner Spiegel, Nüsse, Pferde.
D. einem kleinen Pferde.	kleinen Spiegeln, Nüssen, Pferden.
A. ein kleines Pferd.	kleine Spiegel, Nüsse, Pferde.

Il existe en allemand trois verbes auxiliaires, qui sont : sein, être ; haben, avoir ; werden, devenir, et ils se conjuguent de la manière suivante :

INFINITIF.

Présent. sein.	haben.	werden.
Passé... gewesen sein.	gehabt haben.	geworden sein.
Futur... sein werden.	haben werden.	werden werden.

PARTICIPE.

Présent. seiend.	habend.	werdend.
Passé... gewesen.	gehabt.	geworden.

INDICATIF.
Présent.

ich bin.	ich habe.	ich werde.
du bist.	du hast.	du wirst.
er ist.	er hat.	er wird.

wir sind.	wir haben.	wir werden.
ihr seid.	ihr habt.	ihr werdet.
sie sind.	sie haben.	sie werden.

Imparfait.

ich war.	ich hatte.	ich wurde.
du warst.	du hattest.	du wurdest.
er war.	er hatte.	er wurde.
wir waren.	wir hatten.	wir wurden.
ihr waret.	ihr hattet.	ihr wurdet.
sie waren.	sie hatten.	sie wurden.

Parfait.

ich bin gewesen, 2c. | ich habe gehabt, 2c. | ich bin geworden, 2c.

Ajoutez au présent le participe passé.

Plusqueparfait.

ich war gewesen, 2c. | hatte gehabt, 2c. | war geworden, 2c.

Ajoutez à l'imparfait le participe passé.

Futur.

ich werde sein, 2c. | werde haben, 2c. | werde werden, 2c.

Ajoutez au présent de l'auxiliaire werden l'infinitif du verbe à conjuguer.

Futur passé.

ich werde gewesen sein, 2c. | ich werde gehabt haben, 2c. | ich werde geworden sein, 2c.

Ajoutez au présent de l'auxiliaire werden l'infinitif passé du verbe à conjuguer.

Conditionnel présent.

ich würde sein, 2c. | würde haben, 2c. | würde werden, 2c.

Ajoutez au subjonctif de l'imparfait de werden l'infinitif du verbe à conjuguer.

Conditionnel passé.

ich würde gewesen sein, 2c.	ich würde gehabt haben, 2c.	ich würde geworsben sein, 2c.

Ajoutez au subjonctif de l'imparfait de werben l'infinitif passé du verbe à conjuguer.

SUBJONCFIF.
Présent.

ich sei.	ich habe.	ich werde.
bu seiest.	bu habest.	bu werdest.
er sei.	er habe.	er werde.
wir seien.	wir haben.	wir werben.
ihr seieb.	ihr habet.	ihr werbet.
sie seien.	sie haben.	sie werben.

Imparfait.

ich wäre.	ich hätte.	ich würde.
bu wäreft.	bu hätteft.	bu würdeft.
er wäre.	er hätte.	er würde.
wir wären.	wir hätten.	wir würben.
ihr wäret.	ihr hättet.	ihr würbet.
sie wären.	sie hätten.	sie würben.

Parfait.

ich sei gewesen, 2c.	habe gehabt, 2c.	sei geworben, 2c.

Plusqueparfait.

ich wäre gewesen 2c	hätte gehabt, 2c.	wäre geworben, 2c.

Futur.

ich werbe sein, 2c.	werbe haben, 2c.	werbe werben, 2c.

Futur passé.

ich werbe gewesen sein, 2c.	ich werbe gehabt haben, 2c.	ich werbe geworben sein, 2c.

IMPÉRATIF.

ſei.	habe.	werde.
ſei er.	habe er.	werde er.
ſeien wir.	haben wir.	werden wir.
ſeid.	habet.	werdet.
ſeien ſie.	haben ſie.	werden ſie.

Les verbes réguliers se conjuguent tous de la même manière; il sera cependant nécessaire d'observer que les verbes actifs forment leurs temps composés à l'aide de l'auxiliaire haben, avoir; tandis que la plupart des verbes neutres forment les leurs à l'aide de l'auxiliaire ſein, être.

INFINITIF.

Présent. loben.
Passé... gelobt haben.
Futur... loben werden.

PARTICIPE.

Présent. lobend.
Passé... gelobt.

INDICATIF.   SUBJONCTIF.

Présent.

ich lobe.	wir loben.	ich lobe.	wir loben.
du lobſt.	ihr lobt.	du lobeſt.	ihr lobet.
er lobt.	ſie loben.	er lobe.	ſie loben.

Imparfait.

ich lobte.	wir lobten.	ich lobete.	wir lobeten.
du lobteſt.	ihr lobtet.	du lobeteſt.	ihr lobetet.
er lobte.	ſie lobten.	er lobete.	ſie lobeten.

Parfait.

ich habe gelobt, ꝛc.   ich habe gelobt, ꝛc.

Plusqueparfait.

ich hatte gelobt, ꝛc.   ich hätte gelobt, ꝛc.

Futur.

ich werde loben, ıc. | ich werde loben. ıc.

Futur passé.

ich werde gelobt haben, ıc. | ich werde gelobt haben, ıc.

CONDITIONNEL.

Présent.   Passé.

ich würde loben, ıc. | ich würde gelobt haben, ıc.

IMPÉRATIF.

lobe,   lobe er,   loben wir,   lobet,   loben sie.

Le passif se forme en ajoutant à tous les temps de l'auxiliaire werden le participe passé du verbe que l'on veut conjuguer.

La construction des phrases doit être ainsi faite :

1° Sujet, verbe, attribut, pour les phrases principales.

2° Sujet, attribut, verbe, pour les phrases dépendantes.

3° Pour les phrases interrogatives, on devra au contraire toujours employer l'inversion, qui se détermine par l'emploi du verbe immédiatement suivi du sujet, puis de l'attribut. Il en sera de même toutes les fois que, voulant attirer l'attention principale sur l'attribut, on commencera la phrase par l'attribut lui-même.

NOMS DE NOMBRE.

Cardinaux.	*Ordinaux.*
Un, eins.	Le premier, der erſte.
deux, zwei.	le second, der zweite.
trois, drei.	le troisième, der dritte.
quatre, vier.	le quatrième, der vierte.
cinq, fünf.	le cinquième, der fünfte.
six, ſechs.	le sixième, der ſechste.
sept, ſieben.	le septième, der ſiebente.
huit, acht.	le huitième, der achte.
neuf, neun.	le neuvième, der neunte.
dix, zehn.	le dixième, der zehnte.
onze, elf.	le onzième, der elfte.
douze, zwölf.	le douzième, der zwölfte.
treize, dreizehn.	le 13me, der dreizehnte.
quatorze, vierzehn.	le 14me, der vierzehnte.
quinze, fünfzehn.	le 15me, der fünfzehnte.
seize, ſechzehn.	le 16me, der ſechzehnte.
dix-sept, ſiebenzehn.	le 17me, der ſiebenzehnte.
dix-huit, achtzehn.	le 18me, der achtzehnte.
dix-neuf, neunzehn.	le 19me, der neunzehnte.
vingt, zwanzig.	le 20me, der zwanzigſte.
vingt et un, einundzwanzig.	le 21me, der einundzwanzigſte.
vingt-six, ſechsundzwanzig.	le 26me, der ſechsundzwanzigſte.
trente, dreißig.	le 30me, der dreißigſte.
quarante, vierzig.	le 40me, der vierzigſte.
cinquante, fünfzig.	le 50me, der fünfzigſte.
soixante, ſechzig.	le 60me, der ſechzigſte.

soixante-dix, fiebenzig.   le 70me, der fiebenzigfte.

quatre-vingts, achtzig.   le 80me, der achtzigfte.

quatre-vingt-dix, neun= zig.   le 90me, der neunzigfte.

cent, hundert.   le 100me, der hundertfte.

cent et un, hundert und eins   le 101me, der hunderterfte.

deux cents, zweihundert.   le 200me, der zweihun= dertfte.

mille, taufend.   le 1000me, der taufendfte.

deux mille, zweitaufend.   le 2000me, der zweitau= fendfte.

dix mille, zehntaufend.   le 10,000^{me}, der zehntau= fendfte.

cent mille, hunderttau= fend.   le 100,000^{me}, der hun= derttaufendfte.

deux cent mille, zwei= hunderttaufend.   le 200,000^{me}, der zwei= hunderttaufendfte.

LOCUTIONS, GERMANISMES, PROVERBES.

Quelle heure est-il? — Wie viel Uhr ist es?

Il est deux heures et demie. — Es ist halb drei.

Il est quatre heures moins un quart. — Es ist ein Viertel vor vier.

Il est six heures et quart. — Es ist ein Viertel nach sechs.

Il sonne midi. — Es schlägt zwölf.

Quel âge avez-vous? — Wie alt sind Sie?

J'ai vingt ans. — Ich bin zwanzig Jahre alt.

Cet enfant n'a que neuf mois. — Dieses Kind ist nur drei Viertel Jahr alt.

Trois mois. — Ein Vierteljahr.

Six mois. — Ein halbes Jahr.

Quinze mois. — Fünf Vierteljahr.

Dix-huit mois. — Anderthalb Jahr.

Comment vous portez-vous? — Wie befinden Sie sich?

Je ne me porte pas bien. — Ich befinde mich nicht wohl.

Qu'avez-vous? — Was fehlt Ihnen?

J'ai mal à la tête. — Ich habe Kopfschmerzen.

C'en est fait de lui. — Es ist um ihn geschehen.

Il se porte fort mal. — Es steht schlecht mit ihm.

Nous jouons un déjeuner. — Wir spielen um ein Frühstück.

Je parie huit florins. — Ich wette um acht Gulden.

Je te le passe. — Ich halte es dir zu gut.

2

Chemin faisant.	Auf dem Wege.
L'histoire est finie.	Die Geschichte ist aus.
S'estimer heureux.	Sich für glücklich schätzen.
Il a peur de son ombre.	Er fürchtet sich vor seinem eigenen Schatten.
Se faire de quelqu'un un ami.	Sich jemanden zum Freunde machen.
Il sait lire.	Er kann lesen.
Je suis à vous dans l'instant.	Ich komme gleich.
Nous aurons de l'orage.	Wir werden ein Gewitter bekommen.
Il fait chaud ici.	Es ist warm hier.
J'ai chaud.	Es ist mir warm.
Je ne prends pas de café.	Ich trinke keinen Kaffee.
J'ai la main engourdie.	Meine Hand ist eingeschlafen.
Comment cela se fait-il?	Wie geht das zu?
Qu'en pensez-vous?	Was halten Sie davon?
On ne me fera pas changer de sentiment.	Ich lasse mir das nicht ausreden.
J'ai lu Schiller.	Ich habe den Schiller gelesen.
Je prends la liberté de vous écrire.	Ich nehme mir die Freiheit, an Sie zu schreiben.
Nous serons morts avant ce temps-là.	Wir werden es nicht erleben.
Il ne se gêne pas.	Er macht sich's bequem.
Être fort gêné.	Sich sehr genau behelfen.
Il est rempli de son mérite.	Er bildet sich viel ein.
J'irai le voir.	Ich werde ihn besuchen.

Voilà huit jours que je ne suis pas sorti.	Acht Tage lang bin ich nicht ausgegangen.
Envoyez-le chercher.	Laſſen Sie ihn holen.
Vient-il avec nous?	Kommt er auch mit?
Je ne voudrais pas vous déranger.	Ich will Ihnen nicht beſchwerlich fallen.
Il a manqué de tomber.	Er wäre beinahe gefallen.
Il n'a pas de quoi vivre.	Er hat nicht zu leben.
Je voudrais être riche.	Ich wollte, daß ich reich wäre.
Il a chez moi la table et le logement.	Ich gebe ihm freien Tiſch und Wohnung.
On découvrira bien ce mystère.	Die Sache wird ſchon an den Tag kommen.
On va mettre le couvert.	Man wird gleich den Tiſch decken.
Il fait bonne chère.	Er ißt und trinkt gut.
Je n'ai trouvé âme qui vive.	Ich habe keine lebendige Seele angetroffen.
Faire tous ses efforts.	Sein Aeußerſtes thun.
Vous vous êtes trompé de clef.	Sie haben den unrechten Schlüſſel.
C'est son affaire.	Er mag zuſehen.
Cela n'a aucun rapport avec l'affaire.	Das hat mit der Sache nichts zu thun.
Démêler une affaire.	Eine Sache in's Reine bringen.
L'affaire ne marche pas.	Die Sache ſtockt.
Il me tarde de le voir.	Ich kann es kaum erwarten, ihn zu ſehen.
La tempête cesse.	Der Sturm legt ſich.

Il y a apparence de tempête.	Es droht ein Sturm.
A quoi cela tient-il?	Wo hält es?
Il tient de son père.	Er artet seinem Vater nach.
Il fait sa tête.	Er folgt seinem Kopfe.
Il lui tient tête.	Er bietet ihm die Spitze.
En tête à tête.	Unter vier Augen.
Le plus tôt sera le mieux.	Je eher, je lieber.
Il tourne à tous les vents.	Er dreht den Mantel nach dem Winde.
Il tranche du grand.	Er spielt den großen Herrn.
Trève de raillerie.	Scherz bei Seite.
Il fait le bon valet.	Er macht den Augendiener.
Il se fait trop valoir.	Er streicht sich zu sehr heraus.
Nous sommes à la veille de la paix.	Der Friede ist vor der Thüre.
La ville est détruite de fond en comble.	Die Stadt ist von Grund aus zerstört.
Elle lui a donné dans l'œil.	Er hat ein Auge auf sie.
Je l'ai échappé belle.	Ich bin noch mit heiler Haut davon gekommen.
Écrire de but en blanc.	Ohne Ueberlegung schreiben.
Écrire clair et net.	Mit deutlichen Worten schreiben.
Il est embarrassé de sa personne.	Er weiß sich nicht zu schicken.
Endormir en chantant.	In den Schlaf singen.
Envoyez savoir de ses nouvelles.	Lassen Sie sich nach seinem Befinden erkundigen.

Il se met l'esprit à la torture. — Er zerbricht sich den Kopf.

Ce n'est rien. — Es hat nichts zu sagen.

Il n'en sera rien. — Daraus wird nichts.

Vous y êtes. — Sie haben es getroffen.

Il a éventé la mine. — Er riecht Lunte.

Il gèle à pierre fendre. — Es friert Stein und Bein.

Il fait le guet. — Er ist auf der Lauer.

Perdre la carte. — Außer Fassung gerathen.

Son cheval s'est abattu sous lui. — Er ist mit dem Pferde gestürzt.

Il a la clef des champs. — Er hat sich aus dem Staube gemacht.

Cela lui touche au cœur. — Es geht ihm zu Herzen.

Tout compté. — Alles wohl erwogen.

Coucher à la belle étoile. — Unter freiem Himmel schlafen.

Rien ne lui coûte. — Es ist ihm nichts zu viel.

Cet homme est un crève-cœur pour moi. — Dieser Mensch ist mir ein Dorn im Auge.

Cela n'est pas de son cru. — Das kommt nicht aus seinem Gehirn.

Je le tiens de bonne part. — Ich weiß es von sicherer Hand.

Cela me passe. — Das ist mir zu hoch.

Je l'ai pris sur le fait. — Ich habe ihn auf frischer That ertappt.

Il m'a promis monts et merveilles. — Er hat mir goldene Berge versprochen.

Qui promet s'engage. — Versprechen macht Schulden.

.Il m'a planté là. — Er hat mich im Stiche gelassen.

Il a plié bagage. — Er hat seinen Bündel geschnürt.

Il est de mauvaise humeur. — Er ist nicht gut zu sprechen.

Son honneur y est intéressé. — Seine Ehre ist auf dem Spiel.

Il a trouvé son homme. — Er ist an den rechten Mann gekommen.

C'est un homme fait. — Es ist ein Mann von gesetzten Jahren.

Hâte-toi lentement. — Eile mit Weile

C'est uu ouvrage fait à la serpe. — Es ist Pfuschwerk.

Consulter un livre. — In einem Buche nachschlagen.

Je ne le lui ai pas maché. — Ich habe kein Blatt vor den Mund genommen.

Il a la main à la pâte. — Er hat die Hand mit im Spiel.

Vous en serez le mauvais marchand. — Sie werden keine Seide dabei spinnen.

Que chacun se mêle de ses affaires. — Ein Jeder kehre vor seiner Thüre.

Il met la charrue devant les bœufs. — Er spannt die Ochsen hinter den Pflug.

Je lui ai mis le pain à la main. — Ich habe ihm auf die Beine geholfen.

Vous avez mis le doigt sur la plaie. — Sie haben den Nagel auf den Kopf getroffen.

A qui mieux mieux. — Um die Wette.

Il a mordu la poussière.	Er hat in's Gras gebissen.
Tranchez le mot.	Rücken Sie mit der Sprache heraus.
Il fait la moue.	Er rümpft die Nase.
Je ne ferai pas beaucoup de façons.	Ich werde kurzen Prozeß machen.
Ce qui est fait est fait.	Geschehene Dinge sind nicht zu ändern.
A qui la faute?	Wer kann dafür?
Il est ferré à glace là-dessus.	Hierin ist er zu Hause.
Il se forge des chimères.	Er fängt Grillen.
C'est une défaite.	Das ist eine leere Ausflucht.
A son corps défendant.	Aus Nothwehr.
Il ne se dément pas.	Er bleibt sich gleich.
Vous donnez prise sur vous.	Sie geben eine Blöße.
Se rendre malade à force de manger.	Sich krank essen.
Se rendre malade à force d'être assis.	Sich krank sitzen.
S'enrouer à force de parler.	Sich heiser reden.
Se ruiner à force de bâtir.	Sich arm bauen.
Courir à perte d'haleine.	Sich aus dem Athem laufen.
Se tuer à force de courir.	Sich zu todt laufen.
Se fatiguer en écrivant.	Sich müde schreiben.
Bras dessus, bras dessous.	Arm in Arm.

Gagner le dessus. — Die Oberhand behalten.

Il est au-dessus de la calomnie. — Keine Verläumbung kann ihn erreichen.

Regarder la pluie et le beau temps. — Affen feil haben.

On tient de son père. — Der Apfel fällt nicht weit vom Stamm.

Faire une chose malgré soi. — In einen sauren Apfel beißen.

En faire accroire à quelqu'un. — Einem einen Bären anbinden.

N'avoir ni pain ni pâte. — Weder zu beißen noch zu brechen haben.

La pelle se moque du fourgon. — Ein Esel schilt den andern Langohr.

Le pain d'autrui a toujours bon goût. — Fremdes Brod schmeckt allzeit gut.

Journée gagnée, journée mangée. — Von der Hand in den Mund.

Service pour service. — Eine Hand wäscht die andre.

Dépendre d'autrui. — Nach Jemands Pfeife tanzen.

Donner brusquement congé à quelqu'un. — Einem den Stuhl vor die Thüre setzen.

A l'œuvre on connaît l'ouvrier. — Das Werk lobt den Meister.

Dommage rend sage. — Durch Schaden wird man klug.

L'essentiel est de bien finir. — Ende gut, alles gut.

Ce qui vient de la flûte, retourne au tambour. — Wie gewonnen, so zerronnen.

Ce qui est différé n'est pas perdu.	Aufgeschoben ist nicht aufgehoben.
Richesse donne hardiesse.	Gut macht Muth.
Plaisir innocent n'est pas défendu.	Lustig in Ehren, kann niemand wehren.
A cheval donné on ne regarde point à la bride.	Einem geschenkten Gaul, sieht man nicht in's Maul.
Il n'est pas de petit chez soi.	Eigner Herd ist Goldes werth.
Chaque pays a ses usages.	Ländlich, sittlich.
A beau mentir qui vient de loin.	Von fern lügt man gern.
Trop ou trop peu gâte le jeu.	Zu wenig oder zu viel, verdirbt das Spiel.
L'heure du matin, l'heure du gain.	Die Morgenstunde hat Gold im Munde.
Mieux vaut faire envie que pitié.	Besser Neider, als Mitleider.
Nécessité n'a pas de loi.	Noth hat kein Gebot.
Le gibet n'est que pour les malheureux.	Kleine Diebe hängt man, die großen läßt man laufen.
Le gibet ne perd pas ses droits.	Was an den Galgen soll, ersäuft nicht.
Il n'est pire eau que celle qui dort.	Stille Wasser gründen tief.
De deux maux, il faut éviter le pire.	Von zwei Uebeln muß man das kleinste wählen.

Ce sont des choses re-
battues. — Das ist abgedroschenes Stroh.

Chacun son tour comme au moulin. — Wer zuerst kommt, der mahlt zuerst.

Attendre quelqu'un comme les moines font l'abbé. — Mit der linken Hand auf einen warten.

DIALOGUES.

Gespräche.

<table>
<tr><td>

Pendant le voyage.

Portez mes bagages au chemin de fer de N.

Attendez ici jusqu'à ce que j'aie pris mon billet.

Je désire une place de première classe pour N.

Combien est-ce?

Six florins et douze Kreuzer.

Voulez-vous peser mes bagages?

Cinquante - quatre Kreuzer, vous avez vingt et un kilos de surpoids.

Voilà votre reçu.

Quand le train partira-t-il?

</td><td>

Während der Reise.

Bringen Sie meine Sachen auf die Eisenbahn nach N.

Warten Sie hier bis ich einen Schein genommen habe.

Ich wünsche einen Platz erster Klasse nach N.

Wie viel ist es?

Sechs Gulden und zwölf Kreuzer.

Wollen Sie mein Gepäck wiegen?

Vierundfünfzig Kreuzer; denn Sie haben zweiundvierzig Pfund Uebergewicht.

Hier ist ihre Quittung.

Wann geht der Zug ab?

</td></tr>
</table>

Dans cinq minutes; à huit heures et demie.

In fünf Minuten, um halb neun.

Montez s'il vous plaît.

Steigen Sie ein.

Quel est le train pour N. ?

Welches ist der Zug nach N.?

Celui-là, à gauche.

Jener dort, links.

Conducteur, toutes les places de première classe sont occupées.

Conductör! die Wagen erster Klasse sind alle besetzt.

Non, Monsieur, voilà encore deux places.

Nein, mein Herr, hier sind noch zwei Plätze

Pour la première classe, les siéges ne sont pas très-commodes.

Für die erste Klasse sind die Plätze nicht sehr bequem.

Pardonnez-moi, Monsieur, de vous avoir heurté, je n'attendais pas si tôt le départ.

Entschuldigen Sie, mein Herr, daß ich Sie gestoßen habe, ich erwartete die Abfahrt nicht sobald.

Pourriez-vous me dire à quelle heure nous arriverons à N. ?

Können sie mir sagen, wie spät wir in N. ankommen werden?

A une heure et quart.

Um Viertel nach Eins.

Il me paraît que vous ne connaissez pas cette contrée.

Sie kennen wohl diese Gegend nicht?

Non, Monsieur, c'est la première fois que je la parcours.

Nein, mein Herr, es ist das erste Mal, daß ich sie bereise.

Y a-t-il beaucoup de stations entre ici et N. ?

Gibt es viele Stationen zwischen hier und N.?

Cinq ou six, je crois.

Ich glaube fünf oder sechs

Nous nous arrêterons dix minutes à la troisième station.

An der dritten Station werden wir uns zehn Minuten aufhalten.

Il me semble que nous ne marchons pas très-vite.

Es scheint mir, daß wir nicht sehr rasch fahren.

Le train est trop considérable, et nous n'avons qu'une machine.

Der Zug ist zu groß und wir haben nur eine Maschine.

A l'arrivée à l'hôtel.

Bei der Ankunft im Gasthofe.

Puis-je loger ici?

Kann ich hier logiren?

Nous avons plusieurs chambres de libres, Monsieur.

Wir haben mehrere Zimmer frei, mein Herr.

Je désire une chambre qui donne sur la rue.

Ich wünsche ein Zimmer, welches auf die Straße geht.

Nous en avons à votre service au second étage.

Wir haben deren zu Ihren Diensten auf dem zweiten Stock.

Faites-y, s'il vous plaît, porter mes bagages, et montrez-la-moi.

So lassen Sie meine Sachen hinaufbringen und zeigen Sie es mir.

Faites-moi, s'il vous plaît, apporter un peu d'eau chaude, je désire faire ma barbe.

Lassen Sie mir etwas warmes Wasser bringen, ich wünsche mich zu scheren.

Faites-moi, s'il vous plaît, donner encore un oreiller, car j'aime à avoir la tête un peu élevée.

Lassen Sie mir noch ein Kopfkissen geben; denn ich habe den Kopf gerne etwas hoch.

Voulez-vous faire brosser mes habits, car je vais sortir.

Monsieur dînera-t-il ici?

A quelle heure dîne-t-on?

A une heure et demie.

Très-bien, je m'y trouverai.

Il n'est que neuf heures; désirez-vous déjeuner avant de sortir?

Je le veux bien; qu'avez-vous à me donner?

Nous avons à vous offrir des côtelettes de mouton, des beefsteaks, des merlans, des œufs, du rôti de veau froid et du dessert.

Donnez-moi alors un beefsteak aux pommes et un rôti de veau avec de la salade.

Vous ne désirez pas de dessert?

Donnez-moi un peu de fromage.

Monsieur, votre déjeuner est servi.

Wollen Sie mir meine Kleider etwas ausbürsten lassen, ich will gleich ausgehen.

Werden der Herr hier zu Mittag speisen?

Wie spät speiset man?

Um halb zwei.

Sehr wohl, so werde ich mich einfinden.

Es ist erst neun Uhr; wünschen Sie zu frühstücken, bevor Sie ausgehen?

Gerne; was haben Sie mir zu geben?

Wir haben Ihnen Hammelscotelette, Beefstücke, Schellfisch, Eier, kalten Kalbsbraten und Dessert anzubieten.

So geben Sie mir ein Beefstück mit Kartoffeln und etwas Kalbsbraten mit Salat.

Wünschen Sie keinen Nachtisch.

Geben Sie mir nur etwas Käse.

Mein Herr, Ihr Frühstück ist aufgetragen.

Très-bien, donnez-moi une demi-bouteille de vin.

Quel vin désirez-vous?

Une demi-bouteille de vin de table.

Monsieur, voulez-vous, s'il vous plaît, vous inscrire sur la liste des étrangers?

Voici mon passe-port, faites-le, s'il vous plaît, viser pour N.

Garçon, voulez-vous me donner une assiette blanche et faire la salade?

Monsieur, désirez-vous souper?

Oui, donnez-moi la carte.

Je désire aller me coucher, voulez-vous me donner de la lumière?

Désirez-vous être réveillé demain matin?

Non; mais je vous prie de m'envoyer vers huit heures la blanchisseuse.

Sehr wohl; geben Sie mir auch eine halbe Flasche Wein.

Welchen Wein wünschen Sie?

Eine halbe Flasche Tischwein.

Wollen Sie sich gefälligst in's Fremdenbuch einschreiben, mein Herr?

Hier ist mein Paß, lassen Sie ihn gefälligst nach N. visiren.

Kellner, wollen Sie mir einen reinen Teller geben, und den Salat anmachen?

Mein Herr, werden Sie zu Nacht speisen?

Ja, geben Sie mir die Karte.

Ich wünsche zu Bett zu gehen, wollen Sie mir ein Licht geben?

Wünschen Sie morgen früh geweckt zu werden?

Nein; allein ich bitte, mir gegen acht Uhr eine Waschfrau zu schicken.

Bonne nuit, Monsieur.	Schlafen Sie wohl, mein Herr.

Avec la blanchisseuse.	**Mit der Waschfrau.**
Qui frappe?	Wer klopft?
C'est la blanchisseuse.	Es ist die Waschfrau.
Entrez, la porte n'est pas fermée.	Kommen Sie herein, die Thüre ist nicht verschlossen.
Je désire que ce linge soit lavé.	Ich wünsche dieses schmutzige Leinen gewaschen zu haben.
En voici la note.	Hier ist die Nota darüber.
En êtes-vous pressé, Monsieur?	Sind Sie eilig mit Ihrer Wäsche?
Je pars vendredi prochain, il me le faut donc avant.	Ich reise den nächsten Freitag von hier ab, und muß sie daher bis dahin haben.
Vous pouvez y compter, Monsieur.	Sie können darauf zählen, mein Herr.
Je vous apporte votre linge, Monsieur.	Ich bringe Ihnen Ihr Leinen, mein Herr.
Mettez-le sur la table.	Legen Sie es auf den Tisch.
Voici votre note, voulez-vous vérifier.	Hier ist Ihre Nota, wollen Sie es nachsehen.
C'est bien. Combien vous dois-je.	Es ist richtig. Wie viel schulde ich Ihnen?
Deux florins et quatre Kreuzer.	Zwei Gulden und vier Kreuzer.

Les voilà.

Je vous remercie, Monsieur, et je vous souhaite un bon voyage.

Entrez!

Vous avez sonné, Monsieur?

Oui; avez-vous fait appeler le tailleur?

Oui, Monsieur, il est dans l'antichambre.

Faites-le entrer.

———

Avec le tailleur.

Monsieur, j'ai besoin de quelques effets; avez-vous apporté vos échantillons?

Oui, Monsieur; quels effets désirez-vous?

D'abord un habit en drap noir.

Voici un choix des plus beaux draps noirs.

Celui-ci me paraît être un bon drap.

Monsieur paraît être connaisseur, car c'est

———

Hier sind sie.

Ich danke Ihnen, mein Herr, und wünsche Ihnen eine gute Reise.

Herein!

Sie haben geschellt, mein Herr?

Ja; haben Sie den Kleidermacher rufen lassen?

Ja, mein Herr, er ist im Vorzimmer.

So lassen Sie ihn hereinkommen.

———

Mit dem Kleidermacher.

Mein Herr, ich habe einige Kleidungsstücke nöthig; haben Sie Ihre Musterkarte mitgebracht?

Ja, mein Herr; welche Kleidungsstücke wünschen Sie?

Zuvörderst einen schwarzen Rock.

Hier haben Sie eine Auswahl der schönsten schwarzen Tücher.

Dieses hier scheint mir ein gutes Tuch zu sein.

Der Herr scheint Kenner zu sein, denn es ist

3

en effet le meilleur drap que je possède.

Combien me prendriez-vous pour un habit de ce drap?

Il m'est impossible de vous le faire pour moins de 55 florins.

Si vous voulez me le faire pour 50 florins, je le prendrai.

Quoique ce prix soit très-bas, je consentirai à le faire; car pour nous l'argent comptant vaut bien dix pour cent.

Ne voulez-vous pas aussi un pantalon du même drap?

Non; j'ai encore un pantalon noir tout neuf; mais je désire un gilet blanc et un gilet de mode.

Je n'ai pas sur moi d'échantillons de piqué blanc; mais j'irai les chercher.

C'est inutile, je m'en rapporte à vous pour le choix de l'étoffe; mon-

wirflich das beſte Tuch, welches ich beſitze.

Wie viel nehmen Sie für einen Rock von dieſem Tuche?

Ich kann ihn nicht unter fünfundfünfzig Gulden liefern.

Wenn Sie ihn mir für fünfzig Gulden machen wollen, ſo nehme ich ihn.

Wiewohl dieſer Preis ſehr geringe iſt, ſo will ich ihn doch dafür machen; denn für uns iſt eine baare Zahlung zehn Prozent werth.

Wollen Sie nicht auch eine Hoſe von demſelben Stoffe.

Nein, ich habe noch eine ſchwarze Hoſe, die ganz neu iſt; allein ich wünſche eine weiße und eine Mode-Weſte.

Ich habe keine Muſter von weißem Pique bei mir; allein ich werde ſie holen gehen.

Es iſt nicht nöthig, ich überlaſſe es Ihnen, einen ſchönen einfachen Stoff aus-

trez-moi seulement quelques échantillons d'étoffes de fantaisie.

Celle-ci me plaît, combien coûterait le gilet?

Quinze florins, et le gilet blanc douze.

Eh bien, je prends ces trois pièces pour 75 florins, si vous pouvez me les livrer pour vendredi.

Le délai est un peu court, surtout avec des prix si bas; car je dois payer plus cher à mes ouvriers quand ils travaillent la nuit.

Il m'est impossible de vous donner plus de temps, car je pars vendredi soir.

Dans ce cas, je ferai tout ce qui sera possible, pour vous livrer ces effets vendredi dans l'après-midi.

Ayez soin de me tenir parole, car sans cela ces effets resteraient pour votre compte.

zu wählen; zeigen Sie mir nur die Modestoffe.

Dieser hier gefällt mir, wie theuer ist er?

Fünfzehn Gulden, und die weiße Weste zwölf.

Nun wohl, ich nehme diese drei Stücke für fünfundsiebenzig Gulden, wenn Sie mir dieselben bis Freitag liefern können.

Die Frist ist etwas kurz, besonders bei so billigen Preisen: denn ich muß meinen Arbeitern einen erhöhten Lohn geben, wenn sie bei Nacht arbeiten.

Es ist mir nicht möglich, Ihnen mehr Zeit zu geben, denn ich reise Freitag Abend ab.

In diesem Falle werde ich mein Möglichstes thun, um Ihnen die Kleidungsstücke bis Freitag Nachmittag zu liefern.

Sorgen Sie dafür Wort zu halten, denn sonst bleiben die Sachen für Ihre Rechnung.

Avec le cordonnier.

Je désire une paire de souliers.

Comment les voulez-vous, en veau ou en cuir vernis?

En veau, car ils me serviront pour le voyage.

Très-bien, Monsieur; voulez-vous vous asseoir, pour que je vous prenne mesure.

Ayez soin qu'ils ne soient pas trop justes, car j'ai un cor à ce doigt.

Quand pouvez-vous me les livrer?

Après-demain.

Après-demain, soit; mais pas plus tard, car je vais partir.

Je désire aussi faire raccommoder une paire de mes souliers; voici mon adresse, envoyez chercher ces souliers et renvoyez-les moi avec les neufs.

A quelle heure dois-je envoyer chez vous

Mit dem Schuhmacher.

Ich wünsche ein Paar Schuhe.

Wie wollen Sie dieselben; von Kalbsleder oder von lafirtem Leder?

Von Kalbsleder; denn sie sollen zur Reise dienen.

Sehr wohl, mein Herr; wollen Sie sich setzen, damit ich das Maß nehme.

Sorgen Sie dafür, daß sie nicht zu enge sind, denn ich habe ein Hühnerauge an dieser Zehe.

Wann können Sie mir dieselben liefern?

Bis übermorgen.

Es sei, bis übermorgen; jedoch nicht später, denn ich reise ab.

Ich wünsche auch, ein Paar meiner Schuhe ausgebessert zu haben; hier ist meine Adresse; lassen Sie die Schuhe zum Ausbessern holen, und mir mit den neuen wiederbringen.

Um wie viel Uhr soll ich zu Ihnen senden, mein

pour chercher ces sou-
liers?

Je rentre à la mai-
son; mais si je sors
avant que vous ayez
envoyé, je remettrai les
souliers au garçon.

Très-bien, Monsieur.

Ayez soin de prendre
du bon cuir et de les
bien confectionner.

Vous serez content
de moi.

Pouvez-vous m'indi-
quer un chapelier dans
le voisinage?

Avec plaisir, Mon-
sieur; il y a un bon cha-
pelier au bout de cette
rue.

Je vous remercie.

———

Avec le chapelier.

Montrez-moi, s'il
vous plait, un joli cha-
peau.

Comment le désirez-
vous, Monsieur, en soie
ou en feutre?

En soie, mais de
bonne qualité.

Herr, um die Schuhe zu
holen?

Ich gehe jetzt nach Hause;
sollte ich ausgehen, bevor
Sie zu mir senden, so werde
ich dem Kellner die Schuhe
bezeichnen.

Sehr wohl, mein Herr.

Sorgen Sie für gutes
Leder und solide Arbeit.

Sie werden mit mir zu-
frieden sein.

Können Sie mir hier in
Ihrer Nähe einen Hutma-
cher bezeichnen?

Mit Vergnügen, mein
Herr; es wohnt ein guter
Hutmacher am Ende dieser
Straße.

Ich danke Ihnen.

———

Mit dem Hutmacher.

Zeigen Sie mir gefäl-
ligst einen hübschen Hut.

Wie wünschen Sie ihn,
mein Herr; von Seide oder
von Filz?

Von Seide, jedoch in
guter Qualität.

Essayez celui-ci, il vous ira.

Non, je n'aime pas les larges bords.

C'est pourtant là la mode.

Cela ne fait rien, donnez m'en un à bords étroits.

Comme vous le désirez, Monsieur; en voici un d'une soie excellente.

Il me plaît, mais il est un peu juste.

Je vais le mettre sur la forme, car ce n'est que très-peu de chose.

Essayez-le maintenant.

Il me va. Combien en demandez-vous?

Six florins 20 Kreuzer.

Est-ce votre dernier prix?

Regardez, Monsieur, cette belle soie, et vous vous convaincrez qu'il est très-bon marché.

Paſſen Sie bieſen auf, er wirb Ihnen gut ſtehen.

Nein, ich liebe bie breiten Ränber nicht.

Es iſt jeboch jeßt bie Mobe.

Das thut nichts, geben Sie mir einen mit ſchmalem Ranbe.

Wie Sie wünſchen, mein Herr; hier iſt einer von vorzüglich ſchöner Seibe.

Er gefällt mir, jeboch iſt er etwas zu enge.

So werbe ich ihn etwas auf bie Form ſeßen, benn er iſt nur ein ſehr wenig zu enge.

Verſuchen Sie ihn nun.

Er paßt mir jeßt. Wie viel begehren Sie bafür?

Sechs Gulben zwanzig Kreuzer.

Iſt bieſes Ihr äußerſter Preis?

Betrachten Sie bie ſchöne Seibe, ſo werben Sie erfennen, baß er äußerſt billig iſt.

Je le prends, si vous voulez m'y mettre une doublure blanche.

C'est l'ouvrage d'un moment.

Voulez-vous me dire votre adresse, pour que je puisse l'envoyer chez vous.

Non, je vais le mettre. Je vous prie de donner un coup de fer à mon vieux chapeau, et de le faire remettre chez moi.

Combien vous dois-je?

Six florins 20 Kreuzer.

Et pour le vieux chapeau?

Oh, Monsieur, ça ne vaut pas la peine.

Alors je vous remercie de votre complaisance.

Vous n'avez pas besoin d'un carton à chapeau?

Non, j'en ai un.

Ich will ihn nehmen, wenn Sie mir ein weißes Futter hinein machen wollen.

Dieses ist das Werk eines Augenblickes.

Wollen Sie mir Ihre Wohnung bezeichnen, so werde ich Ihnen denselben sogleich senden.

Nein, ich will ihn aufsetzen, und bitte, mir diesen alten Hut etwas aufbügeln und in meine Wohnung bringen zu lassen.

Wie viel schulde ich Ihnen also?

Sechs Gulden zwanzig. Kreuzer.

Und das Aufbügeln des alten Hutes?

O, mein Herr, das ist nicht der Rede werth.

So danke ich Ihnen für Ihre Gefälligkeit.

Sie bedürfen keine Hutschachtel?

Nein, ich habe eine.

Avec l'horloger.

Mit dem Uhrmacher.

Monsieur, j'ai cassé la chaine de ma montre, vous serait-il possible de m'en mettre une nouvelle?

Mein Herr, ich habe die Kette meiner Uhr zerbrochen, können Sie mir eine neue einſetzen?

Certainement, Monsieur.

Gewiß, mein Herr.

Je voudrais en même temps que vous changeassiez les aiguilles de ma montre, car celles qui y sont sont trop fines.

Zugleich wünſche ich andere Zeiger auf meine Uhr zu haben; denn die, welche ſich darauf befinden, ſind zu fein.

Voici, Monsieur, plusieurs sortes d'aiguilles, choisissez, s'il vous plaît.

Hier ſind mehrere Sorten von Zeigern, wählen Sie gefälligſt aus.

Voici celles qui me plaisent le mieux.

Dieſe hier gefallen mir am beſten.

Très-bien, Monsieur.

Sehr wohl, mein Herr.

Quand ma montre sera-t-elle prête?

Wann wird meine Uhr fertig ſein?

Je ne puis vous la promettre avant huit jours, car je dois la garder quelques jours pour la régler.

Ich kann ſie Ihnen nicht vor acht Tagen verſprechen, indem ich ſie einige Tage behalten muß, um ſie zu regeln.

Alors je viendrai la prendre dans une huitaine.

So werde ich ſie heute über acht Tage abholen kommen.

Avec une marchande de nouveautés.

Mit einer Modewaaren=händlerin.

Madame, je désirerais acheter quelques foulards.

Madame, ich wünsche einige seidene Schnupftücher zu kaufen.

Monsieur, je vais vous en montrer un choix des plus beaux.

Ich werde Ihnen deren in der schönsten Auswahl zeigen.

Ceux qui sont à fond uni sont actuellement les mieux portés.

Diese hier mit einfachem Grund werden jetzt am meisten getragen.

Le dessin en est joli, mais la soie m'en paraît bien mince.

Das Muster ist hübsch, die Seide scheint mir jedoch sehr dünn.

Si vous en désirez de plus forts, je vais vous montrer des foulards de l'Inde.

Wenn Sie schwerere wünschen, so will ich Ihnen meine ächt ostindische zeigen.

Cette soie me plaît mieux.

Diese Seide steht mir besser an.

Combien ceux-ci coûtent-ils?

Wie viel kosten diese?

Je ne puis vous les donner à moins de 3 florins la pièce.

Ich kann sie Ihnen nicht unter drei Gulden geben.

C'est trop cher.

Das ist sehr theuer.

Non, Monsieur, si vous voulez vous donner la peine d'examiner la qualité de cette soie, vous ne trouverez cer-

Nein, mein Herr, wenn Sie die Mühe nehmen wollen, die Qualität dieser Seide zu betrachten, so werden Sie gewiß nicht finden,

tes pas que ces foulards soient trop chers à ce prix.

Eh bien, veuillez m'en mettre une demi-douzaine de côté.

Tenez-vous aussi la ganterie?

Non, Monsieur; mais je puis vous recommander mon voisin pour cet article, il vous vendra bon et à un prix modéré.

Je désirerais aussi une demi-douzaine de chemises.

Vous les voulez certes en toile et de bonne qualité.

Je les désire en toile, parce que je n'aime pas à porter du coton.

Regardez celles-ci, elles sont à petits plis et d'une qualité excellente, tant pour l'étoffe que pour la confection.

Combien coûtent-elles?

Trente florins la demi-douzaine. Quant à celles

daß diese Tücher um diesen Preis zu theuer sind.

Nun wohl, so legen Sie mir ein halbes Dutzend zurück.

Führen Sie auch Handschuhe?

Nein, mein Herr; ich kann Ihnen jedoch hierin meinen Nachbarn empfehlen, der Sie gut und billig bedienen wird.

Ich wünsche auch ein halbes Dutzend Hemde.

Gewiß von Leinen und von guter Qualität.

Ja, Madame, denn ich trage nicht gerne baumwollene Hemde.

Sehen Sie diese hier, mit feinen Falten, sie sind von ausgezeichnet schöner Qualität, sowohl in Hinsicht des Leinens als der Anfertigung.

Wie theuer sind sie?

Dreißig Gulden das halbe Dutzend; und diese

qui sont à larges plis,
je puis vous les laisser
pour 26 florins.

Eh bien, je prends
cette demi-douzaine,
mais à la condition que
si elles ne me vont pas,
je pourrai les changer.

Cela est tout naturel.

Vous voudrez bien y
joindre une demi-dou-
zaine de paires de bas de
coton blanc, et envoyez-
moi, s'il vous plait, le
tout avec la facture ac-
quittée à mon hôtel.

Dans une demi-heure,
tout cela sera rendu
chez vous. Monsieur, je
me recommande à vous
pour une autre occasion.

———

Avec un quincaillier.

Monsieur, avez-vous
de bons rasoirs?

J'en ai d'excellents qui
proviennent des meilleu-
res fabriques anglaises.

Je puis vous recom-
mander ceux-ci; je vous

hier, mit breiten Falten,
kann ich Ihnen für sechs-
undzwanzig Gulden laſſen.

So werde ich dieſes halbe
Dutzend nehmen; jedoch mit
dem Beding, daß Sie mir
dieſelben umtauſchen, wenn
ſie mir nicht paſſen ſollten.

Dieſes verſteht ſich von
ſelbſt.

Fügen Sie noch ein hal-
bes Dutzend Paar gute weiße baumwollene Strümpfe
hinzu, und ſenden Sie mir
gefälligſt Alles, nebſt der
quittirten Rechnung, in
meinen Gaſthof.

In einer halben Stunde
wird Alles in Ihrer Woh-
nung ſein, und empfehle
ich mich Ihnen bei ferne-
rem Bedarf.

———

**Mit einem Eiſenwaaren-
händler.**

Haben Sie gute Raſir-
meſſer?

Ich habe deren ganz vor-
züglicht, aus den beſten
engliſchen Fabriken.

Ich darf Ihnen dieſe
Sorte anrathen, und gebe

les vendrai à l'essai, et s'ils ne vont point à votre barbe, vous aurez la faculté de les changer.

Quel est le prix de cette paire?

Elle est de 5 florins.

Si vous croyez qu'ils sont réellement bons, j'en prendrai une paire.

Je voudrais avoir aussi un bon cadenas.

Le désirez-vous simple ou à secret?

Non, je le désire simple, car tout le monde connait ces sortes de secrets.

Celui-ci est trop grand, j'en désire un plus petit.

Celui-ci vous plaît-il?

Oui, il me convient; quel est son prix?

Pouvez-vous me rendre la monnaie d'un frédéric d'or?

Je vais voir, si j'en ai assez pour cela.

Voilà votre monnaie, Monsieur, veuillez la compter.

sie Ihnen auf Probe; wenn sie nicht zu Ihrem Barte gehen, so können Sie dieselben auswechseln.

Wie hoch kommen sie?

Fünf Gulden das Paar.

In der Voraussetzung, daß sie wirklich gut sind, will ich ein Paar nehmen.

Noch wünsche ich ein gutes Vorhängeschloß.

Wünschen Sie dasselbe einfach oder mit Geheimniß?

Nein, einfach, denn jedermann kennt diese Geheimnisse.

Dieses ist zu groß, ich wünsche es etwas kleiner.

Gefällt Ihnen dieses?

Ja, es ist gut; wie viel kostet es?

Können Sie mir von einem Friedrichsd'or herausgeben?

Ich will nachsehen, ob ich Münze genug habe.

Hier, mein Herr, wollen Sie gefälligst nachzählen.

Avec un bijoutier.

Monsieur, j'ai le désir de faire quelques petits achats dans vos articles.

Monsieur, cette confiance est très-flatteuse pour moi. Veuillez bien, je vous prie, prendre la peine de vous asseoir.

Quels objets désirez-vous, Monsieur?

Ce sont d'abord des lunettes en or.

Veuillez choisir parmi celles-ci, quand vous aurez fixé votre choix, j'y ferai mettre les verres.

Ces lunettes me plaisent, veuillez maintenant me montrer les verres.

Êtes-vous myope ou presbyte?

Je ne suis ni l'un ni l'autre, j'ai seulement les yeux faibles.

Alors veuillez choisir dans ces verres de conserve.

Mit einem Goldarbeiter.

Mein Herr, ich wünsche einige kleine Einkäufe in Ihren Artikeln zu machen.

Nehmen Sie gefälligst Platz, mein Herr. Ihr Zutrauen ist mir sehr schmeichelhaft.

Welche Gegenstände wünschen Sie, mein Herr?

Zuvörderst eine goldene Brille.

Wählen Sie gefälligst unter diesen; und werde ich, wann Sie Ihre Wahl getroffen haben, die für Sie passende Gläser hineinsetzen lassen.

Dieses Gestell gefällt mir, zeigen Sie mir nun die Gläser.

Sind Sie beisichtig oder weitsichtig, mein Herr?

Ich bin weder das Eine noch das Andere, und habe nur schwache Augen.

So wählen Sie gefälligst unter diesen Conservgläsern.

En voici qui me pa-
raissent bons. Combien
demandez-vous pour
cette paire de lunettes?

Je vous la laisserai
pour 48 florins.

Ce prix me paraît
bien élevé.

Je vous demande bien
pardon, Monsieur, à ce
prix ces lunettes sont,
au contraire, à très-bon
marché; voyez, elles pè-
sent 40 florins d'or, et
je ne compte que 8 flo-
rins pour la façon et
pour les verres.

Montrez-moi, je vous
prie, des boutons de
chemise.

Nous en avons de sim-
ples, d'émaillés; nous
en avons aussi qui sont
garnis de pierres pré-
cieuses.

Je les voudrais avec
un seul diamant.

Veuillez, s'il vous
plaît, prendre la peine
d'examiner ceux-ci.

La différence qui

Diese hier scheinen mir
gut zu sein. Wie viel kostet
die Brille?

Ich lasse sie Ihnen zu
achtundvierzig Gulden.

Das scheint mir sehr
theuer zu sein.

Ich bitte recht sehr um
Entschuldigung, sie ist äußerst billig; denn sehen Sie,
mein Herr, sie wiegt vier-
zig Gulden an Gold, und
rechne ich nur acht Gulden
für die Arbeit und für die
Gläser.

Zeigen Sie mir auch ge-
fälligst Hemdeknöpfchen.

Wir haben deren ganz
einfache, emaillirte; auch
haben wir deren mit Edel-
steinen besetzte.

Ich wünsche dieselben
mit einem einzigen Dia-
manten.

Sehen Sie dann gefäl-
ligst diese an.

Ist der Unterschied im

existe entre le prix de ces boutons est – elle considérable ?

Oui, Monsieur ; les pierres de ceux-ci sont de la plus belle eau, et il me serait impossible de vous les laisser à moins de 250 florins, tandis que les autres valent 80 florins de moins, et que je pourrais même vous les laisser à 160 florins.

Je prendrai les premiers pour 225 florins, si vous voulez me les laisser à ce prix.

Cela m'est tout à fait impossible, mes prix sont calculés si juste, que je ne pourrai pas même en déduire 5 florins.

Comme ces boutons me plaisent, je ferai à votre volonté. Veuillez donc les joindre aux lunettes que j'ai choisies.

Je désire .rapporter à ma sœur un petit souvenir de voyage, mais

Preise zwischen diesen Steinen bedeutend ?

Ja, mein Herr, dieses sind Steine vom reinsten Wasser, und kann ich Ihnen nicht unter zweihundert fünfzig Gulden lassen; die andern sind achtzig Gulden billiger ; ich kann sie Ihnen sogar für hundert sechzig Gulden geben.

Wenn Sie mir die ersteren für zweihundert fünfundzwanzig Gulden lassen wollen, so nehme ich sie.

Es ist mir nicht möglich, mein Herr, meine Preise sind so genau berechnet, daß ich keine fünf Gulden ablassen kann.

Da sie mir gefallen, so will ich mich in Ihren Willen fügen ; legen Sie die Knöpfchen gefälligst zur Brille.

Ich wünsche meiner Schwester ein kleines Geschenk von der Reise mit-

je ne sais vraiment quoi choisir.

Prenez une belle broche, ou bien une chaîne longue.

Je crois devoir donner la préférence à une broche.

Comment trouvez-vous cette feuille de rose, sur laquelle est une goutte de rosée?

L'idée et le travail en sont vraiment charmants; si elle n'est pas d'un trop grand prix, je la prendrai.

Puisque vous avez l'intention d'en faire un cadeau, je ferai un sacrifice et vous la donnerai pour le prix qu'elle me coûte.

Et ce prix est?

De 60 florins, Monsieur.

Voulez-vous mettre le tout dans une boîte et m'en donner une facture.

Regardez, je vous prie, ces chaînes de montres.

zubringen; allein ich weiß nicht was.

Wählen Sie eine hübsche Tuchnadel oder eine Halskette.

Ich ziehe eine Tuchnadel vor

Wie gefällt Ihnen dieses Rosenblatt mit einem Thautropfen?

Die Idee und die Arbeit ist wirklich sehr geschmackvoll; wenn sie nicht zu theuer ist, so will ich sie nehmen.

Da sie zum Geschenk dienen soll, so will auch ich ein Opfer bringen, und Ihnen dieselbe zum kostenden Preise lassen.

Und dieser Preis ist?

Sechzig Gulden, mein Herr.

Wollen Sie mir Alles zusammen in eine Dose legen und mir eine Rechnung geben.

Sehen Sie gefälligst noch diese Uhrketten an.

Non, je ne veux plus rien voir, j'en ai assez pour aujourd'hui.

Voici la facture, Monsieur.

Très-bien; voulez-vous prendre en paiement un billet de banque de 1000 fr.?

Très-volontiers, Monsieur, si cela vous oblige.

Voici ce qui vous revient.

Adieu, Monsieur, je me recommande à vous pour une prochaine occasion.

———

Avec un marchand de meubles.

Monsieur, je voudrais faire meubler mon appartement.

Monsieur, vous trouverez chez moi tout ce qui vous sera nécessaire pour remplir ce but.

De combien de pièces se compose votre appartement?

Nein, ich will nichts mehr sehen, es ist für heute genug.

Hier ist Ihre Rechnung, mein Herr.

Sehr wohl; könnten Sie ein französisches Bankbillet von tausend Franken in Zahlung annehmen?

Recht gerne, mein Herr, wenn ich Ihnen damit einen Dienst erzeigen kann.

Hier ist der Ueberschuß.

Leben Sie wohl, mein Herr, ich empfehle mich ferner in Ihr Zutrauen.

———

Mit einem Möbelhänd-ler.

Ich wünsche, mein Herr, meine Wohnung zu möbliren.

Mein Herr, Sie werden bei mir Alles finden, was Sie zu diesem Zwecke wünschen können.

Aus wie vielen Theilen besteht Ihre Wohnung?

Il se compose d'un salon, d'une salle à manger, d'un bureau et d'une chambre à coucher.

Si cela vous plaît, nous commencerons par le salon. Sont-ce des meubles d'acajou ou de palissandre que vous désirez?

Je les préfère en palissandre.

La pièce est-elle grande?

Elle est à peu près de la grandeur de celle-ci.

Alors il vous faut un canapé, deux fauteuils, six chaises et un guéridon.

Ces chaises sont-elles de votre goût?

Elles me plaisent quant à leur bois et leur forme, mais je les voudrais recouvertes en damas bleu.

Si vous vous décidez à les prendre, je les ferai recouvrir comme vous désirez.

Combien me deman-

Sie besteht aus einem Wohnzimmer, Speisesaal, Schreibstube und Schlafzimmer.

Fangen wir also mit Ihrem Wohnzimmer an. Was für Möbel wünschen Sie, von Mahagoni oder Palissander?

Von Palissander.

Ist das Zimmer groß?

Ungefähr eben so groß als dieses hier.

So müssen Sie ein Sopha, zwei Sessel, sechs Stühle und einen runden Tisch haben.

Wie gefallen Ihnen diese Stühle?

Die Form und das Holz sind schön; allein ich ziehe die Sitze von blauem Damaste vor.

Wenn Ihre Wahl darauf fällt, so werde ich die Sitze nach Ihrem Geschmack anfertigen lassen.

Wie theuer sind diese

dez-vous de ces six chaises, de ces deux fauteuils et du canapé qui complète ce meuble?

N'avez-vous pas de guéridon avec un dessus de marbre blanc.

J'en ai, mais ils ne sont pas assez grands pour votre salon; aussi vous conseillerais-je de prendre une table avec dessus de bois, puisqu'on la couvre d'un joli tapis.

Il me semble que les ornements de cette table ne s'accordent pas avec ceux des chaises.

Vous avez parfaitement raison; aussi ne vous montrais-je cette table que pour vous en faire remarquer la forme et la grandeur.

Il faut alors que vous me fassiez faire une table dont les ornements s'accorderont avec ceux des chaises.

Voulez-vous aussi

Stühle, nebst zwei Sesseln und einem Sopha dazu passend?

Haben Sie keine runde Tische mit weißer Marmorplatte?

Ich habe deren, allein nicht groß genug für Ihr Wohnzimmer; ich würde Ihnen um so mehr anrathen, einen Tisch mit einer Holzdecke zu nehmen, indem man dieselbe gewöhnlich mit einem schönen Teppich bedeckt.

Es scheint mir, daß die Bildhauerei dieses Tisches nicht zu den Stühlen paßt.

Sie haben vollkommen recht; auch zeigte ich Ihnen diesen Tisch nur, damit Sie die Größe und die Form beurtheilen können.

So lassen Sie mir einen solchen Tisch machen, jedoch zu den Stühlen passend.

Wollen Sie die Stühle

choisir les chaises de votre salle à manger, ainsi que celles de votre chambre à coucher?

Pour les autres meubles, il sera peut-être mieux que vous me permettiez de vous conduire à votre demeure, afin de fixer leur choix d'après l'examen des localités.

Demain je serai chez moi jusqu'à midi, et je vous attendrai.

Je ne manquerai pas, Monsieur, de me rendre chez vous à l'heure fixée.

—————

Avec un loueur de voitures.

Pouvez-vous me louer une voiture à quatre places?

Monsieur, en voici une à votre service.

Combien la louez-vous par jour?

Huit florins, Monsieur; mais si vous visitez les environs, la

für den Speisesaal und das Schlafzimmer auswählen?

Für die andern Möbeln, wäre es vielleicht besser, daß Sie mir erlaubten, Sie in Ihre Wohnung zu begleiten, um nach der Örtlichkeit die Wahl zu bestimmen.

Ich werde morgen bis Mittag zu Hause sein, und Sie erwarten.

Ich werde nicht ermangeln, mein Herr, zur bestimmten Zeit bei Ihnen zu sein.

—————

Mit einem Wagenvermiether.

Können Sie mir einen Wagen mit vier Sitzen vermiethen?

Dieser hier steht zu Ihren Diensten.

Wie theuer ist derselbe per Tag?

Acht Gulden, mein Herr; wenn Sie jedoch die Umgegend mit demselben besu-

nourriture du cocher, celle des chevaux et les droits de chaussée sont à votre charge.

Je n'aime pas avoir à m'occuper de tous ces détails, je pense avoir besoin de votre voiture pour huit ou dix jours, et vous pouvez me l'envoyer dès demain matin neuf heures, si vous consentez à me la louer pour 9 florins par jour, tous frais compris.

J'accepte ce prix, mais à la condition que les droits de chaussée resteront à votre charge, et que les chevaux ne passeront pas la nuit dehors.

Eh bien, envoyez-moi la voiture demain matin, à neuf heures, mais veillez à ce qu'elle ait un bon attelage.

Monsieur, vous pouvez, à cet égard, vous reposer sur moi.

chen wollen, so ist die Nahrung von Kutscher und Pferde, so wie die Chausseegelder für Ihre Rechnung.

Mit diesen Weiterungen bekümmere ich mich nicht gerne; ich gedenke den Wagen acht bis zehn Tage nöthig zu haben; Sie können mir ihn morgen früh um neun Uhr senden, wenn Sie sich mit neun Gulden per Tag, alle Unkosten inbegriffen, begnügen wollen.

Ich will darin zustimmen, unter der Bedingung, daß Sie die Chausseegelder zahlen und daß die Pferde nicht über Nacht ausbleiben.

Es sei; schicken Sie mir also den Wagen morgen früh um neun Uhr, und sorgen Sie dafür, mir gute Pferde zu geben.

Verlassen Sie sich auf mich.

Avec un papetier.	**Mit einem Papierhändler.**
Je désire une main de papier écolier et deux mains de papier à lettre.	Ich wünsche ein Buch Schreibpapier und zwei Buch Postpapier.
Dans quels prix le désirez-vous, Monsieur?	In welchen Preisen wünschen Sie solches, mein Herr?
De bonne qualité.	Von guter Qualität.
Je n'aime pas le papier bleu; donnez-moi, s'il vous plaît, du blanc.	Ich habe das blaue Papier nicht gerne, geben Sie mir gefälligst weißes.
N'avez-vous pas besoin d'enveloppes et de plumes métalliques?	Haben Sie keine Briefumschläge und Stahlfedern nöthig?
Mais si, donnez-moi un paquet d'enveloppes de cette grandeur et une boîte de bonnes plumes, donnez-moi aussi trois bâtons de cire.	Doch; geben Sie mir ein Packet von dieser Größe und eine Dose guter Stahlfedern, so wie auch drei Stangen Siegellack.
Tenez-vous aussi des cahiers d'esquisses et des crayons de dessin?	Haben Sie auch Skizzenbücher und Zeichenbleistifte?
En voici un choix complet.	Hier haben Sie davon eine vollständige Auswahl.
Cette sorte de crayons est excellente.	Diese Sorte Bleistifte ist ganz vorzüglich.
Donnez-moi aussi un portefeuille en cuir de Russie.	Geben Sie mir auch eine Brieftasche von russischem Leder.
Celui-ci est un peu trop petit; n'en avez-vous pas de plus grands?	Diese ist etwas zu klein, haben Sie keine größere?

C'est la sorte la plus grande que j'aie en cuir de Russie.

Donnez-moi maintenant une petite bouteille de bonne encre noire.

N'avez-vous pas besoin de porte-plumes? j'en ai de très-beaux.

Non, je vous remercie, pour le moment je n'ai plus besoin de rien.

———

Avec un gantier.

Monsieur, qu'y a-t-il à votre service?

Je désire une paire de gants noirs.

Ceux-ci vont vous aller.

Puis-je les essayer?

Mais certainement, Monsieur.

Ils me vont bien, donnez-m'en anssi, s'il vous plaît, deux paires de couleur paille, de la même grandeur.

Avez-vous aussi des bretelles?

Es ist die größte Sorte, welche ich von russischem Leder habe.

Geben Sie mir nun auch noch eine kleine Flasche guter schwarzer Dinte.

Bedürfen Sie keine Federhalter? ich habe deren sehr schöne.

Nein, ich danke Ihnen, für den Augenblick habe ich nichts mehr nöthig.

———

Mit einem Handschuhmacher.

Mein Herr, was steht zu Ihren Diensten?

Ich wünsche ein Paar schwarze Handschuhe.

Diese hier werden Ihnen passen.

Darf ich sie anpassen?

Gewiß, mein Herr.

Sie sitzen mir gut; geben Sie mir gefälligst auch zwei Paar strohgelbe von derselben Größe.

Haben Sie auch Hosenträger?

Seulement en peau, Monsieur.	Nur lederne, mein Herr.
C'est justement ce que je désire.	Das ist gerade, was ich wünsche.
Combien ces cols de soie?	Wie theuer sind diese seidenen Halsbinden?
Ceux-ci de satin noir coûtent un florin et demi, et ceux-là seulement un florin.	Diese von schwarzem Atlas kosten anderthalb Gulden und diese hier nur einen Gulden.
Vous ne tenez pas des cravates de soie noire?	Sie führen keine schwarze seidene Halstücher?
Non, Monsieur, je ne les tiens pas habituellement; mais j'ai eu occasion d'en acheter une belle partie à très-bon marché, je puis donc vous en fournir.	Ich führe sie gewöhnlich nicht; allein ich fand Gelegenheit eine schöne Partie sehr billig einzukaufen, und kann Ihnen daher damit dienen.
Regardez, Monsieur, combien ce tissu est beau; je puis vous laisser ces cravates à 3 florins, et je suis convaincu que nulle part dans la ville vous n'en trouverez de pareilles à 5 florins.	Sehen Sie hier, mein Herr, dieses schöne Halstuch; ich kann Ihnen dasselbe für drei Gulden geben, und bin überzeugt, Sie finden in der ganzen Stadt kein gleiches für fünf Gulden.
J'avoue que le prix me paraît avantageux, surtout si ces cravates sont sans défauts.	Ich muß gestehen, der Preis scheint mir billig, wenn die Tücher keine Fehler haben.

Monsieur, je vous les garantis sans défauts.

Dans ce cas, je vous en prends une demi-douzaine.

———

Au Café.

Une demi-tasse, s'il vous plait.

Monsieur, désirez-vous de la crème?

Je vous remercie.

Donnez-moi, s'il vous plaît, la *Patrie*.

Elle est en main, Monsieur; mais je vais la retenir pour vous.

Voulez-vous la *Presse* jusqu'à ce que la *Patrie* devienne libre?

Le billard est-il libre?

Oui, Monsieur.

Alors nous ferons une partie.

Voulez-vous me donner un verre de bière de Bavière.

Voici la *Patrie*, Monsieur; si vous voulez continuer votre partie, je la donnerai à un au-

———

Mein Herr, ich verbürge sie Ihnen, fehlerfrei.

In diesem Falle werde ich ein halbes Dutzend nehmen.

———

Auf dem Kaffeehaus.

Eine Tasse Kaffee.

Mein Herr, wünschen Sie Milch?

Ich danke Ihnen.

Geben Sie mir gefälligst die Patrie.

Sie ist in Händen, mein Herr; ich werde sie für Sie besprechen.

Wollen Sie die Presse bis die Patrie frei wird?

Ist das Billard frei?

Ja, mein Herr.

So werden wir eine Partie machen.

Wollen Sie mir ein Glas baierisches Bier geben.

Hier ist die Patrie, mein Herr; wenn Sie Ihre Partie fortsetzen wollen, so werde ich sie einem andern

tre monsieur, qui l'a également demandée.

Faites-le, et retenez-la de nouveau pour moi.

Nous avons une demi-heure de billard et deux demi-tasses; voici une pièce de cinq francs, payez-vous.

Je vous demande pardon, Monsieur, mais nous ne pouvons recevoir d'argent étranger.

Alors je vais voir si j'ai assez de monnaie prussienne.

Monsieur, si vous le désirez, j'irai pour vous chez le changeur.

Je vous remercie, je vois que j'ai assez de monnaie du pays.

Herrn geben, der sie eben=falls gefragt hat.

Thun Sie es, und be=sprechen Sie dieselbe auf's Neue für mich.

Wir haben eine halbe Stunde Billard und zwei Tassen Kaffee; hier ist ein Fünffrankenstück, bezahlen Sie sich.

Ich bitte zu entschuldi=gen, mein Herr, daß wir kein fremdes Geld anneh=men können.

So will ich nachsehen, ob ich genug preußisches Geld habe.

Mein Herr, wenn Sie es wünschen, so werde ich für Sie zum Wechsler gehen.

Ich danke Ihnen, ich sehe, daß ich hinreichend hiesiges Geld habe.

Sur le temps.

Que pensez vous du temps?

Le baromètre monte, je pense que nous aurons beau temps.

Nous aurons de la

Ueber das Wetter.

Was denken Sie vom Wetter?

Das Wetterglas steigt, ich glaube, daß wir schönes Wetter haben werden.

Wir werden Regen be=

pluie, car le baromètre baisse.

Je crains que nous n'ayons un orage, car il fait très-chaud.

Ce serait à souhaiter, car la pluie serait très-utile à la terre.

Il y a réellement une grande sécheresse, et je ne me souviens pas d'un printemps aussi chaud.

Le soleil est aussi chaud qu'au cœur de l'été.

L'orage approche, il éclaire déjà.

Il tonne.

La pluie est très-forte.

La pluie cesse, nous aurons une belle soirée.

La pluie a rafraîchi le temps.

Quelle différence de ce matin à ce soir!

La pluie a ranimé toutes les plantes.

Après une telle cha-

kommen, denn das Wetter= glas sinkt.

Ich fürchte, daß wir ein Gewitter haben werden, denn es ist sehr schwül.

Es wäre zu wünschen, denn der Regen würde sehr nützlich für das Land sein.

Es ist wirklich eine große Dürre, und erinnere ich mich nicht eines so warmen Frühjahrs.

Die Sonne brennt wie mitten im Sommer.

Das Gewitter naht, es wetterleuchtet schon.

Es donnert.

Es regnet sehr stark.

Der Regen läßt nach, wir werden einen schönen Abend haben.

Der Regen hat das Wet= ter abgekühlt.

Welcher Unterschied zwi= schen diesem Morgen und diesem Abend.

Der Regen hat alle Pflanzen wieder neu be= lebt.

Nach einer solchen Hitze

leur, la pluie fait beaucoup de bien.

On dit que la foudre est tombée sur une maison.

ist der Regen sehr wohlthätig.

Man sagt, der Blitz habe in ein Haus eingeschlagen.

Pendant une promenade dans un jardin.

Cet endroit est délicieux.

Allons par ce chemin.

Allons par ce sentier.

Cueillons des fleurs pour faire des bouquets.

Voici de fort beaux œillets.

Êtes-vous amateur de fleurs?

Je prends plaisir à cultiver les fleurs moi-même.

Vous n'avez pas de roses!

Mais si; voilà des rosiers qui commencent à boutonner.

Quelle fleur est cela?

Quelle odeur délicieuse!

Während einem Spaziergang im Garten.

Dieser Ort ist köstlich.

Schlagen wir diesen Weg ein.

Nehmen wir diesen Fußweg.

Pflücken wir Blumen, um Sträuße zu machen.

Hier sind sehr schöne Nelken.

Sind Sie Blumenliebhaber?

Ich finde Vergnügen daran, die Blumen selbst zu ziehen.

Haben Sie keine Rosen?

Doch; hier sind Rosensträuche, die anfangen Knospen zu treiben.

Was ist das für eine Blume?

Welch köstlicher Geruch

Flairez ces violettes.

Riechen Sie diese Veilchen.

Les arbres ont une belle apparence ; s'il ne vient pas de vent froid, il y aura beaucoup de fruit.

Die Bäume sehen schön aus; wenn kein kalter Wind kommt, so wird es viel Obst geben.

Le jardinier travaille là-bas, allons voir ce qu'il fait.

Der Gärtner arbeitet dort, sehen wir, was er macht.

Il me semble que la récolte promet beaucoup.

Es scheint mir, die Ernte werde reichlich ausfallen.

Il y a déjà des blés de coupés.

Es ist schon einiges Getreide geschnitten.

Le temps est très-chaud.

Das Wetter ist sehr warm.

Je crois bien ; nous sommes dans la canicule.

Das glaube ich wohl; wir sind in den Hundstagen.

Regardez ces épis, comme ils sont gros et bien remplis.

Sehen Sie diese Aehren an, wie sie so groß und voll sind.

Il fait une chaleur étouffante.

Es ist eine erstickende Hitze.

Le soleil darde.

Die Sonne sticht.

Il n'est pas encore dix heures, et la chaleur est déjà accablante.

Es ist noch nicht zehn Uhr, und die Hitze ist schon drückend.

Il ne fait pas le moindre air.

Es geht nicht das geringste Lüftchen.

Sur la chasse et la pêche.

Il y a bien longtemps que nous ne sommes allés à la chasse.

Profitons de la fraîcheur du matin pour aller chasser dans la forêt voisine.

Avec plaisir; la chasse est un des plus grands agréments de la campagne.

Je crains beaucoup que nous ne rapportions pas grand'chose, car nous sommes l'un et l'autre d'assez mauvais chasseurs.

Peu importe; cet exercice nous donnera de l'appétit.

Voici des fusils à deux coups, des poires à poudre, de la poudre et du plomb.

Emmenons le chien de chasse.

Chargeons nos fusils; nous avons oublié de la bourre.

Ueber die Jagd und die Fischerei.

Es ist schon lange, daß wir nicht mehr auf die Jagd gegangen sind.

Benutzen wir die Frische des Morgens, um in dem benachbarten Forste zu jagen.

Mit Vergnügen; die Jagd ist eine der größten Lustbarkeiten des Landes.

Ich fürchte, daß wir nicht viel bekommen werden, denn wir sind beide ziemlich schlechte Jäger.

Daran liegt wenig, diese Uebung wird uns Lust zum Essen machen.

Hier sind Doppelflinten, Pulverhörner, Pulver und Blei.

Nehmen wir den Jagdhund mit.

Laden wir unsere Flinten; wir haben die Pfropfen vergessen.

Y a-t-il beaucoup de gibier dans la forêt?

Gibt es viel Wildpret in dem Forste?

Sur quoi avez-vous tiré?

Worauf haben Sie geschossen?

Sur un lièvre, le voilà.

Auf einen Hasen, hier ist er.

Vous êtes un meilleur tireur que moi.

Sie sind ein besserer Schütze als ich.

Mon fusil a raté.

Meine Flinte hat versagt.

Qu'ajustez-vous?

Worauf zielen Sie?

Il fait déjà très-chaud.

Es ist schon sehr warm.

Allons déjeuner, ensuite nous irons à la pêche.

Gehen wir frühstücken, dann werden wir fischen.

Où pêcherons-nous, dans l'étang ou dans le fleuve?

Wo werden wir fischen, im Weiher oder im Flusse?

L'étang est très-poissonneux; nous pourrons y pêcher à la ligne, pendant la chaleur du jour.

Der Weiher ist sehr fischreich; wir können darin angeln, so lange die Hitze währt.

Voici des hameçons de plusieurs espèces, et des vers pour servir d'appât.

Hier sind Angeln von verschiedenen Arten und Würmer zu Köber.

Le poisson est affamé et mord bien à l'hameçon.

Die Fische sind hungrig und beißen gut an.

————

Pendant une visite.

Entrez !
Bon jour, Monsieur.
Bon jour, Madame.
Monsieur, je vous souhaite le bon jour.

Messieurs, j'ai l'honneur de vous souhaiter le bon jour.

Que je suis aise de vous voir.

Il y a bien longtemps que je ne vous ai vu.

Il y a un siècle que je ne vous ai vu.

Vous êtes bien bon d'être venu nous voir.

Votre très-humble serviteur.

Toute ma famille vous salue.

J'ai l'honneur de vous présenter mes respects.

Vous êtes bien aimable d'avoir pensé à nous.

Votre compagnie nous flatte infiniment.

Vous devenez bien rare.

Während einem Besuche.

Herein !
Guten Tag, Herr ....
Ihr Diener, Frau ....
Ich wünsche Ihnen einen guten Morgen, Herr ....

Meine Herren, ich habe die Ehre, Ihnen einen guten Morgen zu wünschen.

Wie freue ich mich, Sie zu sehen !

Ich habe Sie sehr lange nicht gesehen.

Es ist eine Ewigkeit, daß ich sie nicht gesehen habe.

Sie sind sehr gütig, uns zu besuchen.

Ihr gehorsamster Diener.

Meine ganze Familie grüßt Sie.

Ich habe die Ehre, Ihnen meine Aufwartung zu machen.

Sie sind sehr gütig, an uns gedacht zu haben.

Ihre Gesellschaft ist uns sehr schmeichelhaft.

Sie machen sich sehr selten.

Comment vous portez-vous?	Wie befinden Sie sich?
Fort bien, et vous-même?	Sehr wohl, und Sie?
Comment vous êtes-vous porté depuis que je n'ai eu le plaisir de vous voir?	Wie haben Sie sich befunden, seit ich nicht das Vergnügen hatte, Sie zu sehen?
J'espère que vous êtes en bonne santé.	Ich hoffe, Sie sind bei guter Gesundheit.
Vous avez bonne mine.	Sie sehen gut aus.
Je me porte fort bien.	Ich befinde mich sehr wohl.
Cela ne va pas mal.	Es geht nicht übel.
Cela va assez bien.	Es geht ziemlich gut.
J'en suis bien aise.	Das ist mir sehr lieb.
Je suis ravi de vous voir en bonne santé.	Ich bin entzückt, Sie bei guter Gesundheit zu sehen.
Pas trop bien, je suis un peu indisposé.	Nicht zu wohl; ich bin ein wenig unpäßlich.
J'en suis bien fâché.	Das thut mir sehr leid.
Je vous souhaite une meilleure santé.	Ich wünsche Ihnen gute Besserung.
Je vous remercie infiniment.	Ich danke Ihnen sehr.
Comment se porte Madame votre épouse?	Wie befindet sich Ihre Frau Gemahlin?
Ma femme est un peu indisposée.	Meine Frau ist etwas unwohl.
Qu'a-t-elle?	Was fehlt ihr?
Elle a mal à la poitrine.	Sie hat Brustschmerzen.

Elle a mal aux dents,
mal à la tête, mal à la
gorge.

Elle est enrhumée.

Elle a la toux.

Elle est enrouée.

Je souhaite que cette
indisposition soit passa-
gère.

Donnez une chaise à
monsieur.

Asseyez-vous, je vous
prie.

Donnez-vous la peine
de vous asseoir.

Ne voulez-vous pas
vous asseoir un moment?

Approchez-vous du
feu.

Vous êtes bien pressé.

J'ai encore à faire
plusieurs visites.

J'espère que vous res-
terez une autre fois plus
longtemps.

Je vous remercie de
votre agréable visite.

J'espère de vous re-
voir bientôt.

Quand aurai-je le
plaisir de vous revoir?

Sie hat Zahnschmerzen,
Kopfweh, Halsweh.

Sie hat den Schnupfen.
Sie hat den Husten.
Sie ist heiser.
Ich wünsche, daß diese
Unpäßlichkeit nicht anhalte.

Geben Sie dem Herrn
einen Stuhl.

Nehmen Sie Platz, ich
bitte Sie.

Setzen Sie sich gefäl-
ligst.

Wollen Sie sich nicht auf
einen Augenblick setzen?

Kommen Sie zum Feuer.

Sie eilen sehr.

Ich habe noch mehrere
Besuche zu machen.

Ich hoffe, ein anderes
Mal werden Sie länger
bleiben.

Ich danke Ihnen für Ih-
ren angenehmen Besuch.

Ich hoffe, Sie bald wie-
der zu sehen.

Wann werde ich das Ver-
gnügen haben, Sie wieder
zu sehen?

Aussitôt que je le pourrai.

Sobald es mir möglich wird.

Aurai-je le plaisir de vous voir demain?

Werde ich das Vergnü=gen haben, Sie morgen zu sehen?

Dans huit jours j'au-rai le plaisir de vous voir.

Ich werde das Vergnü=gen haben, Sie heute über acht Tage zu sehen.

S'il est possible, je reviendrai demain.

Ist's möglich, so komme ich morgen wieder.

Adieu.

Leben Sie wohl.

A l'avantage, Mon-sieur.

Auf das Vergnügen, Sie wieder zu sehen.

Je vous souhaite une bonne nuit.

Ich wünsche Ihnen eine gute Nacht.

Au revoir.

Auf Wiedersehen.

J'ai l'honneur de vous saluer.

Ich habe die Ehre, mich Ihnen zu empfehlen.

Pour louer une chambre, un appartement.

Um ein Zimmer, eine Wohnung zu miethen.

Avez-vous un appar-tement à louer?

Haben Sie eine Woh=nung zu vermiethen?

On m'a dit que vous aviez une chambre à louer.

Man hat mir gesagt, Sie haben ein Zimmer zu vermiethen.

Quelle chambre dési-rez-vous?

Was für ein Zimmer wünschen Sie?

Désirez-vous un ap-partement meublé?

Wünschen Sie eine mö=blirte Wohnung?

Il me faudrait seule-

Ich habe ein möblirtes

ment une chambre gar-
nie et un cabinet.

J'ai ce qu'il vous faut.

Je désire une cham-
bre qui donne sur le
jardin.

Faites-moi voir l'ap-
partement, je pourrai
m'en arranger.

J'ai besoin de deux
chambres à coucher,
d'une salle et d'une cui-
sine.

Je puis vous accom-
moder.

Prenez la peine de
me suivre.

Je vais prendre la
clé et vous y conduire.

Voici le premier éta-
ge.

Il est composé de
sept pièces : une anti-
chambre, un salon, une
salle à manger, deux
chambres à coucher et
deux cabinets.

Les pièces sont assez
belles.

Y a-t-il d'autres cham-

Zimmer und ein Neben=
zimmer nöthig.

Ich habe, was Sie ver=
langen.

Ich wünsche ein Zim=
mer, das auf den Garten
hinausgeht.

Lassen Sie mich die Woh=
nung ansehen, vielleicht ist
sie mir anständig.

Ich brauche zwei Schlaf=
zimmer, einen Saal und
eine Küche.

Ich kann sie Ihnen ge=
ben.

Seien Sie so gefällig,
mir zu folgen.

Ich will den Schlüssel
holen und Sie hinauffüh=
ren.

Hier ist das erste Stock=
werk.

Es besteht aus sieben
Räumen : einem Vorzim=
mer, einem Saal, einem
Speisesaal, zwei Schlaf=
zimmern und zwei Neben=
zimmern.

Die Zimmer sind ziem=
lich schön.

Haben Sie noch andere

bres dépendant de cet appartement?

Il y a la cuisine et une chambre de domestique.

Combien demandez-vous du tout?

Quatre cents écus par an.

C'est bien cher.

Le prix est exorbitant.

Pardon, Monsieur, c'est à bon marché.

La maison a une très-belle apparence et est très-bien tenue.

La rue est très-large et une des plus belles de la ville, au centre des affaires et près de la promenade publique.

La situation est très-avantageuse; je trouve pourtant que vous le faites trop valoir.

Je veux prendre cet appartement; quand pourrai-je emmenager?

L'appartement est libre, comme vous voyez,

Gemächer, die zu dieser Wohnung gehören?

Noch die Küche und eine Bedientenstube.

Wie viel verlangen Sie für das Ganze?

Vierhundert Thaler jährlich.

Das ist sehr theuer.

Das ist übertrieben theuer.

Verzeihen Sie, das ist wohlfeil.

Das Haus hat ein schönes Aussehen und ist gut gehalten.

Die Straße ist sehr breit und eine der schönsten der Stadt, im Mittelpunkte der Geschäfte und nahe an dem öffentlichen Spaziergange.

Die Lage ist sehr vortheilhaft; ich finde dennoch, daß Sie sie zu hoch gelten machen.

Ich will die Wohnung nehmen; wann kann ich einziehen?

Die Wohnung ist, wie Sie sehen, unbewohnt, Sie

vous pouvez donc emmenager quand il vous plaira.

könnten daher einziehen, wann Sie wollen.

Je viendrai alors demain.

Dann werde ich morgen kommen.

Comme il est usage, je crois, de payer d'avance les appartements meublés, je vous prie de me donner la quittance du premier terme.

Da es, wie ich glaube, Gebrauch ist, möblirte Wohnungen im Voraus zu zahlen, so bitte ich, mir die Quittung über das erste Vierteljahr zu geben.

La voilà, Monsieur.

Hier ist sie, mein Herr.

Le service est-il compris dans le loyer?

Ist die Bedienung in den Miethpreis einbegriffen?

Oui, Monsieur; la bonne fera votre lit, nettoiera votre appartement et vos effets et apprêtera votre déjeuner.

Ja, mein Herr, die Magd wird ihr Bett machen, Ihre Wohnung und Ihre Kleider reinigen und Ihnen das Frühstück zubereiten.

Pourrais-je dîner à la maison?

Könnte ich auch zu Hause speisen?

Certainement, Monsieur; nous avons plusieurs pensionnaires.

Gewiß, mein Herr; wir haben mehrere Kostgänger.

Combien comptez-vous pour le dîner?

Wie viel rechnen Sie für das Mittagessen?

Cinquante francs par mois; vous aurez pour ce prix : potage, trois plats et du dessert.

Fünfzig Franken monatlich; Sie haben dafür eine Suppe, drei Gerichte und Nachtisch.

Et combien prenez-vous pour le déjeuner?

Vingt francs, si vous ne désirez que du café, du pain et du beurre.

Je puis aussi vous fournir du vin à des prix très-modérés.

Und wie viel nehmen Sie für das Frühstück?

Zwanzig Franken, wenn Sie nur Kaffee, Brod und Butter verlangen.

Auch kann ich Ihnen den Wein zu billigen Preisen liefern.

Au théâtre.

Irez-vous ce soir au théâtre?

Non, mais je compte y aller demain.

Voulez-vous me permettre, en ce cas, de vous y accompagner?

Comment donc! avec beaucoup de plaisir.

A quelle heure partirons-nous?

De bonne heure, s'il vous plaît. La pièce annoncée pour demain est fort suivie.

Quel est le genre de cette pièce?

C'est un opéra, la musique en est très-belle.

De quel compositeur?

Im Theater.

Gehen Sie heute in's Theater?

Nein, aber ich denke morgen hinzugehen.

Wollen Sie mir dann erlauben, Sie zu begleiten?

Gewiß! mit vielem Vergnügen.

Wie spät gehen wir hin?

Frühzeitig, wenn Sie wollen; denn das angezeigte Stück ist sehr beliebt.

Was für ein Stück ist es?

Es ist eine Oper; die Musik ist sehr schön.

Von welchem Componisten ist sie?

Meyerbeer.	Von Meyerbeer.
Ah! oui, j'ai entendu avec plaisir un ouvrage de ce musicien.	Ja, ich habe mit vielem Vergnügen ein Stück von ihm gehört.
Lequel?	Welches?
Robert le Diable.	Robert der Teufel.
En effet, la partition en est des plus remarquables.	Die Partition ist in der That sehr ausgezeichnet.
Et celle de demain?	Und die von morgen?
On en dit un bien infini.	Man lobt sie ungemein.
Et le poëme?	Und die Dichtung?
Oh! le poëme; c'est un poëme d'opéra.	Je nun, es ist eine Opern-Dichtung.
Comment l'appelle-t-on?	Wie heißt das Stück?
Les Huguenots. C'est un sujet tiré de l'histoire de France.	Die Hugenotten. Es ist eine Scene aus der Geschichte Frankreichs.
Les Huguenots, dites-vous, alors le compositeur doit s'être inspiré du protestantisme?	Die Hugenotten, sagen Sie, so muß der Componist vom Protestantismus beseelt sein?
Assurément. La musique des *Huguenots* est toute protestante, par le style, la couleur et le sentiment religieux.	Gewiß. Die Musik ist ganz protestantisch, in Styl, in Ton und in Geist der Religion.
Oui, je le comprends. Je vous ai dit avoir vu *Robert le Diable*, le sens	Ja, ich verstehe. Ich sagte Ihnen, Robert den Teufel gesehen zu haben,

catholique de cet ou-
vrage est évident.

On dit même que l'au-
teur prépare sur un
poëme, tiré de l'Ancien
Testament, de la mu-
sique biblique.

Or, vous dites que les
représentations des *Hu-
guenots* sont fort suivies.

Certainement; à pei-
ne y peut-on trouver
place.

La salle doit être alors
admirablement compo-
sée.

Oh! comme vous le
dites, admirablement.

Eh bien, demain nous
partirons de bonne heu-
re; en vérité, vous m'a-
vez donné une extrême
envie d'assister à ce
spectacle.

Je suis tout à vous.

Venez dîner avec moi,
nous dînerons à cinq
heures; nous pourrons
nous rendre au théâtre
à six heures et demie,
six heures un quart.

der Geist dieses Stückes ist
ganz katholisch.

Man sagt selbst, daß
der Componist für eine
Dichtung aus dem Alten
Testament geistliche Musik
mache.

Sie sagten also, daß die
Vorstellung der Huge-
notten sehr gesucht ist

Ohne Zweifel, nur mit
Mühe kann man Platz
finden.

Der Saal muß dann
bewundernswürdig sein.

He! wie Sie sagen, be-
wundernswürdig.

Gut, wir werden mor-
gen frühzeitig hingehen;
denn Sie haben mir ein
großes Verlangen gemacht,
diesem Schauspiele beizu-
wohnen.

Ich stehe zu Ihren Dien-
sten.

Kommen Sie um fünf
Uhr bei mir zu Mittag
speisen, so können wir um
halb sieben oder ein Viertel
nach sechs in's Theater
gehen.

C'est parfait; le rideau se lève à sept. J'accepte très - volontiers votre invitation; aussi c'est entendu, à demain, cher ami.

—

Un dernier verre de cette liqueur, s'il vous plaît.

Non, je vous rends mille grâces.

Sans façons?

Sans façons.

Partons alors, allons voir *Les Huguenots*.

Partons.

Je ne connais pas encore la salle où se joue l'opéra : est-elle riche, et mieux encore favorable à la voix?

Pas mal, cependant il y quelque chose à dire; d'ailleurs vous allez en juger. Nous voici arrivés.

Passons au bureau.

Par ici, s'il vous plaît.

Veuillez me donner deux stalles d'orchestre. Madame.

Das ist vorzüglich: der Vorhang geht um sieben Uhr auf. Ich nehme sehr gerne ihre Einladung an: es ist also verabredet. Bis morgen, mein Freund.

—

Nehmen Sie gefälligst ein letztes Gläschen von diesem Liquör.

Nein, ich danke Ihnen vielmals.

Ohne Umstände?

Ohne Umstände.

Gehen wir alsdann, um die Hugenotten zu sehen.

Gehen wir.

Ich kenne den Opernsaal noch nicht; ist er reich, oder besser, ist er günstig für die Stimme?

So ziemlich, er könnte besser sein; indessen Sie können selbst urtheilen, wir sind zur Stelle.

Gehen wir an's Bureau.

Hierher gefälligst.

Geben Sie mir gefälligst zwei Orchester-Sessel.

Voici, Monsieur, c'est 8 florins.

(Au contrôle) Changez vos billets, Messieurs. Deux stalles d'orchestre à ces messieurs.

Voici, Messieurs. Passez.

Madame, veuillez nous placer le mieux possible, s'il vous plaît.

J'ai encore deux stalles dans cette rangée, vous y serez très-bien. Ces Messieurs veulent-ils me confier leur pardessus?

Volontiers, tenez, Madame.

Passez, mon cher, je vous suis.

Eh! mais, nous sommes fort bien ici.

Nous sommes bien en face de la scène, et nous découvrons facilement toutes les parties de la salle.

C'est vrai, nous avons du bonheur; car nous sommes un peu en re-

Hier, mein Herr, acht Gulden.

(Bei der Contermark) Wechseln Sie Ihre Billete, meine Herren. Zwei Orchester-Sessel für diese Herren.

Hier, meine Herren!

Madame, geben Sie uns gefälligst einen guten Platz.

Ich habe noch zwei Sessel in dieser Reihe; Sie werden dort sehr gut sein. Wollen Sie mir Ihre Ueberröcke anvertrauen?

Gerne, hier sind sie.

Gehen Sie, mein Freund, ich folge.

Wir sind hier sehr gut.

Wir sind gerade der Scene gegenüber, und wir können den ganzen Saal übersehen.

Wir haben wahrlich Glück, denn wir sind etwas spät gekommen; die Musi-

tard. Les musiciens de l'orchestre sont à leur poste, et, tenez, l'on va commencer.

Chut! écoutons l'ouverture.

Bravo! ce morceau-là est plein d'élévation et de style.

Vous êtes content?

Enchanté! Que de monde!

La toile se lève; écoutons le premier acte.

Eh bien, comment trouvez-vous cela?

Oh! ne m'interrogez pas; je suis tout entier à mes impressions; je ne saurais les analyser.

Soit; et que dites-vous de la salle?

Jolie; mais pas assez sévère.

Pourquoi voudriez-vous de la sévérité dans l'architecture d'une salle destinée au plaisir.

Plaisir, je le veux bien; mais plaisir de l'esprit; il me semble

ter ſind auf ihren Plätzen, und ſehen Sie, man fängt an.

Pſt! hören wir die Ouvertüre.

Bravo! dieſes Stück iſt voller Gefühl und Geiſt.

Sind Sie zufrieden?

Bezaubert! Wie voll es iſt!

Der Vorhang geht auf. Hören wir den erſten Akt.

Nun wohl, wie finden Sie dies?

O! befragen Sie mich nicht, ich bin ganz eingenommen; ich könnte meine Gefühle nicht ausſprechen.

Schön! Und was ſagen Sie vom Saale?

Er iſt ſchön, aber nicht ſtrenge genug.

Weshalb wollen Sie Strenge in der Bauart eines Saales, der dem Vergnügen gewidmet iſt?

Vergnügen, ſei es ſo; allein Vergnügen des Geiſtes, und es ſcheint mir,

que ces sortes de dis-
tractions ont quelque
chose de grave.

Je ne vous contrarie-
rai pas là-dessus ; mais,
puisque vous aimez la
sévérité dans la beauté,
que dites-vous de cette
dame qui est au balcon ?

Laquelle ?

La quatrième à droite.

Fort bien, j'y suis ;
cette dame en robe de
velours noir. Hélas ! j'ai
oublié ma lorgnette.

Voici la mienne ; eh
bien ?

Charmante, en vérité,
des traits purs, une
grâce infinie et une phy-
sionomie de madone ;
vous êtes précieux pour
les découvertes.

Enthousiaste ! Allons,
reprenez votre place,
l'orchestre s'apprête ;
réservez votre admira-
tion pour Valentine.

Quelle est l'actrice
qui remplit ce rôle ?

Une jeune prima don-

daß diese Art Zerstreuung
etwas Ernstes hat.

Ich widerspreche Ihnen
hierin nicht; da Sie jedoch
die Strenge in dem Schö-
nen lieben, was sagen Sie
von dieser Dame im Bal-
kon?

Welche?

Die Vierte rechts.

Gut, ich sehe. Diese
Dame im schwarz-sammet-
nen Kleide. Aber ach! ich
habe mein Opernglas ver-
gessen.

Hier ist das Meine; nun?

Schön! in der That,
reine Züge, unbeschreibliche
Anmuth, und ein Mado-
nen-Gesicht. Sie sind un-
schätzbar für die Entde-
ckungen.

Begeisterter! Setzen Sie
sich, das Orchester fängt
an; versparen Sie ihre
Bewunderung für Valen-
tine.

Welche Sängerin erfüllt
diese Rolle?

Es ist eine junge Prima

na qui nous vient d'Italie, et qui joint beaucoup de passion à une excellente méthode.

Elle a de plus une voix charmante et d'une puissance extrême.

C'est vrai; cependant Raoul lui est supérieur.

Oh, le roi des ténors!

Oui roi, vous avez raison, et roi par le talent. Écoutons maintenant; le rideau se lève et notre plaisir touche à sa fin.

Ah! très-cher, ce dernier acte est divin; je suis tout transporté.

Vous êtes donc satisfait de votre soirée?

Ravi; la musique est un plaisir des dieux.

C'est possible; mais tout dieu que vous êtes, prenez votre manteau et sortons.

Oh! que l'air est bon à respirer au sortir du théâtre; ce terrible spec-

Donna, welche uns von Italien zugekommen ist, und die einer ausgezeichneten Methode ein leidenschaftliches Spiel zufügt.

Auch hat sie eine schöne Stimme von großer Kraft.

Es ist wahr; Raoul ist ihr jedoch überlegen.

O, das ist der König der Tenore.

Ja, König, Sie haben recht, und König durch sein Talent. Hören wir jetzt zu, der Vorhang geht auf, und unser Vergnügen ist bald beendigt.

O, mein Bester, wie göttlich ist dieser letzte Act, ich bin ganz entzückt.

Sie waren also mit Ihrem Abend zufrieden?

Bezaubert; die Musik ist eine Götterfreude.

Es ist möglich; allein seien Sie Gott so viel Sie wollen, nehmen Sie Ihren Mantel und gehen wir.

Wie thut es wohl, beim Ausgehen aus dem Theater, frische Luft einzuath-

tacle m'avait tout op-
pressé.

Je le crois, ce drame lyrique est des plus émouvants. La Saint-Barthélemy ne vous a-t-elle pas converti?

Non, en vérité, je reste huguenot.

Et moi aussi; demain nous causerons plus amplement de la pièce. Il se fait tard, adieu, dormez bien.

Dormir, je ne pourrai jamais dormir, méchant railleur! vous n'avez pas dormi la nuit qui a suivi la première représentation de cet opéra à laquelle vous ayez assisté.

Ma foi, vous avez deviné: j'étais comme vous trop plein d'enthousiasme et de passion.

Vous comprenez bien alors que j'ai besoin d'étudier mon émotion et de classer mes idées.

Oui; à demain donc.
A demain.

men. Dieses schreckliche Schauspiel hatte mich ganz beklemmt.

Ich glaube es gerne; dieses lyrische Trauerspiel ist eins der ergreifendsten. Hat die Bartholomäus-Nacht Sie nicht bekehrt?

Nein, ich bleibe Hugenott

Ich auch. Morgen sprechen wir mehr über das Stück. Es ist spät, schlafen Sie wohl.

Schlafen! Ich könnte niemals schlafen, boshafter Necker! Sie auch haben nicht geschlafen in der Nacht, wo Sie zum ersten Mal der Vorstellung dieser Oper beigewohnt haben.

Sie haben, meiner Treue, recht gerathen; ich war wie Sie zu voll von Begeisterung und Leidenschaft.

Sie begreifen also, daß ich nöthig habe meine Gefühle zu prüfen, und meine Gedanken zu ordnen.

Bis morgen also.
Bis morgen.

Au concert.

Nous n'entamerons pas aujourd'hui, si vous le voulez bien, de discussion sur la musique.

Pourquoi? je vous attendrais de pied ferme.

Ne sais-je pas combien vous êtes mélomane!

Oui, raillez mon goût, vous êtes sur ce point aussi fanatique que moi.

Amateur tout au plus; fanatique, non certainement.

Vous êtes singulier; je ne puis m'empêcher de penser, en vous écoutant, à ces amoureux fous qui se posent en indifférents.

Non, je ne joue pas ce mauvais rôle; j'aime beaucoup la musique, mais....

Mais.... achevez.

Eh bien, je trouve que ses effets ont trop

Im Concerte.

Wir beginnen heute, wenn Sie wollen, keine Erörterung über die Musik.

Warum nicht? ich erwartete Sie festen Fußes.

Weiß ich nicht, welch ein begeisterter Musikliebhaber Sie sind!

Spotten Sie nur über meinen Geschmack, Sie sind in diesem Punkte eben so schwärmerisch wie ich.

Höchstens Liebhaber, aber gewiß kein Schwärmer.

Sie sind ein Sonderling; indem ich Sie anhöre, kann ich mich nicht erwehren, an die Rasendverliebte zu denken, die sich für Gleichgültige ausgeben.

Nein, ich spiele diese schlechte Rolle nicht; ich liebe sehr die Musik, aber...

Aber... weiter!

Nun wohl, ich finde, daß ihre Wirkung zu viele Ue-

d'analogie avec ceux que fait éprouver un vin généreux.

Barbare!

Ah! vous le voyez, nous en sommes aux injures; croyez-moi, laissons ceci.

Oui, car vous n'êtes pas heureux en comparaisons.

Vous êtes fâché, mauvais caractère : mais voici de quoi nous raccommoder incontinent.

Qu'est-ce que ceci?

Vous voyez cette légère enveloppe; elle contient son pesant d'or.

Encore?

Ah! vous êtes vif: devinez.

Un envoi du Johannisberg?

Méchant! vous mériteriez que je ne vous dise rien.

Je ne puis deviner.

Eh bien, c'est une galanterie de Thalberg, deux places pour son

bereinkunft mit der eines guten Weines hat.

Unmensch!

Sie sehen leider, daß wir schon an die Scheltwörter sind; glauben Sie mir, brechen wir ab.

Ja, denn mit Ihren Vergleichungen sind Sie nicht glücklich.

Sie sind böse, Brausekopf; aber hier ist etwas, um uns auszusöhnen.

Was ist's?

Sie sehen, dieser leichte Umschlag, er ist mit Gold aufzuwiegen.

Und wäre?

Ha! Sie sind zu rasch, rathen Sie.

Eine Sendung Johannisberger?

Bösewicht! Sie verdienten, daß ich Ihnen nichts sage.

Ich kann es nicht errathen.

Nun wohl, es ist eine Artigkeit von Thalberg, zwei Plätze für sein Con-

concert de ce soir; je vous les offre.

Sur mon âme, je ne connais pas d'homme plus aimable que vous.

Vous acceptez donc?

Avec une joie extrême.

En ce cas, adieu, amusez-vous bien.

Comment, vous ne venez pas avec moi?

Non, j'ai affaire. Et puis, au fond du cœur, voyons, ne seriez-vous pas heureux d'offrir l'une de ces deux places à quelque autre personne?

Du tout, je ne l'entends pas ainsi; si vous ne venez pas, je reste.

Ce mot me décide. à demain les affaires sérieuses; mais je suis un profane, vous savez.

Pas tant que vous affectez de l'être.

Nous allons recommencer.

Non pas, car l'heure s'avance; allez vous ha-

cert von diesem Abend, welche ich Ihnen anbiete.

Meiner Seele, ich kenne keinen liebenswürdigeren Mensch als Sie.

Sie nehmen Sie also an?

Mit der größten Freude.

Viel Vergnügen also; leben Sie wohl.

Wie so? Sie gehen nicht mit?

Nein, ich bin beschäftigt. Und aufrichtig gesprochen, wären Sie nicht zufrieden, einen der Plätze einer andern Person anzubieten?

Durchaus nicht, das geschieht nicht; ich bleibe, wenn Sie nicht mitgehen.

Dieses Wort entscheidet: auf morgen die Geschäfte; aber Sie wissen, ich bin ein Ungeweihter.

Nicht so sehr wie Sie vorgeben.

Wir fangen wieder an.

Nein, nein, denn es wird Zeit; gehen Sie sich

biller; je vais, de mon côté, procéder à ma toilette, et j'irai vous prendre.	anfleiden, ich werde ein Gleiches thun und Sie dann abholen.

Faites-vous beau, nous entendrons du Beethoven.

Machen Sie sich recht schön, wir werden den Beethoven hören.

—

Êtes-vous prêt?

Sind Sie bereit?

Mes gants, et je suis à vous; les voici, partons.

Meine Handschuhe, und ich bin zu Ihren Diensten. Hier sind sie, gehen wir.

Vous connaissez donc Thalberg?

Sie kennen also Thalberg?

Beaucoup; j'en ai fait la connaissance à Paris. Je ne vous parlerai pas de son talent; sous ce rapport, sa réputation est européenne.

Sehr gut. Ich habe ihn in Paris kennen lernen. Ich spreche Ihnen nicht von seinem Talente, sein Ruf ist in dieser Hinsicht ein europäischer.

Et bien justement méritée; il donne de l'âme à un instrument qui n'en a pas.

Und ein wohl verdienter: er gibt Seele einem Instrumente, welches keine hat.

Oui, c'est le Prométhée du piano; mais, comme celui de la fable, il porte la peine de son audace.

Ja, es ist der Prometheus des Pianos; aber wie dieser trägt er die Last seiner Kühnheit.

Comment cela?

Wie so?

La critique le dévore, et le pauvre Thalberg

Die Kritik zerreißt ihn, und der arme Thalberg ist

a la fibre sensible; on appelle mignardises les délicatesses de son jeu.

Oh!

On dit encore que son exécution est plus précieuse que sentie.

C'est à-dire qu'on lui refuse de l'âme.

Eh! vous avez dit tout à l'heure que le piano n'en avait pas.

Mais j'ai ajouté qu'il lui en donnait.

Voilà justement ce qu'on lui refuse.

La critique est aisée.

Et l'art est difficile, vous avez raison; quoi qu'il en soit, je tiens Thalberg pour un délicieux artiste et pour un homme d'excellente compagnie.

Vous êtes heureux de le connaître.

Je vous présenterai à lui, si vous le désirez.

Vous me rendrez un vrai service.

C'est alors une chose

gefühlvoll. Man nennt Ziererei, die Zartheit seines Spiels.

Oh!

Man sagt auch, sein Spiel sei mehr kunstvoll als gefühlvoll.

Das will also sagen, daß man ihm die Seele abspricht.

Holla! Sie sagten so eben, daß das Piano keine habe.

Ich fügte jedoch hinzu, daß er ihm eine gebe.

Dies ist gerade, was man ihm abstreitet.

Es ist leicht zu kritifiren.

Und die Kunst ist schwer, Sie haben vollkommen recht; wie dem auch sei, ich halte Thalberg für einen vorzüglichen Künstler, und für einen Mann von Lebensart.

Sie sind glücklich, ihn zu kennen.

Wenn Sie es wünschen, so stelle ich Sie ihm vor.

Sie würden mir einen wirklichen Dienst erweisen.

Dieses ist also beschlos-

arrêtée. J'irai chez lui après-demain pour le remercier de son billet, vous m'y accompagnerez.

En vérité, vous me comblez, je ne sais comment faire pour vous remercier.

En me laissant quelquefois médire un peu de la musique.

Oh! Beethoven!

A la bonne heure! voilà la meilleure raison que vous puissiez trouver. Ce nom est un talisman. On joue ce soir les deux plus belles symphonies de ce grand homme.

Heureuse soirée.

Vous l'avez dit. Je vais m'enivrer d'harmonie.

Vous ne médirez donc pas ce soir de la musique?

De trois jours je vous promets de n'en dire que du bien.

Alors Beethoven est

sen. Uebermorgen gehe ich zu ihm, um ihm für die Billete zu danken und Sie begleiten mich.

Sie überhäufen mich wirklich mit Güte, ich weiß nicht, wie Ihnen dafür danken.

Indem Sie mich zuweilen die Musik etwas lästern lassen.

Oh! Beethoven!

Das ist wirklich der beste Grund, den Sie finden könnten. Dieser Name ist ein Zauberwort. Heute Abend spielt man die zwei schönsten Symphonien dieses großen Meisters.

Glücklicher Abend!

Wie Sie sagen; ich werde mich mit Tönen berauschen.

Sie lästern also heute Abend die Musik nicht?

Ich verspreche Ihnen, während drei Tagen nichts als Gutes davon zu sagen.

Dann ist Beethoven

vraiment un dieu ; mais voici le temple. Entrons.

Nous entendrons parfaitement d'ici , la salle est très-sonore.

Mon Dieu ! que de beau monde ; toute la haute société de Vienne est ici.

Certainement.

Tous ces hommes en brillant uniforme , toutes ces dames en toilette de bal, font le plus charmant effet ; mais comment cela se fait-il?

C'est qu'il y a ce soir bal à la cour, et que notre beau concert est, pour ainsi dire, le prélude de la fête royale.

Délicieux coup d'œil.

Ah, silence ; écoutons la symphonie pastorale.

Oh ! Beethoven !

Je dis, comme vous, bien volontiers :

Oh ! Beethoven !

Mais vous ne savez

wirklich ein Gott; doch hier ist der Tempel. Treten wir ein.

Wir werden hier sehr gut hören, der Saal ist sehr helltönend.

Mein Gott, welche schöne Gesellschaft, die ganze vornehme Welt Wiens ist hier.

Wahrlich.

Diese Herren in glänzender Uniform, diese Damen in Ballkleidern, machen den schönsten Eindruck; aber weshalb ist dies?

Heute Abend ist Ball am Hofe, und unser schönes Concert ist, um so zu sagen, das Vorspiel zum königlichen Feste.

Welcher herrliche Anblick.

Stille jedoch, und horchen wir auf die Symphonie pastorale.

Ha! Beethoven!

Ich rufe mit Freuden, wie Sie:

Ha! Beethoven!

Sie wissen jedoch nicht,

ce que nous aurons pour le dernier morceau?	was wir zum letzten Stücke haben werden.
Non, vraiment.	In der That, nein.
La Création d'Haydn.	Die Schöpfung von Haydn.
Si nous n'étions tellement en vue, je vous embrasserais; d'autant plus que Thalberg vient de se surpasser.	Wenn wir hier nicht von Jedermann gesehen wären, so würde ich Sie umarmen, und dieses um so mehr, da Thalberg sich selbst übertroffen hat.
Chut! voici *la Création*.	Stille! da haben wir die Schöpfung.
Mon Dieu, que ce morceau est divin. Ah! cher, c'est grand comme le monde.	Himmel! wie göttlich ist dieses Stück; es ist großartig wie die Welt.
Je suis tout à fait de votre avis; mais allons souper, et buvons du Johannisberg.	Ich bin ganz Ihrer Meinung, gehen wir jedoch zu Abend essen, und trinken wir ein Glas Johannisberger.

———

Au musée.	**Im Museum.**
Eh quoi! c'est vous; vous me faites-là, mon ami, une surprise bien agréable.	Was, Sie sind es, mein Freund, Sie überraschen mich angenehm.
Peut-être.	Vielleicht.
Comment peut-être? qu'avez-vous donc, et comment expliquer ce doute?	Wie so, vielleicht? Was haben Sie denn, und was soll ich von diesem Zweifel denken?

Je pars demain, cher ami.

Vous partez?

Hélas, oui; des affaires urgentes me rappellent en France.

Votre visite, en effet, me cause un plaisir bien triste. Dans quelle ville allez-vous?

Je vais à Paris; si vous avez des lettres, je m'en chargerai.

Ce n'est pas de refus; j'en ferai quelques-unes cette nuit, et je vous les donnerai.

Je partirai demain, à quatre heures du soir; vous aurez tout le temps.

Mais, vous reviendrez bientôt ici?

Je reviendrai bien certainement; si c'est bientôt, je ne puis vous le dire.

Ah! vous m'attristez de plus en plus.

Vous voyez bien que

Morgen, mein lieber Freund, reise ich ab.

Sie reisen ab?

Leider ja, wichtige Geschäfte rufen mich nach Frankreich.

Ihr Besuch verursacht mir in der That ein sehr trauriges Vergnügen. Nach welcher Stadt begeben Sie sich?

Ich gehe nach Paris; wenn Sie Briefe haben, so nehme ich sie mit.

Ich nehme Ihr Anerbieten an, und werde Ihnen morgen einige Briefe geben, die ich diese Nacht schreiben werde.

Ich reise erst morgen Abend um vier Uhr ab, Sie haben also Zeit.

Sie kommen jedoch bald hierhin zurück?

Ich komme gewiß hierhin zurück; ob bald, kann ich nicht sagen.

Ach! Sie machen mich immer mehr traurig.

Sie sehen also, daß ich

J'avais raison, tout à l'heure, de vous dire : peut-être.

C'est vrai ; peut-être, c'est le grand mot de notre vie.

Oui, tout n'est ici-bas qu'un à peu près : pas de croyance qui ne soit flétrie par le doute.

Vous ne doutez pas, au moins, de mon amitié, cher philosophe ?

Non, parce que je vous aime, et que notre amitié est fondée sur une liberté mutuelle.

Ah ! c'est mal ; vous croyez donc que si l'un de nous plus riche ou plus puissant....

Je ne crois rien. Vous m'aimez, je le sais ; je vous aime, vous ne l'ignorez pas ; qu'est-il besoin d'en savoir davantage ?

C'est de la sagesse. Cependant, vous manquez d'une foi complète ; cela m'afflige.

vorhin recht hatte, zu sagen: Vielleicht.

Es mag wohl sein; denn dies ist das Losungswort unseres Lebens.

Ja! Alles hienieden ist nur ein Vielleicht; es gibt kein Glaube, der nicht vom Zweifel angegriffen wird.

Wenigstens, mein lieber Philosoph, zweifeln Sie nicht an meiner Freundschaft?

Nein, denn ich liebe Sie, und unsere Freundschaft ist auf gegenseitiger Freiheit gegründet.

Ha! Sie sind boshaft; Sie glauben also, wenn einer von uns reicher oder mächtiger wäre....

Ich glaube nichts. Sie lieben mich, ich weiß es; ich liebe Sie, es ist Ihnen nicht unbekannt; was braucht's mehr zu wissen?

Dies ist wahre Weisheit. Es betrübt mich jedoch, daß Ihnen der wahre Glaube fehlt.

Je ne suis pas en train de discuter sur ce point; tout ce que je puis vous dire, c'est que je n'ai pas d'ami qui me soit plus cher que vous.

Tenez, sortons, car je crois que nous allons pleurer, et, pour moi, j'ai besoin d'air; cette nouvelle m'étouffe.

Oui, passons cette dernière journée ensemble. Où dînez-vous?

Où vous voudrez.

Très-bien, vous êtes à moi; en attendant, faisons un tour au musée, j'ai ma carte.

Allons, très-volontiers; je veux, une dernière fois, contempler mes beaux Albert Dürer.

Et les Flamands?

Oh! les Flamands; vous savez que je n'aime pas le grotesque en peinture.

Le grotesque sublime!

Même le sublime;

Ich bin nicht aufgelegt, hierüber zu streiten; Alles, was ich Ihnen sagen kann, ist, daß Sie mir der liebste meiner Freunde sind.

Genug! gehen wir aus, denn ich glaube, wir werden hier weinen; und, was mich betrifft, ich habe Luft nöthig; diese Nachricht erstickt mich.

Ja, bringen wir diesen letzten Tag zusammen zu. Wo speisen Sie?

Wo Sie wollen.

Sehr wohl, Sie sind mein; bis dahin, gehen wir etwas auf's Museum, ich habe meine Karte bei mir.

Sehr gerne; ich will ein letztes Mal meine Albert Dürer bewundern.

Und die Flamänder?

Bah! Sie wissen, in der Malerei liebe ich das Groteske nicht.

Das erhabene Groteske!

Selbst das erhabene;

mais discutons là-dessus, si vous voulez, cela nous distraira de notre tristesse. Et partons.

fprechen wir hierüber, wenn Sie wollen. Diefes wird unfere Betrübniß zerftreuen. Gehen wir daher.

CONVERSATIONS

EN VOYAGE.

Unterhaltungen auf der Reife.

Monsieur, notre hôte m'a dit que votre intention était de visiter les bords du Rhin; vous plairait-il de me permettre de me joindre à vous?

Mein Herr, unfer Wirth hat mir gefagt, daß Sie die Rheingegend befuchen werden; wollten Sie mir demnach erlauben, mich Ihnen anzufchließen?

Votre offre m'est trop flatteuse pour que je ne l'accepte pas avec plaisir.

Ihr Anerbieten ift mir fehr fchmeichelhaft, und nehme ich es mit Freuden an.

Veuillez, je vous prie, me permettre de vous offrir ma carte pour ouvrir notre connaissance.

Dürfte ich Ihnen daher, zur Eröffnung unferer Bekanntfchaft, meine Karte überreichen?

Si vous le permet-

Wenn Sie diefelbe ge-

tez, je vous offrirai la miennne en échange.

A en juger par votre nom, vous devez être Français.

Oui. Monsieur, je suis Français, Parisien, et je fais en ce moment un voyage d'agrément sur les bords du Rhin que j'ai toujours entendu vanter.

Je me félicite de cette rencontre, car, quoique je connaisse déjà le Rhin, mon but était le même que le vôtre, et je serai votre guide avec d'autant plus de plaisir, que je sais que l'on jouit doublement des beautés de la nature, quand l'on a auprès de soi quelqu'un à qui l'on peut communiquer ses observations.

Tout en vous remerciant de vos bontés, je me mets dès à présent à votre disposition.

gen die Meinige eintauſchen wollen?

Ihrem Namen nach zu urtheilen, ſind Sie ein Franzoſe.

Ja, ich wohne in Paris, und mache eine Vergnügungsreiſe, um die ſo geprieſenen Rheinufer zu ſehen.

Dieſes iſt wirklich ein ſehr ſchönes Zuſammentreffen; denn wiewohl ich den Rhein ſchon kenne, ſo habe ich doch dieſelbe Abſicht wie Sie, und werde mit ſo viel mehr Vergnügen Ihr Führer ſein, da ich weiß, daß man die Schönheiten der Natur doppelt genießt, wenn man an Jemand ſeine Bemerkungen mittheilen kann.

Ihnen im Voraus für Ihre Güte meinen innigſten Dank ſagend, ſtelle ich mich von jetzt an zu Ihrer Verfügung.

Je commencerai donc alors mes fonctions de guide par vous demander, si vous avez vu les curiosités de cette ville.

Je me trouve ici depuis trois jours, et je crois avoir vu tout ce que Francfort renferme de curieux.

Eh bien, si vous le voulez, nous partirons demain pour Mayence par le chemin de fer.

A quelle heure part le premier train?

A six heures et demie.

Qu'allons-nous faire pendant le reste de la journée?

J'ai une permission pour voir le jardin de M. Bethmann; si vous voulez y consentir, nous irons y admirer la belle statue d'Ariane que ce jardin renferme.

J'accepte d'autant plus volontiers votre proposition, que je n'ai pas encore visité cet endroit

Ich beginne daher mein Führeramt mit der Frage, ob Sie die hiesigen Merkwürdigkeiten gesehen haben.

Ich befinde mich seit drei Tagen hier und glaube Alles gesehen zu haben, was Frankfurt Sehenswürdiges besitzt.

Sehr wohl, so werden wir, wenn Sie wollen, morgen früh mit der Eisenbahn nach Mainz gehen.

Wie spät geht der erste Zug ab?

Um halb sieben Uhr.

Womit werden wir den Rest des heutigen Tages zubringen?

Ich habe eine Erlaubnißkarte, um den Bethmannschen Garten zu besuchen; wenn Sie wollen, so gehen wir dorthin und bewundern die schöne Ariabne.

Mit Vergnügen nehme ich Ihr Anerbieten an; denn ich habe diesen Ort nicht besucht.

Eh bien! si vous êtes prêt, nous partirons à l'instant.

Wenn sie daher bereit sind, so gehen wir.

Je suis tout à vos ordres.

Ich bin zu Ihren Diensten.

Comme il est encore de bonne heure, nous pourrions prendre le café dans cet établissement.

Da es noch zeitig ist, so nehmen wir bevor eine Tasse Kaffee in jenem Kaffeehaus.

Très-volontiers; veuillez, je vous prie, m'excuser, et me permettre d'aller chercher des cigares, que nous fumerons en prenant notre café.

Gerne: entschuldigen Sie mich nur einen Augenblick, um einige Cigaren zu unserm Kaffee zu kaufen.

Dans ce pays, les fumeurs sont heureux, car le tabac y est à bon marché.

Die Raucher sind hier wohl daran, denn der Tabat ist sehr billig.

Désirez-vous lire les journaux?

Wünschen Sie die Zeitungen zu lesen?

Je vous remercie. Comme je me suis fait une règle de ne pas parler politique lorsque je voyage à l'étranger, il s'en suit que je lis rarement les journaux.

Ich danke Ihnen. Da ich mir zur Regel gemacht habe, in der Fremde nie über Politik zu sprechen, so lese ich auch nur selten die Zeitungen.

Comme votre tasse

Da Ihre Tasse leer ist,

est vide, si vous le voulez bien, nous continuerons notre route.

Sommes-nous encore éloignés de l'endroit où nous allons?

Non, c'est au bout de cette rue.

Placez-vous ici, pour voir cette statue sous son meilleur jour.

Elle est réellement admirable, de qui est ce chef-d'œuvre?

Elle est de Dannecker.

Regardez la finesse et la pureté de ces formes, on serait vraiment tenté de croire qu'elles surpassent la nature en perfection.

L'expression de contentement et de calme qui règne dans tous ces traits, dit plus clairement que ne le pourraient faire les paroles: « Je suis la fiancée d'un Dieu. »

Hé, hé! votre admiration est telle, que je

so setzen wir unsern Weg fort.

Haben wir noch weit?

Nein, es ist am Ende dieser Straße.

Stellen Sie sich hierher, um die Statue im ihrem besten Lichte zu sehen.

Sie ist wirklich bewundernswerth; von wem ist dieses Meisterstück.

Von Dannecker.

Sehen Sie, wie zart und rein diese Formen sind; man wäre wirklich versucht zu sagen, daß sie die Natur übertreffen.

Der Ausdruck von Zufriedenheit und Ruhe, der in diesen Zügen liegt, sagt deutlicher als Worte: „Ich „bin die Braut eines Gottes."

Ei, ei! Ihre Bewunderung ist so groß, daß ich

dois m'empresser de vous reconduire, si je ne veux pas être la cause que, dès à présent, vous ne considérerez vos Parisiennes que comme des copies de cette déesse.

Cette statue est vraiment fort belle, et je resterais volontiers des heures à l'admirer.

Nous aurons d'autant plus raison de nous retirer maintenant, que vos dames me sauraient sans doute fort peu de gré, de ce qu'un de leurs adorateurs s'est épris d'une femme de marbre.

Du reste, comme il commence à faire nuit, nous ferons bien de retourner à l'hôtel.

Je suis convenu avec deux de mes amis, de faire avec eux, pour nous aider à passer la soirée, une partie de whist; si vous voulez faire le quatrième, cela me ferait plaisir.

mich beeilen muß, Sie hinweg zu führen, wenn ich nicht die Schuld tragen will, daß Sie von nun an Ihre pariser Damen nur als eine Copie dieser Göttin betrachten.

Wahrlich, dieses Bild ist bezaubernd, und würde ich es gerne stundenlang betrachten.

Deste mehr Ursache, um es jetzt zu verlassen; denn Ihre Damen würden es mir wenig Dank wissen, wenn einer ihrer Verehrer sich in eine marmorne Frau verliebte.

Da es anfängt dunkel zu werden, so wollen wir nach unserm Gasthofe zurückkehren.

Ich habe mit zweien meiner Freunde eine Whistpartie verabredet, um den Abend durchzubringen: wenn Sie den vierten Mann machen wollen, so wäre mir dieses sehr angenehm.

J'accepte volontiers votre offre; mais, avant tout, je dois vous faire observer que je suis un bien faible joueur.

Garçon, apprêtez-nous une table de whist.

Messieurs, voulez-vous tirer?

Le sort me favorise, puisqu'il me donne pour partner mon compagnon de voyage.

Combien jouons-nous?

Si vous le voulez bien, nous jouerons six Kreuzer le point.

Très-volontiers.

Eh bien! trois levées et quatre honneurs, cela fait sept; je dois avouer, que si vous appelez cela être un faible joueur, je ne sais pas, ma foi, ce que sera un fort joueur.

Puisqu'une poule aveugle peut parfois trouver son grain, il faut bien aussi que la fortune favorise parfois l'innocence.

Mit vielem Vergnügen; jedoch muß ich Ihnen bemerken, daß ich nur ein schwacher Spieler bin.

Kellner! richten Sie uns einen Whisttisch zu.

Meine Herren! wollen Sie ziehen?

Das Schicksal begünstigt mich, da ich meinen Reisegefährten zum Partner erhalte.

Wie hoch spielen wir?

Sechs Kreuzer das Point; wenn es Ihnen recht ist.

Sehr wohl.

Nun, nun; drei Stiche und vier Honneurs, macht sieben; ich muß gestehen, wenn Sie dieses, ein schwacher Spieler zu sein, nennen, so möchte ich wissen, was ein starker Spieler sei.

Je nun! ein blindes Huhn findet auch zuweilen ein Korn, und das Glück ist manchmal der Unschuld hold.

7

Messieurs, le souper est servi.

Très-bien, Messieurs, si vous le voulez bien, nous terminerons la partie après le souper.

Voulez-vous me permettre de vous offrir cette tranche de rôti?

Je vous en prie, servez-vous, et ne faites pas de façons.

Quel vin prendrons-nous?

Celui qu'il vous plaira de prendre, sera celui que je préférerais.

Commençons alors par le vin du Rhin. Garçon, une bouteille de Rudesheimer!

Voulez-vous accepter la moitié de ce perdreau?

Je vous remercie, je préfère le lièvre.

Veuillez, je vous prie, avoir l'obligeance de me passer les pommes de terre.

Cette truite est délicieuse. Jusqu'à pré-

Meine Herren, das Abendessen ist aufgetragen.

Gut, so werden wir die Partie nach dem Essen beendigen.

Wollen Sie mir erlauben, Ihnen ein Stück Braten anzubieten?

Ich bitte, bedienen Sie sich, und machen Sie keine Complimente.

Was für Wein werden wir nehmen?

Wählen Sie, es ist mir einerlei.

So fangen wir mit dem Rheinwein an. Kellner, eine Flasche Rüdesheimer!

Wollen Sie nicht ein Stück Rebhuhn nehmen?

Ich danke, ich ziehe den Hasenbraten vor.

Geben Sie mir gefälligst die Kartoffeln.

Diese Forelle ist köstlich. Bisher glaubte ich, daß

sent j'avais cru que rien ne surpassait la cuisine parisienne, mais je reconnais maintenant que la cuisine allemande n'est pas non plus à dédaigner.

nichts über die pariser Küche ginge; allein ich sehe, daß auch die deutsche nicht zu verachten ist.

Comme nous partirons demain de bonne heure, je pense que nous allons nous coucher de suite.

Da wir morgen zeitig abreisen wollen, so denke ich, daß wir uns jetzt zur Ruhe begeben.

Je le veux bien, et je vous souhaite une bonne nuit.

Ich bin es wohl zufrieden, und wünsche Ihnen eine gute Nacht.

Je vous remercie, dormez bien vous-même.

Ich danke Ihnen; schlafen Sie wohl.

Garçon, n'oubliez pas de nous réveiller demain matin à cinq heures et demie, et de faire notre compte.

Kellner! vergessen Sie nicht, uns um halb sechs wecken zu lassen, und unsere Rechnung zu machen.

Bon jour, Monsieur, avez-vous passé une bonne nuit?

Guten Morgen, mein Herr, haben Sie wohl geruht?

Ma nuit a été excellente; j'espère qu'il en a été de même pour vous.

Vortrefflich; und ich hoffe von Ihnen ein Gleiches.

Hâtons-nous de déjeuner, car nous n'avons

Beeilen wir uns, zu frühstücken, denn wir ha-

qu'une demi-heure à nous.

Désignez-moi votre bagage, j'en prendrai reçu en même temps que du mien.

Vous êtes vraiment trop complaisant, je n'ai que cette malle.

On sonne, montons en voiture, le train va partir.

L'on m'a dit que la contrée entre Francfort et Mayence offrait peu d'intérêt.

Cela est vrai, les pays que nous traversons ne sont à remarquer qu'à cause de leurs bons crus.

Où logerons-nous à Mayence?

Je loge ordinairement à l'hôtel du Rhin; on y est très-bien, et à bon marché.

Nous voici à Mayence; si vous n'avez pas de visites à faire, nous irons de suite voir la ville.

ben nur noch eine halbe Stunde.

Bezeichnen Sie mir Ihr Gepäck, ich werde darüber mit dem Meinigen einen Schein nehmen.

Sie sind wahrlich zu gefällig: ich habe nur diesen Koffer.

Man läutet, steigen wir ein, der Zug geht ab.

Man hat mir gesagt, daß die Gegend zwischen Frankfurt und Mainz wenig Sehenswürdiges darbietet.

Dieses ist wahr, die Orte, wo wir vorbeikommen, sind nur wegen ihrer guten Gewächse zu beachten.

Wo werden wir in Mainz logiren?

Ich gehe gewöhnlich in den Rheinischen Hof; man lebt dort sehr gut und billig.

Wir sind jetzt in Mainz; wenn Sie keine Besuche zu machen haben, so wollen wir gleich die Stadt besehen.

Comme je ne connais personne dans cette ville, je n'ai aucune visite à rendre.

Eh bien! commençons d'abord par visiter la cathédrale.

A en juger par son architecture, elle doit être d'une haute antiquité.

Sa fondation date en effet de 978.

Dans son état actuel, il est vraiment difficile de reconnaître à quel style architectural elle appartient.

Elle a été cinq ou six fois la proie des flammes, et, chaque fois, elle a été restaurée selon le goût de l'époque où ces restaurations avaient lieu.

Plusieurs de ses parties me paraissent même être d'une construction assez récente.

A l'époque où les Français occupèrent la ville, ils en firent un

Ich kenne hier Niemand, und habe keinen Besuch zu machen.

Nun wohl, so fangen wir damit an, die Hauptkirche zu besichtigen.

Sie scheint, ihrer Bauart nach, von hohem Alter zu sein.

Ja, sie wurde im Jahr neunhundert achtundsiebenzig angefangen.

Ich muß gestehen, ich wüßte nicht, welcher Bauart ich diese Kirche zuerkennen soll.

Sie wurde fünf oder sechs Mal der Raub der Flammen, und jedesmal nach dem Geschmack der Zeit wieder hergestellt.

Verschiedene Theile scheinen mir von ganz neuer Arbeit.

Unter der französischen Herrschaft hat sie als Heumagazin, als Kaserne und

magasin à fourrages, leurs troupes y bivouaquèrent, et il y eut même un moment où ils y établirent un abattoir. Il est dès lors facile à comprendre, qu'après 1814, elle dut avoir besoin de subir de grandes réparations pour être rendue à sa première destination.

Vous remarquerez que cette église renferme un grand nombre de tombes, mais parmi elles il n'en est aucune qui présente quelque intérêt au voyageur.

Rendons-nous maintenant à la place de Gutenberg, pour y admirer la belle statue de l'inventeur de l'imprimerie.

Cette statue me paraît être de bronze.

Elle est en effet de bronze, et c'est Crozatier, un de vos compatriotes, qui l'a coulée d'après un modèle de Thorwaldsen.

selbst als Schlachthaus gedient; und es ist daher leicht erklärlich, daß nach 1814 sehr bedeutende Reparaturen nöthig waren, um ihr wieder ihre ursprüngliche Bestimmung zu geben.

Sie bemerken eine große Menge von Grabmälern, allein sie bieten nur wenig Interesse für den Reisenden dar.

Gehen wir jetzt nach dem Gutenbergplatz, um die schöne Bildsäule des Erfinders der Buchdruckerkunst zu besehen.

Diese Statue scheint von Bronze zu sein.

Ja, sie wurde von Ihrem Mitbürger Crozatier, nach einem Modell von Thorwaldsen, gegossen.

Cette statue est vraiment belle, elle est l'un des ouvrages les mieux réussis de ce grand statuaire.

Désirez-vous visiter le musée et la bibliothèque?

Non, mon but principal a été d'admirer les beautés de la nature, et mon temps est trop limité pour que je puisse m'occuper des musées.

Mon désir est en cela complétement d'accord avec le vôtre; car je vous avouerai que je faisais ce voyage dans le même but que vous.

Comme l'on dine à une heure précise à notre hôtel, je crois que nous ferons bien d'y retourner.

J'y consens d'autant plus volontiers, que je commence à m'apercevoir que mon estomac ne se contente pas de voir.

Es ist ein schönes Standbild, und ein gelungenes Werk dieses großen Bildhauers.

Wünschen Sie die Bildergallerie und die Bibliothek zu besuchen?

Nein, mein Vornehmen ist hauptsächlich, die Naturschönheiten zu sehen; denn meine Zeit ist zu kurz, um mich mit den Museen zu beschäftigen.

Dieses ist mir um so angenehmer, da ich denselben Vorsatz habe.

Da man in unserm Gasthofe um Ein Uhr speiset, so wollen wir jetzt dahin zurückkehren.

Ich bin dazu bereit; denn ich fühle, daß mein Magen sich nicht mit dem Sehen begnügt.

Après le dîner, nous irons à Cassel, et tout en y prenant notre café, nous admirerons la belle vue qu'on y a sur le Rhin.

Nach dem Essen werden wir nach Cassel gehen, und dort den schönen Anblick des Rheines genießen, während wir unsern Caffee nehmen.

Il paraît que notre société de table sera très-nombreuse.

Es scheint, daß unsere Tischgesellschaft sehr zahlreich ist.

Pendant l'été, elle se compose habituellement de cinquante à soixante personnes.

Während dem Sommer besteht sie fast immer aus fünfzig bis sechzig Personen.

Voyez donc, quelle belle personne vous avez en face de vous.

Sehen Sie doch was für eine schöne Frau uns gegenüber sitzt.

Elle me paraît être Russe; du moins son cavalier porte une décoration russe.

Es scheint mir eine Russin zu sein; wenigstens trägt ihr Begleiter einen russischen Orden.

J'ai rarement vu d'aussi beaux yeux bleus que les siens.

Ich habe selten so schöne blaue Augen gesehen, wie die Ihrigen.

Cette tête égale véritablement, en beauté, tout ce que le pinceau magique de Raphaël a créé de plus remarquable en madones.

Wirklich! es ist ein Kopf, der selbst die Meisterstücke Raphael's übertrifft.

Je remarque avec plaisir que l'admiration que vous accordiez

Mit Vergnügen bemerke ich, daß die Bewunderung, welche Sie gestern

hier à une déesse, ne vous empêche pas d'apprécier les beautés terrestres.

Je serai vraiment curieux de savoir quelle est cette dame.

Vous pouvez facilement contenter ce désir, en consultant après le dîner le livre des étrangers.

Pouvez-vous me dire quel est l'uniforme de l'officier que j'aperçois là-bas?

C'est celui des hussards prussiens.

Voulez-vous me permettre de vous verser un verre de vin?

Ce vin est très-bon; quel est-il?

C'est du Hochheimer.

Si ma mémoire m'est fidèle, vous m'avez cité ce nom parmi celui des diverses localités près desquelles nous sommes passés, pendant notre voyage de ce matin.

für eine Göttin zeigten, Sie nicht verhindert, den irdischen Schönheiten Gerechtigkeit widerfahren zu lassen.

Ich möchte in der That gerne wissen, wer diese Dame ist.

Diesen Wunsch können Sie sehr leicht erfüllen, wenn Sie nach Tisch das Fremdenbuch nachsehen.

Kennen Sie die Uniform des Offiziers dort unten?

Es ist die der preußischen Husaren.

Wollen Sie mir erlauben, Ihnen ein Glas Wein einzuschenken?

Dieser Wein ist sehr gut; wie nennt man ihn?

Es ist Hochheimer.

Wenn ich nicht irre, so nannten Sie mir diesen Ort heute morgen, während unserer Fahrt.

C'est la vérité: Hochheim est la première station que l'on rencontre en allant d'ici à Francfort.

Ce pays produit-il également de bon vin rouge?

Certainement; un des meilleurs qu'il produit, c'est celui d'Asmannshausen. Si vous le permettez, nous allons le goûter.

Auriez-vous l'obligeance de me passer le fromage?

Lequel voulez-vous? le gruyère ou le hollande?

Si vous le voulez bien, nous allons maintenant aller à Cassel; peut-être serait-il mieux encore d'y faire, dès à présent, transporter nos effets, car nous pourrions en partir ce soir même pour Wisbade.

Dans ce cas, je vais faire ma malle.

Ganz recht; es ist die erste Station von hier nach Frankfurt.

Hat man hier auch gute Rothweine?

Gewiß, eine der besten Sorten ist der Asmannshäuser. Wir wollen ihn versuchen.

Wollen Sie mir gefälligst den Käse reichen.

Welchen wollen Sie, Holländischen oder Schweizer Käse?

Wenn Sie wollen, so gehen wir jetzt nach Cassel; oder noch besser, wir lassen unsere Sachen dorthinbringen, und fahren gegen Abend von da nach Wiesbaden.

In diesem Falle will ich meine Sachen einpacken.

Faites-le ; j'en vais faire autant que vous.

Garçon, voulez-vous nous donner notre note?

La voici , Monsieur.

Je vous sais réellement gré de votre proposition d'aller à pied jusqu'à Cassel, car, d'ici au pont, l'on a une vue magnifique.

Le Rhin est ici d'une grande largeur, et il est animé par le grand nombre de bateaux de toutes espèces qui sillonnent les ondes en tout sens.

Que signifie ce petit bateau surmonté d'un drapeau rouge, que j'aperçois là-bas descendant le fleuve?

Il annonce qu'un radeau s'approche, et il prévient ceux qui naviguent sur le fleuve de se mettre en garde.

Dépêchons-nous de passer, car on va défaire le pont.

Il était temps en vé-

Thun Sie es, ich werde ein Gleiches thun.

Kellner, wollen Sie unsere Rechnung geben.

Hier ist sie, mein Herr.

Ich bin Ihnen wirklich sehr verbunden für Ihren Vorschlag, zu Fuße nach Cassel zu gehen; denn man hat hier von der Brücke aus, eine herrliche Aussicht.

Der Rhein hat hier eine große Breite und ist durch eine Menge von Schiffen und Kähnen belebt.

Was bedeutet der kleine Nachen mit einer rothen Flagge, der dort den Strom herabkommt?

Er zeigt an, daß sich ein Floß nähert, und warnet die Schiffe auf ihrer Huth zu sein.

Eilen daher auch wir, hinüber zu kommen , denn man wird sogleich die Brücke ausfahren.

In der That, es war

rité que nous passions, car déjà l'on déplace derrière nous quelques jougs.

Voici déjà le radeau qui arrive.

Ce radeau est très-grand, il en ferait six de ceux qui naviguent sur la Seine.

Ce n'est cependant là qu'une partie d'un radeau; au-dessous de la ville, on en réunit ensemble toutes les parties, et il arrive fréquemment qu'un radeau porte de cent à cent cinquante rameurs.

Puisque nous pouvons apercevoir de ce jardin le Rhin, Mayence et ses alentours, reposons-nous y quelques instants.

Puis-je vous offrir un cigare?

J'en prends un; quand votre provision sera fumée, nous attaquerons la mienne.

Zeit, denn sehen Sie, man fährt hinter uns schon einige Joche aus.

Auch sehen Sie da oben das Floß schon kommen.

Dieses Floß ist sehr groß, und könnte man daraus wohl sechs Flöße machen, wie man deren auf der Seine sieht.

Und dennoch ist dieses nur ein Theil eines Floßes; man vereinigt diese Theile unterhalb der Stadt. Ein gewöhnliches Floß hat hundert bis hundert und fünfzig Ruderer.

In diesem Garten können wir den Rhein, Mainz und die Umgegend übersehen, ruhen wir uns daher hier etwas aus.

Darf ich Ihnen eine Cigare anbieten?

Ich nehme eine; wenn Ihr Vorrath verraucht ist, so werden wir die Meinigen versuchen.

C'est aujourd'hui mercredi, j'avais oublié de vous dire qu'il y a bal aujourd'hui au Kursaal; si vous désirez y aller, c'est maintenant que nous devons partir.

Je vous avoue que j'assisterai volontiers à ce bal.

Il est six heures moins dix; nous serons avant sept heures et demie à Wisbade, et il nous restera encore assez de temps pour procéder au détail de notre toilette.

J'ai oublié de changer mon argent à Mayence; pensez-vous que je pourrais changer à Wisbade des billets de la banque de France contre de l'argent du pays?

Cela vous sera très-facile, et vous n'aurez qu'un faible change à payer.

Sommes-nous déjà à Wisbade?

Es ift heute Mittwoch, und hätte ich beinahe vergeffen, Ihnen zu fagen, daß heute Ball im Kursaale ift; wenn sie Luft haben, ihn zu befuchen, fo müffen wir aufbrechen.

Ich geftehe, ich möchte gerne diefem Balle beiwohnen.

Es ift zehn Minuten vor fechs; wir werden alfo vor halb acht in Wiesbaden fein, und haben hinreichend Zeit, um unfere Toilette zu machen.

Ich habe vergeffen, in Mainz mein Geld zu wechfeln; glauben Sie, daß ich in Wiesbaden Gelegenheit finde, franzöfische Bankbillete gegen hiefiges Geld zu verwechfeln?

Diefes ift fehr leicht, und werden Sie nur fehr wenig darauf verlieren.

Sind wir fchon in Wiesbaden?

Oui, descendons et prenons cet omnibus qui nous conduira à notre hôtel.

Prenons-nous une voiture pour nous rendre au Kursaal?

C'est inutile, le temps est beau et nous n'avons pas, pour y arriver, plus de cinq minutes de chemin.

Cette salle est d'un aspect vraiment ravissant.

La musique est bonne, et j'aperçois un grand nombre de jolies personnes qui semblent attendre les invitations des danseurs.

Si votre désir est de danser, il faut aller inviter une dame, et je suivrai votre exemple.

Mademoiselle voudra-t-elle me permettre d'être son cavalier pour la première valse?

Très-volontiers, Monsieur.

J'espère, Mademoiselle, que vous vou-

Ja, steigen wir aus, dieser Omnibus wird uns an unsern Gasthof führen.

Werden wir einen Wagen nehmen, um uns nach dem Kursaale zu bringen?

O nein, es ist schönes Wetter, und haben wir keine fünf Minuten zu gehen.

Dieser Tanzsaal gereicht einen reizenden Anblick.

Die Musik ist gut, und eine Auswahl schöner Damen erwartet die Tänzer.

Wenn sie tanzen wollen, so fordern Sie eine Dame auf, ich werde ihrem Beispiel folgen.

Mein Fräulein, darf ich Sie um diesen Tanz bitten?

Mit Vergnügen, mein Herr.

Ich muß Sie zuförderst um gütige Nachsicht mit

drez bien être indulgente avec moi; car vous savez que nous autres Français nous ne sommes généralement pas de bons valseurs.

Je suis convaincue que votre modestie seule vous fait parler ainsi.

Je serais charmé de posséder l'habileté que vous me supposez, car j'aurais alors l'espérance de vous satisfaire.

Mais vous ignorez, Monsieur, si je suis moi-même capable de juger de votre adresse, et si ce n'est pas moi au contraire qui devrais réclamer votre indulgence.

Mademoiselle, comme la grâce accompagne toujours la beauté, je suis tout à fait tranquille à cet égard.

Si vous ne m'eussiez dit tantôt que vous étiez Français, je l'eusse de-

mir ersuchen; denn wir Franzosen sind im Allgemeinen keine gute Walzer.

Ich bin überzeugt, daß nur Ihre Bescheidenheit Sie dieses sagen läßt.

Sehr würde ich erfreut sein, wenn dem so wäre; denn alsdann dürfte ich vielleicht das Glück haben, mir Ihre Zufriedenheit zu erwerben.

Wissen Sie jedoch, ob ich im Stande bin, Ihre Tanzfähigkeit zu beurtheilen, und ob ich nicht das wirklich bin, was Sie vorgeben zu sein.

Da, mein Fräulein, die Grazie immer die Schönheit begleitet, so habe ich Ursache, über diesen Punkt beruhigt zu sein.

Wenn Sie es mir nicht vorhin gesagt hätten, daß Sie ein Franzose sind, so

viné, rien qu'à votre langage, car les Français sont tous des flatteurs.

Je vous demande bien pardon, Mademoiselle, d'être dans la cruelle obligation de vous démentir; car vous me reprochez une faute mal à propos, puisque vous appelez flatterie ce qui n'est que l'expression de la vérité.

C'est à notre tour; essayons donc notre adresse.

Eh bien! Mademoiselle, êtes-vous assez satisfaite de votre cavalier pour vouloir continuer la danse?

Je la continuerai d'autant plus volontiers, qu'en m'abstenant je me priverais d'un bon danseur.

Je pourrais maintenant à bon droit vous adresser le reproche de flatterie que vous me faisiez tantôt.

wüßte ich es dennoch jetzt; denn die Herren Franzosen sind Schmeichler.

Ich bitte recht sehr um Entschuldigung, daß ich Ihnen widerspreche; allein Sie beschuldigen uns ungerechter Weise eines Fehlers; oder könnten Sie es uns mit Recht vorwerfen, wenn Sie die Wahrheit, welche wir sagen, Schmeichelei nennen.

Die Reihe ist an uns; versuchen wir unsere Geschicklichkeit.

Nun, mein Fräulein, sind Sie mit mir zufrieden genug, um den Tanz fortsetzen zu wollen?

Gern; denn ich würde mich anders des Vergnügens eines guten Tänzers berauben.

Jetzt dürfte ich Ihnen mit Recht den Vorwurf machen, den Sie mir vorhin ungerechterweise machten.

Je regrette que la danse se soit si tôt terminée; je dois maintenant vous reconduire à votre place, et, en même temps que mes remerciments, je vous adresse la prière de vouloir bien m'accorder une des prochaines danses, la troisième après celle-ci, par exemple.

Je ne puis vous la promettre, car je ne sais pas si mes parents resteront encore longtemps ici.

Jusqu'à ce moment le bonheur m'a assez favorisé pour qu'il me permette d'espérer qu'il ne m'abandonnera pas si vite.

Eh bien! mon ami, avez-vous été content de votre danseuse?

Je suis si content d'elle, que je l'ai priée pour la troisième danse à venir.

Si cela vous était

Der Tanz ist leider schon beendet, und muß ich Sie zu Ihrem Sitze zurück führen. Mit meinem Danke vereinige ich die Bitte, mir einen der kommenden Tänze, etwa den dritten nach diesem, zustehen zu wollen.

Ich darf es Ihnen nicht zusagen, weil ich nicht weiß, ob meine Familie noch so lange hier verweilen wird.

Da das Glück mich bis hieher begünstigt hat, so wird es mir auch hoffentlich bis dahin nicht den Rücken kehren.

Nun, mein werther Freund, waren Sie mit Ihrer Tänzerin zufrieden?

Ich bin so zufrieden mit ihr, daß ich mir den drittfolgenden Tanz erbeten habe.

Wenn Sie wollen, so

agréable, nous visiterons dans l'intervalle les salles de jeu.

Voulez-vous jouer?

Non, je risquerai seulement quelques florins, afin de pouvoir dire que j'ai joué.

Que pointez-vous?

Je mets sur rouge et seize.

Eh bien! vous avez du bonheur, car vous avez justement pointé le bon numéro.

Voyez donc avec quelle passion joue ce monsieur-là.

J'éprouve une impression pénible, lorsque je vois un vrai joueur. Quant à vous, Messieurs les Français, vous devriez bien élever une statue à votre défunt roi, alors que ce ne serait que pour le remercier d'avoir banni les jeux de la France.

Si vous voulez retourner à la salle de danse, vous me retrou-

besuchen wir in der Zwischenzeit die Spielsäle?

Wollen Sie spielen?

Nein, ich will nur einige Gulden wagen, um sagen zu können, daß ich gespielt habe.

Worauf setzen Sie?

Ich werde rouge und Numero sechzehn besetzen.

Ei, ei, Sie sind ein Glückskind, Sie haben die rechte Nummer getroffen.

Sehen Sie doch jenen Herren, mit welchem Eifer er spielt.

Es macht immer einen unangenehmen Eindruck auf mich, wenn ich einen wahren Spieler sehe; und dürften Ihr Herren Franzosen wohl Euerm verstorbenen Könige eine Bildsäule errichten, wenn auch nur aus Dank, daß er die Spiele aus Frankreich verbannt hat.

Wenn Sie zum Tanzsaale zurückkehren wollen, so werden Sie mich um

verez vers onze heures
au pied de cette colonne.

J'aurai soin de ne pas
vous faire attendre.

Me voici déjà de re-
tour ; ma belle a disparu
de la salle de danse, et
je n'avais nulle envie
d'en inviter une autre.

Je commence à me
fatiguer ; si vous le voulez bien, nous retour-
nerons à notre hôtel.

J'accepte volontiers
votre proposition, car
je commence à sentir
que nous sommes sur
pied depuis cinq heures
et demie.

Bon jour, mon cher
ami ; à quoi passerons-
nous la journée aujour-
d'hui ?

Si cela ne vous déplait
pas, nous louerons des
ânes et nous irons visi-
ter la Platte.

Je dois vous avouer
que, quoique je sois un
écuyer passionné, ce

eilf Uhr in der Nähe jener
Säule wiederfinden.

Ich werde Sorge tragen,
Sie nicht warten zu lassen.

Da bin ich schon wieder
zurück. Meine Schöne ist
aus dem Tanzsaale ver-
schwunden, und ich hatte
keine Lust, eine andere zum
Tanze aufzufordern.

Ich fange an, müde zu
werden; wenn Sie wollen,
so kehren wir nach unserm
Gasthof zurück.

Auch ich fühle, daß wir
seit halb sechs auf den Bei-
nen sind.

Guten Morgen, mein
lieber Freund. Womit wer-
den wir den heutigen Tag
zubringen?

Ich denke, wir nehmen
ein Paar Esel und besu-
chen die Platte.

Ich muß gestehen, daß,
wiewohl ich ein leidenschaft-
licher Reiter bin, dieses

sera la première fois que je monterai à âne.

Je le crois, et je pense que l'on rirait bien, si l'on vous voyait vous promener sur un âne dans Paris. Dans les pays de montagnes, ces animaux sont cependant très-utiles à cause de leur pas assuré.

La Platte est, je le crois, un château bâti de notre temps.

La Platte n'est qu'un château de chasse, et c'est le duc Guillaume qui l'a fait bâtir en 1824.

Peut-on le visiter?

Oui, mais seulement quand le duc ne l'habite pas.

Savez-vous si le duc y réside présentement?

Je ne le pense pas. Si, comme je le crois, le duc est en ce moment à Mannheim, nous obtiendrons certainement de l'intendant du château la permission de le visiter.

das erste Mal ist, daß ich einen Esel besteige.

Ich will es gerne glauben: denn ich denke, man würde lachen, wenn man Sie in Paris auf einem Esel spazieren reiten sähe. In den Bergen sind diese Thiere jedoch, ihres sichern Schrittes wegen, sehr nützlich.

Die Platte ist, wie ich glaube, ein Schloß unserer Zeit.

Es ist ein Jagdschloß und wurde im Jahr 1824 vom Herzog Wilhelm erbaut.

Kann man es besichtigen?

Nur dann, wann der Herzog sich nicht dort befindet.

Wissen Sie, ob er es jetzt bewohnt?

Nein, er ist wie ich glaube in Mannheim; und wird uns daher der Schloßvogt erlauben, es zu besehen.

Ces meubles de bois de cerf sont faits avec beaucoup de goût.

Ce château mérite aussi bien par sa disposition intérieure que par sa magnifique vue, d'être mis au nombre des plus beaux qui existent.

La vue dont on jouit de cette plate-forme est vraiment des plus belles; pourriez-vous me désigner le nom des différentes localités que nous apercevons d'ici?

Comme je ne pourrais le faire que très-imparfaitement, Monsieur l'intendant voudra bien, je l'espère, avoir l'obligeance de le faire.

Avec plaisir, Messieurs; si vous voulez faire usage de ces longues-vues, vous distinguerez plus facilement qu'à l'œil nu les objets que je vous désignerai.

Monsieur, nous vous

Diese Möbeln von Hirsch=horn sind wirklich mit vielem Geschmack verfertigt.

Dieses Schloß verdient, sowohl wegen seiner inne=ren Einrichtung, wie we=gen seiner herrlichen Aus=sicht, unter den schönsten Schlössern genannt zu wer=den.

Die Aussicht von dieser Plattforme ist reizend; könnten Sie mir die ver=schiedenen Punkte, welche wir sehen, näher bezeich=nen?

Ich würde es nur sehr unvollkommen können; allein der Herr Schloßvogt hier wird vielleicht die Güte haben, es zu thun.

Mit Vergnügen, meine Herren; wenn Sie sich die=ser Fernröhre bedienen wol=len, so werden Sie deut=licher als mit bloßen Augen, die Gegenstände, welche ich Ihnen nenne, erkennen.

Mein Herr, wir sagen

devons véritablement
beaucoup de reconnais-
sance pour le plaisir
que vous nous avez fait;
mais nous ne voulons
pas abuser plus long-
temps de votre complai-
sance.

Nous pouvons, si
cela vous plaît, nous
en retourner à pied en
traversant la forêt, dont
les ombrages nous pro-
tégeront contre l'ardeur
des rayons du soleil.

Je préfère ce mode
de retourner à celui des
ânes; car, à franche-
ment parler, c'est là un
genre d'équitation qui
ne me sourit nullement.

Prenez garde de glis-
ser, car en cet endroit
le chemin est assez dif-
ficile.

La forêt me paraît
être assez riche en gi-
bier, car voici déjà plu-
sieurs cerfs que j'aper-
çois.

Ce sont des cerfs et
des chevreuils appri-

Ihnen unsern verbindlich-
sten Dank für den Genuß,
so Sie uns bereitet haben,
und wollen Ihre Gefällig-
keit nicht länger mißbrauchen.

Wir könnten, wenn es
Ihnen genehm ist, den
Rückweg zu Fuße durch
den Wald machen, welcher
uns vor den Sonnenstrah-
len schützt.

Ich ziehe dieses den
Eseln vor; denn, aufrichtig
gestanden, diese Reiterei gefällt mir nicht sehr.

Nehmen Sie sich in
Acht, nicht auszugleiten;
der Weg ist hier ziemlich
steil.

Der Wald scheint sehr
wildreich zu sein; denn ich
sehe dort mehrere Hirsche.

Es sind gezähmte Hir-
sche und Rehe, und, sagt

voisés. On dit qu'ils existent ici au nombre de plus de huit cents.

Voici la sortie du bois ; dans peu d'instants nous serons de retour à Wisbade.

Savez-vous si le chemin que nous suivons nous conduit près de la poste ; car je désirerais y demander s'il y a des lettres pour moi.

Je ne sais pas où elle est, mais nous pourrons nous en informer en route.

Monsieur, pourriez-vous m'indiquer le chemin qui conduit à la poste ?

Suivez cette rue jusqu'à la seconde à droite ; vous apercevrez alors la poste en face de vous.

Je vous remercie.

Veuillez me dire, je vous prie, s'il y a des lettres poste restante à mon adresse ; voici mon passe-port.

man, daß sich deren gegen achthundert in diesem Walde befinden.

Dort ist der Ausgang des Waldes und werden wir bald in Wiesbaden zurück sein.

Wissen Sie ob unser Weg uns in die Nähe der Post führt ; denn ich wünsche zu fragen, ob Briefe für mich angekommen sind.

Ich weiß nicht, wo sie ist ; allein wir können uns erkundigen.

Mein Herr, könnten Sie mir den Weg zur Post bezeichnen?

Folgen Sie diese Straße bis zur zweiten Straße rechter Hand ; dann werden Sie die Post vor sich sehen.

Ich danke Ihnen.

Wollen Sie nachsehen, ob Briefe für mich, **poste restante**, angekommen sind ; hier ist mein Paß.

Une lettre de Paris,
dix Kreuzer.

Vous écrit-on quelque chose de nouveau de Paris?

Pas la moindre chose.

Pensez-vous séjourner longtemps ici?

Jusqu'à présent vous avez été pour moi un compagnon si complaisant que je ne saurais rien faire de mieux que de vous suivre, pourvu, cependant, que je ne vous sois point à charge.

Nullement. Votre société m'est, au contraire, très-agréable.

Puisque vous voulez bien que ce soit moi qui règle notre voyage, je vous proposerai de rester ici deux jours encore. Ces deux jours écoulés, nous irons visiter le Johannisberg, puis Bingen et ses alentours. Mais en même temps je dois vous prévenir que je suis, à mon grand regret, obli-

Ein Brief von Paris,
zehn Kreuzer.

Schreibt man Ihnen etwas Neues aus Paris?

Nicht das Geringste.

Wünschen Sie lange hier zu verweilen?

Sie waren bis jetzt ein so gefälliger Führer, daß ich nichts Besseres thun kann, als Ihnen zu folgen; vorausgesetzt, daß ich Ihnen nicht lästig bin.

Nicht im Geringsten; Ihre Gesellschaft ist mir sehr angenehm.

Weil sie wollen, daß ich unsere Reise bestimme, so schlage ich Ihnen vor, noch zwei Tage hier zu bleiben und dann den Johannisberg und Bingen mit seinen Umgebungen zu besuchen. Zugleich muß ich Ihnen sagen, daß ich zu meinem Bedauern gezwungen bin, Sie morgen Ihrem Schicksale zu überlassen: indem ich einige un-

gé de vous abandonner demain à votre sort, attendu que j'ai quelques visites indispensables à rendre.

Avez-vous passé agréablement votre journée d'hier?

J'ai passé la matinée au Kursaal, et l'après-midi je me suis joint à une société avec laquelle je suis allé faire une partie à Sonnenberg ; maintenant je suis tout prêt à partir, ainsi que nous en sommes convenus.

Retournons alors à Mayence, et prenons le bateau à vapeur jusqu'à Bingen ; de cette façon nous pourrons visiter de là tous les alentours.

Quelle est cette tour que l'on voit près de Bingen et au milieu du Rhin?

C'est le Mœusethurm. La légende dit qu'il a été bâti par un archevêque de Mayence qui

ausweichliche Besuche zu machen habe.

Haben Sie den gestrigen Tag angenehm zugebracht?

Ich war den ganzen Morgen im Kursaal, und den Nachmittag habe ich mich einer Gesellschaft angeschlossen, mit der ich eine Partie nach Sonnenberg gemacht habe. Jetzt bin ich, unserer Absprache gemäß, zur Abfahrt bereit.

Kehren wir daher nach Mainz zurück und gehen mit dem Dampfboot nach Bingen; so können wir von dort aus die Umgegend besuchen.

Was bedeutet der Thurm, den man dort unterhalb Bingen in der Mitte des Rheins sieht?

Es ist der Mäusethurm. Die Sage erzählt, daß er von einem Mainzer Erzbischof erbaut wurde, um

voulait échapper aux souris. Mais, même là, il fut poursuivi par ces ennemis acharnés, qui le dévorèrent pour le punir de son avarice.

Ici, à droite, vous apercevez la magnifique propriété du prince de Metternich, laquelle, ainsi que vous le savez, produit le meilleur vin du Rhin.

Nous avons atteint le but de notre voyage, et nous arrivons fort à propos, car voici l'heure du dîner à notre hôtel.

Monsieur N., voici une lettre pour vous; elle est ici depuis hier.

Mon cher ami, je le regrette infiniment; mais cette lettre me rappelle chez moi à l'instant même.

J'espère que ce n'est rien de désagréable que cette lettre vous annonce.

Nullement; elle m'annonce, au contraire,

den Mäusen zu entfliehen. Allein auch hier wurde er von seinen erbitterten Feinden verfolgt, und zur Strafe seines Geizes von ihnen aufgefressen.

Hier zu unserer Rechten sehen Sie die schöne Besitzung des Fürsten Metternich, welche, wie Sie wissen, den köstlichsten Rheinwein liefert.

Wir sind am Ziele unserer Fahrt, und werden wir eben recht zum Mittagsmale in unsern Gasthof ankommen.

Herr N..., hier ist ein Brief für Sie, er ist schon gestern angekommen.

Mein werther Freund, ich bedaure es ungemein, allein dieser Brief ruft mich augenblicklich nach Hause.

Ich hoffe, daß es nicht wegen einer unangenehmen Sache sei.

Durchaus nicht, es ist im Gegentheil wegen einer

une affaire, dont les suites ne peuvent qu'être très-heureuses pour moi.

Cela diminue au moins la douleur que me fait éprouver la perte d'un aussi aimable compagnon. Partirez-vous bientôt?

Je venais vous faire mes adieux.

Dans ce cas, agréez mes sincères remercîments, et croyez que je vous suis très-reconnaissant de toutes les complaisances que vous avez eues pour moi, et n'oubliez pas que je regarderai comme une preuve d'amitié l'exécution de la promesse que vous m'avez faite, de descendre chez moi cet hiver, et dès que vous arriverez à Paris.

Votre invitation m'a été trop agréable à accepter pour que je néglige de la réaliser. Adieu, Monsieur.

Angelegenheit, welche mir einen sehr glücklichen Erfolg verspricht.

Dieses ist mir ein Trost in meinem Schmerze, einen so angenehmen Begleiter zu verlieren. Werden Sie schon bald abreisen?

Ich komme, um Ihnen Lebewohl zu sagen.

Genehmigen Sie dann meinen herzlichsten Dank für Ihre mir bezeigte Güte, und erinnern Sie sich, daß ich es als ein Zeichen Ihrer Freundschaft ansehen werde, wenn Sie, zufolge Ihres Versprechens, bei Ihrer Ankunft in Paris in diesem Winter, bei mir absteigen werden.

Ihre Einladung ist mir zu angenehm, als daß ich sie abschlagen könnte. Leben Sie wohl.

TITRES

A DONNER AUX GRANDS[1].

Titulatur.

A *l'empereur (roi)*.	An einen Kaiser (König).
Au commencement : Tout puissant Empereur (Roi) et Seigneur!	Anrede: Allergnädigster Kaiser (König) und Herr.
Dans la lettre : Votre Majesté impériale (royale), ou: Tout haut vous-même.	Im Context: Eure Kaiserliche (Königliche) Majestät, oder: Allerhöchstdieselben.
Signature : Le plus tout sujet.	Unterschrift: Aller unterthänigster.
Adresse : A Sa Majesté l'Empereur d'Autriche.	Abresse. An Seine Majestät den Kaiser von Oestreich.
A *un prince impérial (royal)*.	An einen kaiserlichen (königlichen) Prinzen.
A. c. Très-gracieux Prince et Seigneur!	Anr. Gnädigster Prinz und Herr!
D. l. l. Votre Altesse impériale, ou: Très-haut vous-même.	Im C. Eure Kaiserliche (Königliche) Hoheit, oder: Höchstdieselben.

[1] Nous avons cru qu'une traduction littérale ou mot à mot, même aux dépens du style français, rendra le mieux possible le sens.

S. Le plus sujet.

A. A Son Altesse impériale le Prince Charles.

A un archiduc d'Autriche.

A. c. Le plus noble Archiduc, très-gracieux Seigneur!

D. l. l. Votre Altesse impériale, ou: Très-haut vous-même.

A. A Son Altesse impériale, le très-noble Prince et Seigneur, Monseigneur..., prince impérial d'Autriche, Prince royal d'Hongrie et de Bohême, Archiduc d'Autriche.

A un grand-duc ou un prince électoral.

A. c. Très-noble Grand-duc et Seigneur!

D. l. l. Votre Altesse royale, ou: Très-haut vous-même.

S. Très-sujet.

A. A Son Altesse royale le Grand-Duc de....

Unt. Unterthänigster.

Ab. An Seine Königliche (Kaiserliche) Hoheit den Prinzen Carl.

An einen Erzherzog von Oestreich.

An r. Durchlauchtigster Erzherzog, gnädigster Herr!

Im C. Eure Kaiserliche Hoheit, oder Höchstdieselben.

Ab. An Seine Kaiserliche Hoheit, den Durchlauchtigsten Fürsten und Herrn, Herrn......, Kaiserlichen Prinzen von Oestreich, Königlichen Prinzen von Ungarn und Böhmen, Erzherzog von Oestreich.

An einen Großherzog oder Kurfürst.

An r. Durchlauchtigster Großherzog und Herr!

Im C. Eure Königliche Hoheit, oder: Höchstdieselben.

Unt. Unterthänigster.

Ab. An Seine Königliche Hoheit den Großherzog von....

A un duc ou un prince régnant.

An einen Herzog, oder regierenden Fürsten.

A. c. Très-noble Duc, (Prince), très-gracieux Seigneur !

An r. Durchlauchtigster Herzog (Fürst), Gnädigster Herr !

D. l. l. Votre ducale (haut princière) Noblesse, ou : Haut vous-même.

Im C. Eure Herzogliche (Hochfürstliche) Durchlaucht, oder : Hochdieselben.

S. Sujétement très-obéissant.

Unt. Unterthänigst gehorsamster.

A. A Sa Noblesse le Duc (le Prince régnant) de....

Ab. An seine Durchlaucht den Herzog (regierenden Fürsten) von....

A un prince non régnant.

An einen nicht regierenden Fürsten.

A. c. Noble Prince !

An r. Durchlauchtiger Fürst !

D. l. l. Votre princière Grâce, ou : Haut-vous-même.

Im C. Eure fürstliche Gnaden, oder : Hochdieselben

S. Sujet.

Unt. Unterthäniger.

A. A Sa Noblesse le Prince de....

Ab. An Seine Durchlaucht den Fürsten von....

A un comte.

An einen Grafen.

A. c. Haut-né Comte !

An r. Hochgeborner Graf !

D. l. l. Votre contale Grâce, ou : Haut vous-même.

Im C. Eure Gräfliche Gnade, oder : Hochdieselben.

S. Très-obéissant.

Unt. Gehorsamster.

A. A Son Haut-né,

Ab. An Seine Hochge-

Monsieur le Comte de N. N.

boren, den Herrn Graf N. N.

A un baron.

An einen Baron.

A. c. Haut et bien-né Baron, gracieux Seigneur!

An r. Hoch= und wohl=geborner Baron, gnädiger Herr!

D. l. l. Votre Haut et bien-née Grâce, ou: Haut vous-même.

Im C. Eure Hoch= und Wohlgeborne Gnaden, oder: Hochdieselben.

S. Très-obéissant, ou: Tout humble.

Unt. Gehorsamster, oder: ganz ergebenster.

A. A Son Haut et bien-né, Monsieur le Baron de N. N.

Ab. An Seine Hoch= und Wohlgeboren, Herrn Baron von N.

A un noble.

An einen Edelmann.

A. c. Haut bien-né Seigneur!

An r. Hochwohlgeborner Herr!

D. l. l. Votre Haut bien-né, ou: Vous-même.

Im C. Eure Hochwohlgeboren, oder: Dieselben.

S. Tout humble.

Unt. Ganz ergebenster.

A. A Son Haut bien-né, Monsieur de N.

Ab. An Seine Hochwohlgeboren, den Herrn von N.

A un ministre, général de la cavalerie, lieutenant-général ou ambassadeur.

An einen Minister, General der Kavallerie, General-Lieutenant oder Gesandten.

A. c. Excellence, Haut-né Monsieur le Ministre.

An r. Excellenz, Hoch=geborner Herr Minister.

D. l. l. Votre Excellence, ou: Haut vous-même.

Im C. Eure Excellenz, oder: Hochdieselben.

S. Très-sujet.
A. Son Excellence le Royal Prussien Minis-tre d'État, Monsieur N.

A un ministre, etc., s'il est prince.

A.c. Excellence, très-noble Prince et Sei-gneur.
D. l. l. Votre très-noble Excellence, ou : Haut vous-même.
S. Sujétement obéis-sant.
A. Sa très-noble Ex-cellence le Royal Prus-sien Ministre d'État, Monsieur le Prince de N.

A des employés supérieurs.

A. c. Haut bien-né Monsieur.
D. l. l. Votre Haut bien-né, ou : Haut vous-même.
S. Très-obéissant.
A. Son Haut bien-né, le Royal Prussien Di-recteur général des pos-tes. Monsieur N.

Unt. Unterthänigster.
Ab. An Seine Excellenz, den Königl. Preußischen Staatsminister, Herrn N.

An einen Minister, 2c., wenn er ein Fürst ist.

An r. Excellenz, Durch-lauchtigster Fürst und Herr.
Im C. Eure Durch-lauchtigste Excellenz, oder: Hochdieselben.
Unt. Unterthänigst ge-horsamer.
Ab. An Seine Durch-lauchtigste Excellenz, den Königlichen Preußischen Staatsminister, Herrn Fürsten von N.

An hohe Angestellte.

An r. Hochwohlgeborner Herr!
Im C. Eure Hochwohl-geboren, oder: Hochdie-selben.
Unt. Gehorsamster.
Ab. Seiner Hochgebo-ren, dem Königlichen Preu-ßischen General-Postmei-ster, Herrn N.

Aux conseillers, professeurs, docteurs, officiers, directeurs, maires et autres personnes d'un rang élevé.

An Räthe, Professoren, Doctoren, Offiziere, Directoren, Bürgermeister und angesehene Privatpersonen.

A. c. Votre Bien-né!

An r. Ew. Wohlgeboren!

D. l. l. Votre Bien-né, ou : Vous.

Im C. Ew. Wohlgeboren, oder: Sie.

S. Très-humble.

Unt. Ergebenster.

A. A Monsieur le professeur N., Bien-né.

Ab. An den Herrn Professor N., Wohlgeboren.

Aux bourgeois.

An gewöhnliche Bürger.

A. c. Cher Monsieur, ou : Monsieur N.

An r. Werther Herr, oder: Herr N.

D. l. l. Vous.

Im C. Sie.

S. Amicalement.

Unt. Freundschaftlichst.

A. Monsieur N.

Ab. Herrn N.

Au pape.

An den Papst.

A. c. Très-saint Père!

An r. Heiligster Vater!

D. l. l. Votre papale Sainteté.

Im C. Eure Päßstliche Heiligkeit.

S. Très-sujétement obéissant fils.

Unt. Unterthänigst gehorsamer Sohn.

A. A Sa Sainteté le Pape.

Ab. Sr. Heiligkeit dem Papste.

A un cardinal, s'il est prince.

An einen Cardinal, wenn er Fürst ist.

A. c. Haut très-vénérable Cardinal, très-noble Prince et Seigneur!

An r. Hochwürdigster Cardinal, Durchlauchtigster Fürst und Herr!

9

D. l. l. Votre haut-princière Éminence.

S. Très-sujet.

A. Au Haut très-vénérable et très-noble Prince et Seigneur, Mᵍʳ de N.N., Cardinal.

Im E. Eure Hochfürstliche Eminenz.

Unt. Unterthänigster.

Ab. An den Hochwürdigsten und Durchlauchtigsten Fürsten und Herrn, Hrn. von N.N., Cardinal.

A un cardinal qui n'est pas prince.

An einen Cardinal, der kein Fürst ist.

A. c. Haut très-vénérable cardinal, très-gracieux Seigneur!

D. l. l. Votre Éminence.

S. Très-sujet.

A. A Haut très-vénérable M. le Cardinal N.

An r. Hochwürdigster Cardinal, Gnädigster Herr!

Im E. Eure Eminenz.

Unt. Unterthänigster.

Ab. An den Hochwürdigsten Herrn Cardinal N.

A un archevêque ou évêque qui est prince.

An einen Erzbischof oder Bischof, der ein Fürst ist.

A. c. Haut très-vénérable, très-noble Prince-Archevêque (Prince-Évêque)!

D. l. l. Votre haut-princière Noblesse.

S. Très-sujétement obéissant.

A. Au Haut très-vénérable, très-noble Prince-Archevêque Mᵍʳ N.

An r. Hochwürdigster, Durchlauchtigster Fürst-Erzbischof (Fürst-Bischof)!

Im E. Eure Hochfürstliche Durchlaucht.

Unt. Unterthänigst gehorsamer.

Ab. An den Hochwürdigsten, Durchlauchtigsten Fürst-Erzbischof Herrn N.

A un archevêque ou évêque qui n'est pas prince.

A. c. Haut très-vénérable, Haut bien-né Archevêque !

D. l. l. Votre Archevêquale Grâce.

S. Très-obéissant.

A. A Son Haut-vénérable Mgr l'Archevêque N.

Aux chanoines, prêtres, etc.

A. c. Haut-vénérable Monsieur !

D. l. l. Votre Haut-vénérable.

S. Très-humble.

A. A Son Haut-vénérable M. le pasteur N.

A une impératrice, reine, princesse, on donne les mêmes titres qu'aux empereurs, etc.

A une comtesse.

A. c. Haut-née Comtesse, gracieuse Dame !

A une comtesse (demoiselle).

A. c. Haut-née Comtesse, gracieuse Demoiselle ! etc.

An einen Erzbischof oder Bischof, der kein Fürst ist.

A n r. Hochwürdigster, Hochgeborner Erzbischof !

Im C. Eure Erzbischöfliche Gnaden.

Unt. Gehorsamster.

Ab. Sr. Hochwürden, dem Erzbischof, Herrn N.

An Domherren, Pfarrer, ꝛc.

A n r. Hochwürdiger Herr !

Im C. Ew. Hochwürden.

Unt. Ergebenster.

Ab. Sr. Hochwürden, dem Herrn Pfarrer N.

An eine Kaiserin, Königin, Prinzessin gibt man dieselben Titel wie den Kaisern, ꝛc.

An eine Gräfin.

A n r. Hochgeborne Gräfin; gnädige Frau !

An ein gräfliches Fräulein.

A n r. Hochgeborne Gräfin! gnädiges Fräulein ! ꝛc.

Ausdrücke am Schlusse eines Briefes.

Je suis avec le plus profond respect.

Ich verbleibe in tiefster Ehrfurcht.

Je me recommande à votre grâce, et suis avec la plus parfaite estime.

Ich empfehle mich Ihrer Gnade, und verharre mit vollkommenster Hochach-tung.

Je me recommande à votre bienveillance et grâce, et suis avec l'estime due.

Ich empfehle mich Hoch-ihrer Gewogenheit und Gnade, und verharre mit schuldiger Hochachtung.

Je suis avec profond respect.

Ich verbleibe mit tiefer Ehrerbietung.

Je suis avec une estime distinguée.

Ich verbleibe mit aus-gezeichneter Achtung.

J'ai l'honneur de me recommander avec la plus grande estime à votre bienveillance.

Ich habe die Ehre, mich dem Wohlwollen Eurer Hochwohlgeboren, mit der größten Hochachtung zu empfehlen.

C'est avec l'assurance de la plus grande esti-me que j'ai l'honneur d'être de Monseigneur.

Es ist die Versicherung der reinsten Hochachtung, mit der ich die Ehre habe zu sein, Eurer Hochgeboren.

Agréez, Monsieur, l'assurance de la plus

Genehmen Eure Wohl-geboren die Versicherung

grande estime avec laquelle je suis.

Avec l'assurance de la plus parfaite estime, je suis, Monsieur, votre très-humble.

Avec estime.

Avec dévouement.

der größten Hochachtung, mit der ich bin.

Mit der Versicherung der vollkommensten Hochachtung verharre Eurer Wohlgeboren ganz ergebenster.

Mit Hochachtung.

Mit Ergebenheit.

LETTRES.

Briefe.

Pétition à un ministre.

Bittschreiben an einen Minister.

Excellence,

Excellenz, Hochwohlgeborner Herr Minister!

La bienveillance que Votre Excellence a témoignée à mon père jusque sa mort, m'encourage à vous adresser une demande dont la réussite est pour moi de la plus grande importance.

Das Wohlwollen, das Eure Excellenz meinem Vater bis zu seinem Tode erwiesen, ermuthigt mich, Hochdenselben eine Bitte an's Herz zu legen, deren Erfüllung für mich von der größten Wichtigkeit ist.

Votre Excellence sait que je suis orphelin depuis ma jeunesse, et que j'ai hérité trop peu

Es ist Eurer Excellenz bekannt, daß ich früh zur Waise wurde, und von meinen Eltern zu wenig ererbte,

de mes parents pour pouvoir continuer mes études sans le secours d'hommes charitables.

Pour ne pas être plus longtemps à la charge de ces personnes, et pour leur donner des preuves de ma reconnaissance, en mettant en pratique ce que j'ai appris, j'ai sollicité la place vacante de N. N.

Quoique je me flatte de posséder les qualités nécessaires, je n'ai que très-peu d'espoir d'obtenir cette place, car j'ai de nombreux concurrents, et je suis entièrement inconnu aux collateurs de cet emploi.

Je prie donc très-humblement Votre Excellence de bien vouloir m'aider de votre influence puissante pour obtenir cet emploi.

En le faisant, Votre Excellence fera le bonheur de ma vie; elle

als daß ich, ohne Unterstützung guter Menschen, meine Studien hätte fortsetzen können.

Um nun diesen nicht länger zur Last zu fallen, und meinen Freunden durch meinen Eifer, von dem Erlernten Gebrauch zu machen, Beweise meiner Dankbarkeit zu geben, habe ich um die erledigte Stelle N. N. angesucht.

Obgleich ich mir aber schmeichle, die hierzu nöthigen Eigenschaften zu besitzen, so habe ich doch wenig Hoffnung dieselbe zu bekommen, da ich zahlreiche Mitbewerber habe und den Collatoren der Stelle ganz unbekannt bin.

Darum bitte ich Eure Excellenz ergebenst, mir durch Hochderselben Verwendung zur Erlangung dieser Stelle behülflich sein zu wollen.

Eure Excellenz können dadurch das Glück meines Lebens begründen und bür-

peut être d'ailleurs con-
vaincue que je ferai
tous mes efforts pour
faire honneur à sa re-
commandation.

Plein d'espoir dans la
bonté de Votre Excel-
lence, j'ai l'honneur d'ê-
tre avec la plus grande
estime,

de votre Excellence,
le très-humble...

Lettre de J. H. Voss au duc d'Oldenbourg.

Eutin, le 20 mai 1802.

Très-noble Duc, très-gracieux Seigneur,

Aucun cœur n'a célé-bré avec une ferveur plus pieuse le rétablis-sement de votre Altesse que moi. Que Dieu nous conserve encore long-temps le bon père et les fils qui lui ressem-blent. Par cette prière nous implorons la bé-nédiction du Ciel sur nous.

Si le retour de Votre Altesse n'était retardé

fen überzeugt sein, daß ich Hochderselben Empfehlung immer Ehre zu machen, trachten werde.

Hoffend auf Hochdersel-ben gütige Verwendung, zeichnet mit der größten Hochachtung und Ergeben-heit

Eurer Excellenz
ganz gehorsamer....

Brief von J. H. Voß an den Herzog von Oldenburg.

Eutin, den 20. Mai 1802.

Durchlauchtigster Herzog!
Gnädigster Herr!

Eurer Durchlaucht glück-lich überstandene Krank-heit hat kein Herz mit fröm-merer Andacht gefeiert als das Meinige. Gott erhalte uns noch lange den guten Vater und die gleichartigen Söhne! Mit diesem Ge-bet flehen wir Segen herab.

Würde die ersehnte Zu-rückkunft Eurer Durch-

par sa convalescence, je lui ferais ma demande verbalement. A cause de la bienveillance toute particulière dont je jouis depuis longtemps près de Votre Altesse, un mot à moitié prononcé aurait suffi pour exprimer ce qu'il m'est difficile de dire par écrit.

Je dois dire de moi, Monseigneur, que je ne suis plus capable de remplir les fonctions qui m'ont été rendues si agréables. Je dois, par suite de faiblesse continuelle, exprimer le désir de pouvoir quitter l'endroit où j'ai usé de mes forces et joui de votre encouragement depuis ma trentième jusqu'à ma cinquantième année, mon cher Eutin, avec tous ses charmes et les souvenirs d'une si longue intimité.

Depuis ma maladie, il m'est resté une fai-

laucht nicht durch Genesung verzögert, so trüge ich mein Anliegen mündlich vor. Bei der zuvorkommenden Huld, der ich von aller Zeit mich getröste, wäre ein gestammeltes Wort hinreichend für das, was im Buchstaben zu vollenden mir sauer wird.

Ich soll über mich aussprechen, gnädigster Herr, daß ich meinen so angenehm gemachten Berufsarbeiten nicht mehr gewachsen bin. Ich soll, anhaltender Schwächlichkeit wegen, den Wunsch äußern, den Ort, wo ich der frischesten und durch fürstliche Aufmunterung gestärkten Kräfte vom dreißigsten bis zum fünfzigsten Jahre mich erfreute, mein geliebtes Eutin, mit allen Reizen und vielfachen Erinnerungen so langer Vertraulichkeit, aufgeben zu dürfen.

Seit meiner Krankheit ist Nervenschwäche, verbun-

blesse, jointe à des sueurs locales aux moindres efforts, et des rhumes continuels.

Je ne puis que jouer avec précaution avec mes occupations; si je m'oublie, pour travailler un peu sérieusement, il en résulte des fièvres qui ressemblent à des activités et se terminent par l'abattement.

Aucun remède ne produit effet, si ce n'est l'exercice en plein air, avec une complète tranquillité d'âme.

Je me croyais fortifié, par suite de mon voyage de l'été passé, et propre au travail; mais l'illusion a bientôt disparu. L'hiver s'est passé en rêveries après de vains efforts, qui chaque fois ont été punis.

Je dois maintenant m'attacher à mon seul moyen de salut : dé-

ben mit örtlichem Schwei=ßen bei der leisesten An=regung und mit ewigen Erkältungen zurückgeblie=ben:

Ich darf mit Arbeiten nur vorsichtig spielen; vergesse ich mich zu einigem Ernst, so erfolgt Fieberhitze, die Thätigkeit scheint, und in Abmattung endigt.

Kein Heilmittel hilft, außer anhaltende Bewe=gungen in freier Luft, bei völliger Gemüthsruhe.

Durch die Reise des vo=rigen Sommers dünkte ich mich wieder zur Arbeit ge=stärkt; aber die Täuschung schwand. Der Winter ward nach vergeblichen und im=mer gebüßten Anstrengun=gen fast in Unmuth ver=träumt.

Ich muß die einzige Ret=tung nun anerkennen: Ent=lassung von der Schule

mission de l'école et une vie sans soucis, dans un air plus doux.

La haute grâce dont Votre Altesse m'honore comme homme, comme maître d'école, et (puis-je y ajouter?) comme écrivain de bonne foi, me donne le courage d'implorer un tel bienfait pour moi et pour les miens. Il ne sera accordé ni à l'ingratitude ni à une paresse honteuse, si mes forces reviennent.

Que Votre Altesse daigne porter à 600 Thaler les 500 Thaler dont je jouis maintenant, et de me les accorder comme pension pour le reste de mes jours, avec la permission de pouvoir choisir une demeure en Saxe, et de céder mes fonctions à mon digne successeur. J'espère de suppléer par ma plume à ce que les soins de ma santé

und sorgenfreies Leben in milderer Luft.

Die hohe Gnade, deren Eure Durchlaucht mich, als Mensch, als Schullehrer, und (darf ich hinzufügen?) als wohlmeinenden Schriftsteller, gewürdigt haben, gibt mir Muth, solche Wohlthat für mich und die Meinigen zu erflehen. Sie wird weder dem Undanke gesäet werden, noch, wofern Kraft wiederkehrt, einer unrühmlichen Trägheit.

Geruhen Eure Durchlaucht, die bisher genossenen 500 Thaler, zu 600 Thaler erhöht, mir für meine übrige Zeit als Pension zu bewilligen, mit der Erlaubniß, daß ich mir diesen Sommer einen Winkel in Sachsen aussuchen, und mein Amt dem würdigen Nachfolger räumen dürfte. Was nothwendige Gesundheitspflege und die Erziehung meiner Söhne darüber kosten wird, das

et l'éducation de mes fils exigent de plus que ladite somme.

Mon cœur me prédit que Votre Altesse voudra bien contribuer à la conservation d'une vie qui lui est entièrement consacrée, et me considérer toujours comme son sujet fidèle, tout éloigné que je sois.

Ce sont les sentiments doux, mélangés de respect et d'amour fidèle, avec lesquels vivra et mourra

de votre Altesse
le très-humble et très-obéissant...

Félicitation du jour de l'an à un supérieur.

N., le 1er janvier 18..

Très-noble Comte, gracieux Seigneur,
Veuillez, Votre Grâce, accepter l'assurance que son bien-être constant fait une partie si essentielle de mon bonheur, que je devrais

hoffe. ich mit der Feder zu bestreiten.

Mein Herz weissagt, Eure Durchlaucht werden die Erhaltung eines Lebens, das ganz Hochdenselben gehört, nicht verschmähen, und mich auch in der Ferne als getreuen Unterthan betrachten wollen.

Es sind süße Empfindungen, gemischt aus Ehrfurcht und treuer Liebe, mit welchen ich leben und sterben werde als

Eurer Durchlaucht
unterthänigst Gehorsamer.

Glückwunsch zum neuen Jahre an einen Vorgesetzten.

N., den 1. Januar 18..

Hochgeborner Herr Graf! gnädiger Herr!
Eure Gräfliche Gnaden wollen gütigst die Versicherung aufnehmen, daß Hochderselben ungestörtes Wohlergehen ein so wesentlicher Theil meines eige-

m'oublier moi-même, si je manquais aujourd'hui, où tout le monde s'épanche en félicitations, de mettre aux pieds de Votre Grâce mes souhaits respectueux, tout en remerciant Dieu de m'avoir donné un aussi bon maître.

Que chaque joie de la vie vous tombe en partage, ainsi qu'à votre noble famille; que j'aie le bonheur d'être encore bien des années sous les ordres de Votre Grâce, et que je continue de jouir de votre bienveillance.

De l'obtenir et de la mériter de plus en plus est le souhait ardent

de Votre Grâce
le très-humble...

nen Glückes ist, daß ich heute, wo sich alles in Wünschen ergießt, meiner selbst vergessen müßte, wenn ich Eurer Hochgeboren nicht auch mit Dank gegen Gott, der mir in Hochdenselben einen so menschenfreundlichen Gebieter geschenkt hat, meine ehrerbietigen Wünsche zu Füßen legen sollte.

Jede Freude des Lebens müsse Eurer Hochgeboren und der Hochgräflichen Familie auch künftig und noch lange zu Theil werden; mir aber das Glück, noch viele Jahre unter Eurer Gnaden Befehlen zu stehen, und Hochihr gnadenreiches Wohlwollen wie bisher zu genießen.

Dieses zu erhalten und täglich mehr zu verdienen, wird stets der eifrigste Wunsch sein

Eurer Hochgeboren
ergebensten...

Demande pour être parrain.

Très-cher Monsieur
et ami,

Félicitez–moi, Monsieur, car depuis hier je suis père. Le Ciel m'a donné un fils, que Dieu veuille protéger.

Convaincu que vous prenez sincèrement part à ma joie, je vous prie de l'augmenter, en voulant bien être le parrain de cet enfant.

Le baptème aura lieu d'aujourd'hui en huit; je vous prie, Monsieur, de vouloir bien vous arranger de manière à pouvoir rester la nuit chez nous.

En m'accordant ma demande, vous me donnerez de votre amitié la preuve la plus agréable.

Votre ami dévoué.

Bitte um Uebernehmung einer
Pathenstelle.

Hochgeehrter Herr und
Freund!

Wünschen Eure Wohlgeboren mir Glück, denn seit gestern bin ich Vater. Der Himmel schenkte mir einen Sohn, den Gott erhalten wolle.

Ueberzeugt von der Theilnahme, welche Eure Wohlgeboren an meiner Freude nehmen, bitte ich, dieselbe noch zu vermehren und Pathenstelle bei diesem Kinde vertreten zu wollen.

Die Taufe wird heute über acht Tage sein; und bitte ich Eure Wohlgeboren sich so einzurichten, daß Dieselben die Nacht hier zubringen können.

Die Gewährung meiner Bitte wird der schätzbarste Beweis von Freundschaft sein für

Eure Wohlgeboren
ganz ergebenen Freund.

Réponse à la lettre précédente.

Cher Monsieur,
Vous m'avez bien agréablement surpris par l'annonce de l'heureux accouchement de Madame votre épouse, et surtout par l'offre de tenir le nouveau-né sur les fonts de baptême.

Je sais convenablement apprécier le gage de l'amitié que vous me donnez, et je ne manquerai pas de me rendre à votre gracieuse invitation.

Tout en souhaitant de tout cœur à l'accouchée et au nouveau-né la meilleure santé, je suis
Votre ami sincère.

Billet d'invitation à un dîner.

N., le 6 décembre 18..
Monsieur et Madame S. prient Monsieur X.

Antwort auf den vorstehenden Brief.

Eure Wohlgeboren haben mich heute durch die Meldung der glücklichen Entbindung Ihrer werthen Frau Gemahlin und insbesondere durch den Antrag, eine Pathenstelle bei der Taufe des neugebornen Kindes zu übernehmen, recht freudig überrascht.

Den Beweis der Freundschaft, den Eure Wohlgeboren mir dadurch geben, weiß ich gebührend zu schätzen, und werde darum nicht verfehlen, Ihrer freundschaftlichen Einladung Folge zu leisten.

Der Frau Wöchnerin, sammt dem Kleinen, von ganzem Herzen das beste Wohlsein wünschend, verbleibe ich
Eurer Wohlgeboren aufrichtiger Freund.

Einladung zum Mittagessen.

N., den 6. Dezember 18..
Herr und Frau S. haben die Ehre, den Herrn X.

de vouloir bien leur faire l'honneur de dîner chez eux dimanche prochain.

Billet d'invitation à une soirée.

N., le 15 janvier 18..

Monsieur A. prie Monsieur B. de vouloir bien honorer de sa présence la soirée qu'il donnera jeudi prochain.

Lettre d'invitation à un dîner.

Monsieur,
Votre bienveillance ordinaire me fait espérer que vous voudrez bien me faire l'honneur de venir dîner chez moi le 20 courant.
Recevez, Monsieur, mes salutations respectueuses.
N., le 15 mai 18.. S.

Réponse à une invitation à dîner.

Monsieur N. a l'honneur de saluer Monsieur X., et de lui dire qu'il

für nächsten Sonntag ergebenst zum Mittagessen einzuladen.

Einladung zu einer Abendunterhaltung.

N., den 15. Januar 18..

Herr A. bittet den Herrn B. die Abendunterhaltung, die er nächsten Donnerstag gibt, mit seiner Gegenwart beehren zu wollen.

Einladungsbrief zum Mittagessen.

Mein Herr!
Ihre mir oft bewiesene Zuneigung läßt mich hoffen, daß Sie mir die Ehre erzeigen werden, am 20. dieses, das Mittagmahl bei mir zu nehmen.
In dieser Hoffnung verbleibe ich
Ihr ganz ergebener...
N., den 15. Mai 18..

Antwort auf eine Einladung zum Mittagessen.

Herr N. hat die Ehre, den Herrn X. zu grüßen und Demselben zu sagen,

accepte avec plaisir son aimable invitation.

daß er mit Vergnügen deſſen gefällige Einladung annimmt.

Autre réponse.

Eine andere Antwort.

Monsieur N. est désespéré de ne pouvoir accepter l'aimable invitation que M. B. lui a fait l'honneur de lui adresser.

Des engagements pris précédemment réclament tout son temps ce jour-là.

Il a l'honneur d'offrir à Monsieur B. ses bien vifs regrets et ses respectueux hommages.

Herr N. bedauert ſehr, die Einladung, mit welcher der Herr B. ihn beehrt, nicht annehmen zu können.

Früher eingegangene Verbindlichkeiten nehmen leider für den beſtimmten Tag ſeine ganze Zeit in Anſpruch.

Er hat die Ehre, ſich dem Herrn B. hochachtungsvoll zu empfehlen.

Billet de faire part de mariage.

Heirathsanzeige.

Monsieur et Madame N. ont l'honneur de vous faire part du mariage de leur fils avec Mademoiselle A.

Herr und Frau N. haben die Ehre, Ihnen die Heirath Ihres Sohnes mit Fräulein A. anzuzeigen.

Billet d'invitation pour un mariage.

Einladung zur Hochzeit.

Monsieur et Madame N. invitent Monsieur A. à assister à la bénédic-

Herr und Frau N. bitten den Herrn A., der ehelichen Einsegnung des

tion nuptiale qui sera donnée à Monsieur N. et à Mademoiselle T. le 12 courant, à midi, en l'église de...

Lettre d'invitation à un ami.

N., le 10 juin 18..

Mon cher ami,

Je me propose de faire après-demain une excursion pour A. Nos amis B. et C. seront de la partie ; il me serait bien agréable de vous avoir en notre compagnie. Nous pourrions jouir tous ensemble de la vue du site pittoresque d'A.

Si, comme je l'espère, rien ne vous empêche d'être des nôtres, nous irons vous prendre chez vous après-demain, à 7 heures du matin.

Tout à vous.

Réponse.

N., le 11 juin 18..

Mon cher ami,
Plaignez-moi, je ne

Herrn N. und des Fräuleins T., am 12. dieses, um Mittag, in der ... Kirche beiwohnen zu wollen.

Einladung an einen Freund.

N., den 10. Juni 18..

Mein lieber Freund!

Ich bin Willens, übermorgen eine Ausflucht nach A. zu machen. Unsere Freunde B. und C. werden mitgehen und würde es uns sehr erfreuen, wenn Sie der Unsere sein wollten. Wir können dann alle zusammen uns der malerischen Lage von A. erfreuen.

Wenn, wie ich hoffe, nichts Sie verhindert, mit uns zu gehen, so werden wir Sie übermorgen früh um 7 Uhr abholen kommen.

Ganz der Ihrige.

Antwort.

N., den 11. Juni 18..

Werther Freund!
Beklagen Sie mich; ich

puis pas avoir le plaisir de vous accompagner à **A.**, car, malheureusement, j'ai accepté pour demain une autre invitation que je ne puis plus refuser.

Tout en vous souhaitant un voyage agréable, je suis comme toujours,

Votre ami fidèle,

V.

Lettre à un ami.

N., le 20 mai 18..

Cher ami,

Des affaires imprévues m'empêchent de vous faire la visite que je vous avais promise, ce que je regrette d'autant plus, que notre ami X. est hier venu me voir, et m'a donné tous les détails nécessaires sur la demande que vous lui avez faite.

Monsieur X m'a entretenu plus de deux heures sur ce sujet, et je crois pouvoir vous dire que vous pouvez

kann nicht das Vergnügen haben, Sie nach A. zu begleiten; denn ich habe unglücklicherweise für morgen eine Einladung angenommen, die ich nicht mehr ablehnen kann.

Ihnen eine angenehme Reise wünschend, verbleibe ich wie immer

Ihr treuer Freund,

B.

Brief an einen Freund.

N., den 20. Mai 18..

Lieber Freund!

Unerwartete Geschäfte verhindern mich, Ihnen den versprochenen Besuch zu machen, was ich um so mehr bedaure, da unser Freund X. mich gestern besuchte, und mir die nöthige Auskunft über das, was Sie ihm gefragt haben, gab.

Herr X. hat sich länger als zwei Stunden mit mir über diesen Gegenstand unterhalten, und ich glaube, Ihnen sagen zu können,

considérer cette affaire comme parfaitement réussie.

Je ne vous en dis pas davantage dans cette lettre; car, sachant que ce n'est que la nécessité qui peut vous décider à quitter pour quelques jours votre vie de campagne, je profite de la bonne fortune qui me donne l'occasion de vous forcer à venir me voir.

Par conséquent, si vous voulez savoir les bonnes nouvelles que j'ai pour vous, venez nous voir le plus tôt possible.

Votre ami fidèle,
S.

Lettre de remerciments pour un service rendu.

N., le 25 octobre 18..

Monsieur,
Permettez que je vous témoigne toute ma reconnaissance pour le service que vous m'avez rendu.

daß Sie diese Sache als gelungen betrachten können.

Ich sage Ihnen heute nichts mehr hierüber, denn da ich weiß, daß nur ein Muß Sie bewegen kann, Ihrem Landleben für einige Tage zu entsagen, so benutze ich mein Glück, welches mir erlaubt, Sie zu zwingen, mich zu besuchen.

Wollen Sie also die guten Nachrichten, die ich für Sie habe, wissen, so eilen Sie zu

Ihrem treuen Freund,
S.

Danksagung für einen geleisteten Dienst.

N., den 25. October 18..

Herrn A.
Erlauben Sie, Ihnen meinen innigsten Dank für den mir geleisteten Dienst auszudrücken.

Ce que vous avez fait pour moi, et la manière dont vous l'avez fait, sont de ces choses qu'on n'oublie jamais ; c'est vous dire que j'en garderai éternellement le souvenir.

Je souhaite ardemment avoir bientôt l'occasion de vous prouver autrement que par des phrases combien je vous suis dévoué.

Permettez-moi de croire, en attendant, que vous ne doutez pas de mes sentiments qui sont et ne cesseront jamais d'être pour vous ceux d'un cœur dévoué et reconnaissant.

Lettre de condoléance à un Monsieur qui vient de perdre sa femme.

N., le 10 mai 18..

Monsieur,

C'est avec la douleur la plus vive que j'ai appris le malheur qui vient de vous frapper ; aussi ne

Was Sie für mich thaten, und wie Sie es thaten, das kann ich niemals vergeſſen, und wird ewig in meiner Erinnerung bleiben.

Ihnen bald anders als mit leeren Worten zu beweiſen, wie ſehr ich Ihnen ergeben bin, dies ist mein ſehnlichſter Wunſch.

Geſtatten Sie mir, bis dahin zu glauben, daß Sie nicht an der Aufrichtigkeit meiner Worte zweifeln, und daß meine Gefühle für Sie stets die eines ergebenen und dankbaren Herzens ſind.

Beileidsbezeugung an einen Herrn, der ſeine Frau verloren hat.

R., den 10. Mai 18..

Herrn P. P.

Mit dem innigſten Schmerze vernahm ich das Unglück, welches Sie getroffen hat, und enthalte

vous offrirai-je pas de consolations importunes.

Mais souffrez que, me faisant l'écho de toutes les personnes qui vous connaissent, et qui, par conséquent, vous estiment et vous aiment, je vous supplie de ne pas les oublier entièrement.

La santé, la vie d'une personne de votre caractère n'appartiennent pas à elle seule; c'est aussi le bien de sa famille et de ses amis, et votre cœur est trop bon pour que, à ce titre, vous ne sentiez pas la nécessité de les ménager.

C'est dans ces sentiments, Monsieur, que je prends la liberté de me rappeler à votre souvenir, et que je vous prie d'agréer mes bien affectueuses salutations. S.

Ich mich darüber aller gewöhnlichen Trostworte.

Erlauben Sie jedoch, daß ich mich zum Echo mache aller Personen, die Sie kennen, und von denen Sie folglich geehrt und geliebt werden, um Sie zu flehen, uns nicht ganz zu vergessen.

Die Gesundheit, das Leben eines Mannes Ihrer Art, gehört ihm nicht allein; sie gehören auch seiner Familie und seinen Freunden, und Ihr Herz ist zu gut, als daß Sie in dieser Hinsicht nicht die Pflicht fühlten, sich zu schonen.

Mit diesen Gefühlen erlaube ich mir, mich in Ihr Andenken zu empfehlen, und Sie zu bitten, die Versicherung der größten Theilnahme und Hochachtung zu genehmigen. S.

Schiller à sa sœur.

Iéna, le 6 mai 1796.

Chère sœur,

C'est une grande consolation pour moi que j'ai appris aujourd'hui par ton mari que tu as entrepris le voyage chez nos chers parents. Que le ciel te bénisse pour cette preuve de ton amour filial.

Depuis que je te sais là, je suis bien plus tranquille; jusqu'alors je ne pouvais penser qu'avec frayeur à la triste situation où se trouvent les chers parents et la sœur.

Je n'ai pas besoin de te dire ce qu'il y a à faire dans ces circonstances. Je te prie seulement d'empêcher que les chers parents ne négligent par une économie mal placée une mesure salutaire pour leur santé.

J'ai déclaré, une fois

Schiller an seine Schwester.

Jena, den 6. Mai 1796.

Liebe Schwester!

Zu meinem großen Troste erfahre ich heute, durch Deinen Mann, daß Du die Reise zu unsern lieben Eltern wirklich angetreten hast. Der Himmel segne Dich für den Beweis Deiner kindlichen Liebe.

Seitdem ich Dich dort weiß, bin ich um Vieles ruhiger; bisher konnte ich nicht anders als mit Schrecken an die traurige Lage der lieben Eltern und Schwester denken.

Ich habe nicht nöthig, Dir erst zu empfehlen, was unter diesen Umständen zu thun ist. Nur um das Einzige bitte ich Dich, verhindere, daß die lieben Eltern nicht aus ängstlicher Sparsamkeit eine heilsame Maßregel zu ihrer Gesundheit versäumen.

Ich habe einmal für

pour toutes, que je supporte avec joie tous les frais.

Tu peux donc te faire payer par Cotta à Tubingen la somme dont tu auras besoin.

Tout à toi,
Ton frère.

J. H. Voss à Miller.

Iéna, le 1er avril 1805.

Je voudrais me jeter dans tes bras, et pleurer sur ton cœur, mon pauvre Miller délaissé.

Rappelons-nous ensemble la grandeur de ta perte et tout ce qui touche maintenant nos cœurs.

Laissons saigner la plaie profonde que Dieu nous a faite, et implorons sa miséricorde. L'Être bon, l'Être sage, te consolera, il ne te l'a pas prise, il l'a fait seulement te devancer.

Tu diras avec des larmes : Nous nous retrouverons! Oui, mon

---

allemal erklärt, daß ich die Koſten davon mit Freuden tragen will.

Was alſo etwa an Geld nöthig, kannſt Du Dir von Cotta in Tübingen auszahlen laſſen.

Dein Dich liebender
Bruder...

J. H. Voß an Miller.

Jena, den 1. April 1805.

Ich möchte in Deine Arme eilen, und an Deinem Halſe weinen, Du armer verlaſſener Miller.

Wir wollen mit einander die Größe des Verluſtes, Alles, Alles, was mir jetzt herzrührendes vor Augen ſteht, zurückrufen.

Wir wollen die tiefe Wunde, die Gott geſchlagen hat, ausbluten laſſen, und Linderung von ihm, dem Gütigen, dem Weiſen erflehen. Er wird Dich ſtärken, der ſie Dir nicht nahm, nur voranrief.

Du wirſt mit Thränen ihr nachlächeln: wir werden uns wiederfinden. Ja,

cher, la nature a ses droits, mais l'esprit que Dieu a mis en nous, nous anime d'un courage consolant.

Tu combattras ta douleur avec les armes de la raison et de la sainte religion, et tu te releveras comme un homme qui a été éprouvé et trouvé juste.

Puisse ce que je t'envoie servir à te distraire un peu.

J'ai essayé mes forces contre le terrible Wismayr, et je pense qu'il se souviendra de moi.

Rien de plus pour aujourd'hui, jusqu'à ce que nous ayons revu ta plume.

Prends courage, frère, comme tu le fais, nous sommes ici seulement en pèlerinage et nous la suivrons bientôt.

Je t'embrasse d'un baiser fraternel.

Ton, etc.

Bester, die Natur fordert ihre Pflicht; aber die Kraft, die Gott in uns legt, hebt sich zu Gott mit heiterem, getrostem Muthe.

Du wirst den Schmerz niederkämpfen mit den Waffen der Vernunft und der heiligen Religion. Du wirst dastehen, wie ein Mann, den Gott prüfte und gerecht fand.

Möchte das, was ich Dir sende, etwas zu Deiner Aufheiterung beitragen!

Ich habe gegen den gottlosen Wismayr meine Kräfte versucht, und ich meine, er wird an mich denken.

Heute nichts mehr; aber sobald wir Deine Hand wieder gesehen haben.

Fasse Dich, Bruder, wie Du thust; wir sind noch auf der Wanderschaft, und kommen bald nach.

Ich küsse Dich mit einem Herzenskusse.

Dein, 2c.

Schiller à son beau-frère.

Iéna, le 19 septembre 1796.

Tu reçois par la présente la nouvelle de la mort de notre bon père, mort qui nous a profondément affligés, bien qu'elle fût attendue et même, hélas! désirée.

La fin d'une vie aussi longue et aussi active est pour l'indifférent et pour l'étranger une chose touchante ; que doit-elle être pour ceux qu'elle touche de près ! Je dois cependant combattre énergiquement ma douleur, car il me faut consoler tous les nôtres.

C'est une grande consolation pour ta femme d'avoir pu venir s'asseoir au chevet du lit de mort de notre bon père et recevoir son dernier soupir.

Jamais elle ne se se-

Schiller an seinen Schwager.

Jena, den 19. September 1796.

Du erhältst hier Nachricht von der Auflösung des guten Vaters, die, so sehr sie auch erwartet, ja gewünscht werden mußte, uns alle auf's innigste betrübt.

Der Beschluß eines so langen und dabei so thätigen Lebens ist, selbst bei dem Gleichgültigen und Fremden, ein rührender Gegenstand; wie muß er es denjenigen sein, die er so nahe angeht! Ich muß mich des Gedankens über diesen schmerzlichen Verlust mit Gewalt entschlagen, weil ich die lieben Unsrigen aufzurichten habe.

Es ist ein großer Trost für Deine Frau, daß sie ihre kindliche Liebe noch bis an das Sterbebette des guten Vaters hat erstrecken und erfüllen können.

Nie würde sie sich darü-

rait consolée s'il était mort quelques jours après son départ.

Tu comprends que, si même la poste marchait, elle ne pouvait pas partir dans les premiers jours de cette séparation douloureuse où tant de circonstances pénibles agissent encore sur la bonne mère. Mais la poste est toujours interrompue, et nous devons attendre ce qu'il adviendra par suite des événements de guerre sur la frontière de la Franconie, de la Souabe et du Palatinat.

Je sens avec toi combien l'absence de ta femme doit te gêner, mais que faire contre une telle chaîne d'événements inévitables ! Malheureusement le désordre général et public a la plus fatale influence sur notre vie privée.

Ta femme désire de

ber getröstet haben, wenn er wenige Tage nach ihrer Abreise gestorben wäre.

Du begreifst, daß sie in den ersten Tagen der schmerzlichen Trennung, wo noch so viele unangenehme Ereignisse auf die gute Mutter einstürmen, nicht abreisen konnte, wenn auch die Post im Gange wäre. Aber diese stockt noch immer, und wir müssen erst die Kriegsereignisse auf der fränkischen, schwäbischen und pfälzischen Grenze abwarten.

Wie sehr diese Abwesenheit Deiner Frau Dich drücken muß, fühle ich mit Dir; aber wer kann gegen eine solche Kette unvermeidlicher Schicksale! Leider verflicht sich die allgemeine und öffentliche Unordnung auch in unsere Privatangelegenheiten auf die fatalste Weise.

Deine Frau sehnt sich

tout cœur retourner chez elle ; elle mérite d'autant plus notre estime, qu'elle a tout quitté pour remplir ses devoirs de piété filiale.

Mais maintenant elle ne retardera pas son départ d'une heure pour te revoir aussitôt qu'elle le pourra sans s'exposer à des dangers certains.

Ton ami et frère sincère.

J. H. Voss à son Ernestine.

Wandsbeck, le 18 mars 1777.

Bien-aimée,

La parole de Dieu et tes lettres consolent l'âme, c'est une chose connue. Mais ta lettre d'aujourd'hui m'a surtout consolé, parce que depuis quelques jours je n'attendais que de mauvaises nouvelles de Flensbourg.

Je te plains à cause

---

von Herzen nach Hause, und sie verdient nur desto mehr unsere Achtung, daß sie, gegen ihre Neigung und gegen ihr Interesse, sich nur durch die Vorstellung ihrer kindlichen Pflicht leiten ließ.

Jetzt aber säumt sie gewiß keine Stunde länger, sich auf die Rückreise zu machen, sobald es nur ohne Gefahr und möglicher Weise geschehen kann.

Dein aufrichtiger Freund und Bruder.

J. H. Voß an seine Ernestine.

Wandsbeck, den 18. März 1777.

Geliebte!

Gottes Wort und Deine Briefe erquicken die Seele, das ist nun schon bekannt. Aber der heutige hat mich besonders getröstet, weil ich seit einiger Zeit nur schlimme Nachrichten aus Flensburg zu hören erwartete.

Ich bedaure Dich sehr

de ton inquiétude éternelle; mais tout sera bientôt fini. le printemps arrivera et avec lui ton fiancé.

Je me réjouis que maman est redevenue contente ; elle le deviendra davantage si je suis chez vous.

Frère Christian m'écrit si raisonnablement sur nos affaires que je l'aime encore plus qu'auparavant. Courage, chérie, tout ira bien.

Salue maman cordialement de ma part et dis-lui que je l'aime plus qu'elle ne le croit.
Pour toujours ton fidèle...

Schiller à Charlotte de Lengefeld.

Volksstædt, le 10 novembre 1788.

Je vous remercie de ce que vous prenez si amicalement part à mon jour de naissance. Il me sera toujours plus

mit Deiner ewigen Unruhe. Nun ist's ja bald vorbei, und dann kommt der Frühling, und ich dein Bräutigam.

Es ist mir lieb, daß Mama wieder heiter wird. Sie soll's noch mehr werden, wenn ich erst da bin.

Der Bruder Christian schreibt mir so vernünftig über unsere Sache, daß ich ihn jetzt noch lieber habe wie sonst. Frisch, Mädchen, es wird Alles gut werden!..

Grüß' Mama herzlich von mir, und sage ihr, daß ich sie mehr liebe, als sie jetzt glaubt.
Auf ewig Dein treuer...

Schiller an Charlotte von Lengefeld.

Volkstädt, den 10. November 1788.

Dank Ihnen, daß Sie einen freundlichen Antheil an meinem Geburtstage nehmen. Mir wird er immer vor vielen andern

cher que d'autres, puisque votre amitié pour moi est éclose au souffle de cette année. J'espère que bien d'autres années passeront sur votre amitié sans y porter atteinte, et que vous vous intéresserez toujours à moi comme vous avez daigné le faire.

C'est avec étonnement que je réfléchis à tout ce qui peut se passer dans une année. Il y a un an que vous étiez pour moi comme si vous n'étiez pas, et aujourd'hui il me serait difficile de jeter un regard dans le monde sans vous y chercher.

Pensez aussi toujours comme aujourd'hui, alors notre amitié sera éternelle, comme l'est notre âme.

Agréez l'assurance que je suis

votre ami fidèle.

merkwürdig sein, weil Ihre Freundschaft in diesem Jahre für mich aufblühte. Ich hoffe, es ist auch nicht der Letzte, den ich unter Ihnen erlebe, und der mir durch Ihre liebevolle Theilnahme interessant wird.

Ich denke mit Verwunderung nach, was in einem Jahre doch Alles geschehen kann. Heute vor einem Jahr waren Sie für mich so gut als gar nicht in der Welt, und jetzt sollte es mir schwer werden, mir die Welt ohne Sie zu denken.

Denken auch Sie immer wie heute, so ist unsere Freundschaft unzerstörbar, wie unser Wesen.

Genehmigen Sie die Versicherung, womit ich bin

Ihr treuer Freund.

Modèles de quittances.

Formulare von Quittungen.

Reçu de Monsieur N. N. la somme de trois cents florins.

Francfort, le 1er mai 18..

S. S.

Von dem Herrn N. N. die Summe von dreihundert Gulden empfangen zu haben, bescheinigt

Frankfurt, den 1. Mai 18..

S. S.

Reçu de Monsieur N. N. la somme de six cent cinquante florins pour solde de compte.

Mayence, le 10 février 18..

S. S.

Hiermit bescheinige ich, von dem Herrn N. N. die Summe von sechshundert fünfzig Gulden zur Ausgleichung unserer Rechnung empfangen zu haben.

Mainz, den 10. Februar 18..

S. S.

Reçu de Monsieur N. N. le montant de mon compte du 6 juin, de deux cent quatorze écus.

Berlin, le 4 juillet 18 .

S. S.

Den Betrag meiner Rechnung vom 6. Juni von dem Herrn N. N. mit zweihundert vierzehn Thaler erhalten zu haben, bescheinigt

Berlin, den 4. Juli 18..

S. S.

Reçu de Monsieur N. N. la somme de cent vingt-cinq florins, à compte sur ma créance.

Leipzig, le 12 août 18..

S. S.

Von dem Herrn N. N., auf Abschlag meiner Forderung, die Summe von hundert fünfundzwanzig Gulden empfangen zu haben, bescheinigt

Leipzig, den 12. August 18..

S. S.

Reçu de Monsieur N. N. la somme de quatre cents écus, pour compte de Messieurs P. & Cie, à Paris.

Munich, le 18 mars 18..

S. S.

Bon bem Herrn N. N. die Summe von vierhundert Thaler, für Rechnung der Herren P. & C, in Paris, empfangen zu haben, bescheinige ich hiermit.

München, den 18. März 18..

S. S.

Modèles de lettres de change.

Formulare zu Wechseln, ꝛc.

Hambourg, le 1er janvier 18..

Hamburg, den 1. Januar 18..

Pour B^co M^rc 400.

A trois mois de date, je paierai contre cette lettre de change, à l'ordre de Monsieur N. N., la somme de quatre cents Marcs Banco de Hambourg.

La valeur reçue en espèce. S. S.

Für Bco Mrc 400.

Drei Monate nach heute zahle ich gegen diesen Solawechsel, an die Ordre des Herrn N. N., die Summe von vierhundert Mark Hamburger Banco.

Den Werth baar empfangen. S. S.

Berlin, le 7 novembre 18..

Berlin, den 7. November 18..

Bon pour fr. 1200.

A deux mois de date, il vous plaira payer, par cette première de change, à l'ordre de Messieurs P. & C., la somme de douze cents francs de France, va-

Für Fr. 1200.

Zwei Monate nach heute zahlen Sie für diesen Primawechsel, an die Ordre der Herren P. & C., die Summe von zwölfhundert Franken, französisch Courant, Werth in Rechnung

leur en compte que vous
passerez, suivant avis,
au compte de
Messieurs L. & M.
    à Paris.   S. S.

Francfort, le 10 mai 18..

Pour Th. 50 de Pr.

A vue payez contre
cette lettre de change, à
l'ordre de Monsieur N.
N., la somme de cin-
quante Thaler de Pr.,
valeur reçue que vous
mettez, suivant ou sans
avis, au compte de
Monsieur J. N.
    à Cologne.   S. S.

Endossement

pour moi, à l'ordre de
Monsieur L. F., valeur
en compte.

N., le 20 mai 18..

N. N.

*Lettre pour donner un ordre
d'achat à un négociant.*

N., le 18 avril 18..

Monsieur,
Veuillez, je vous prie,
au reçu de la présen-

---

unb stellen ihn auf Rech-
nung laut Bericht
Herren L. & M.
    in Paris.   S. S.

Frankfurt, den 10. Mai 18..

Für Th. 50 Pr. C.

Nach Sicht zahlen Sie
für diese Anweisung, an
die Ordre des Herrn N. N.
die Summe von fünfzig
Thaler Preußisch Courant,
Werth empfangen, und stellen ihn in Rechnung laut
oder ohne weiteren Bericht
Herrn J. N.
    in Cöln.   S. S.

Indossament

für mich an die Ordre des
Herrn L. F. Werth in Rechnung...

N., den 20. Mai 18..

N. N.

**Einkaufsauftrag an einen
Kaufmann.**

N., den 18. April 18..

Herr J. S.,
Kaufen Sie gefälligst
bei Ansicht dieses für mich

te, acheter pour mon compte les marchandises dont le détail suit :

(Désigner ici les articles.)

Je compte sur votre exactitude pour me donner promptement avis de cette expédition. Dès qu'elle sera faite, vous pourrez tirer sur moi au terme ordinaire.

Recevez, Monsieur, mes salutations empressées. S.

Lettre d'avis pour une expédition de marchandises.

P., le 4 mai 18..

Monsieur,

Me conformant à l'ordre d'achat contenu dans votre honorée du 18 avril, j'ai acheté pour votre compte et expédié à votre adresse par le chemin de fer L M n° 1, une caisse, contenant les marchandises dont j'ai l'honneur de vous donner facture d'autre part.

die untenstehend verzeichneten Waaren ein.

(Man bezeichne hier die Waaren.)

Ich zähle auf Ihre Pünktlichkeit, um bald Nachricht über die Absendung der Waaren zu erhalten, und können Sie für den Betrag wie gebräuchlich auf mich abgeben.

Genehmigen Sie die Versicherung meiner Hochachtung. S.

Bericht über eine Waarensendung.

P., den 4. Mai 18..

Herrn L. L.

Zufolge des Auftrages in Ihrem Geehrten von 18. April, habe ich für Ihre Rechnung gekauft und mit der Eisenbahn an Sie verladen LM N° 1 eine Kiste, enthaltend die nebenstehend berechneten Waaren.

En attendant vos nouveaux ordres pour lesquels vous pourrez compter sur la même exactitude, je vous prie d'agréer l'assurance de mon estime. S.

Ihre neue Aufträge, bei welchen Sie auf eine gleiche Pünktlichkeit zählen können, erwartend, verbleibe ich hochachtungsvoll
S.

Lettre d'avis pour une traite.

P., le 20 mai 18..

Monsieur,

J'ai l'honneur de vous prévenir que j'ai fait aujourd'hui même traite sur vous pour la somme de

Thlr. 260, payable fin juin.

Vous verrez qu'en cela je me conforme à nos conventions, et je suis bien convaincu que vous accueillerez favorablement ma signature.

J'ai l'honneur d'être votre tout dévoué
S.

Avis über eine Tratte.

P., den 20. Mai 18..

Herrn N. N.

Ich habe die Ehre, Ihnen anzuzeigen, daß ich heute auf Sie abgab

Th. 260 per Ende Juni.

Da ich mich hierin, wie Sie sehen, an unsere Vereinbarung halte, so zweifle ich nicht, daß Sie meine Unterschrift ehren werden.
Hochachtungsvoll und ergebenst, S.

Lettre de recommandation.

P., le 25 août 18..

Monsieur,
Votre extrême bien-

Empfehlungsbrief.

P., den 25. August 18..

Herrn S. P.
Da ich Ihre große Ge-

veillance m'étant parfaitement connue, j'espère que vous me pardonnerez la liberté que je prends de vous recommander Monsieur N., porteur de la présente, que j'ai l'honneur de connaître particulièrement et pour lequel j'ai beaucoup d'estime.

Je ne doute pas que vous partagiez mes sentiments à son égard et que vous ne lui rendiez avec plaisir tous les services qu'il pourra réclamer de votre obligeance.

Recevez-en, à l'avance, mes sincères remercîments, et croyez que je saisirai avec empressement l'occasion de reconnaître vos bons procédés.

Je souhaite ardemment que vous puissiez me mettre à l'épreuve sur ce point, et je vous prie d'agréer l'assurance de mon sincère dévouement.　　S.

fälligkeit hinreichend kenne, so hoffe ich, daß Sie die Freiheit, mit der ich Ihnen den Ueberbringer dieses, Herrn N. anempfehle, entschuldigen werden, denn ich habe die Ehre denselben genau zu kennen und hoch zu achten.

Ich zweifle nicht, daß Sie meine Gefühle für diesen Herrn theilen werden, und daß Sie ihm gerne alle Dienste leisten, die er von Ihrer Gefälligkeit verlangen könnte.

Genehmigen Sie für Ihre Güte im Voraus meinen herzlichen Dank, und glauben Sie, daß ich jede Gelegenheit ergreifen werde Ihnen denselben zu beweisen.

Aufrichtig wünschend, daß Sie mir bald eine solche Gelegenheit geben, zeichnet mit Hochachtung und Ergebenheit,

　　　　S.

Lettre de crédit.

N., le 12 février 18..

Monsieur,

J'ai l'honneur d'accréditer près de vous pour la somme de trois mille florins, Monsieur L. S., qui se rend en votre ville.

Vous pourrez lui remettre cette somme, contre son reçu, en une ou plusieurs fois, ainsi qu'il le désirera, et tirer ensuite sur moi pour la somme ou le total des sommes que vous aurez comptées.

J'ai la ferme assurance, Monsieur, que vous ferez, en cette circonstance comme toujours, un accueil favorable à ma signature, et je vous prie d'agréer mes salutations empressées.   S.

Crebitbrief.

N., den 12. Februar 18..

Herrn A. L.

Ich habe die Ehre, den Herrn L. S., der sich in Ihre Stadt begibt, bei Ihnen für die Summe von dreitausend Gulden zu accreditiren.

Sie können ihm diese Summe nach seinem Belieben, in einem oder mehreren Mal, gegen seine Quittung auszahlen, und die erhobenen Beträge auf mich abgeben.

Ich bin überzeugt, daß Sie hierin wie immer, meiner Unterschrift eine gute Aufnahme bereiten und verbleibe

mit wahrer Hochachtung,

S.

Une maison de Leipzig fait des recouvrements à une maison de Hambourg.

Monsieur F. B. à Hambourg.

Leipzig, le 18 avril 18..

Nous sommes en possession de vos honorées du 11 février et 4 mars, et nous avons pris note du nécessaire.

Aujourd'hui nous avons le plaisir de vous remettre sous ce pli :
L. 150, à 3 mois de date du 10 avril sur F. & Cie.
350, à 3 mois de date du 12 avril sur J. S.

____

L. 500 sterl. sur Londres, qu'il vous plaise de négocier au meilleur cours et de nous créditer, pour couvrir les montants qui arrivent à leur échéance.

Nous avons l'honneur de vous saluer.

Ein Leipziger Haus macht einem Hamburger Hause Deckung.

Herrn F. B. in Hamburg.

Leipzig, den 18. April 18..

Wir sind in den Besitz Ihrer werthen Schreiben vom 11. Februar und 4. März, und haben uns alles Nöthige daraus gebührend bemerkt.

Heute haben wir das Vergnügen, Ihnen einliegend zu übermachen:
L. 150. 3 Monate dato vom 10. April auf F. & Comp.
350. 3 Monate dato vom 12. April auf J. S.

____

L. 500 Sterling auf London, welche Sie möglichst vortheilhaft zu begeben und uns gutzuschreiben belieben, um damit zum Verfall kommende Beträge zu decken.

Hochachtungsvoll.

Réponse à la lettre précédente.

Messieurs M. et B. à Leipzig.

Hambourg, le 23 avril 18..

Votre honorée du 18 courant nous apporta :
L. 150, pr 10 juillet.
350, pr 12 juillet.

L. 500, pr Londres, dont je vous ai crédité à 13 marcs avec

Bco Mrc 6500.

Je me réjouis d'avoir pu profiter pour vous d'un cours aussi favorable.

En attendant vos ordres, j'ai l'honneur d'être

Votre tout dévoué.

Une maison anglaise annonce à une maison de Hambourg qu'elle a tiré sur elle pour compte d'une maison de Leipzig.

Monsieur T. B. à Hambourg.

Londres, le 9 juin 18..

Aujourd'hui nous avons l'honneur de vous

Antwort auf den vorstehenden Brief.

Herren M. & B. in Leipzig.

Hamburg, den 23. April 18..

Ihr Geehrtes vom 18. dieses überbrachte mir:
L. 150 pr 10. Juli.
350 „ 12. Juli.

L. 500 auf London, die ich Ihnen à 13 Mark mit

Bco Mrc 6500

zugeschrieben habe.

Es freut mich, daß ich einen so günstigen Cours, wie der gegenwärtige, für Sie habe benutzen können.

Ihren Befehlen gewidmet zeichne ich

Hochachtungsvoll und ergebenst.

Ein englisches Haus zeigt einem Hamburger Hause an, daß es auf dasselbe für Rechnung eines Leipziger Hauses trassirt hat.

Herrn T. B. in Hamburg.

London, den 9. Juni 18..

Heute beehren wir uns, Ihnen anzuzeigen, daß wir

annoncer que nous avons tiré sur vous suivant l'ordre et pour compte de Messieurs M. & B. à Leipzig :

L. 1200 sterl., à 3 mois de date, ordre B. & C.,

qu'il vous plaise d'honorer de votre acceptation et de mettre au compte desdits messieurs.

Nous sommes avec estime.

Réponse à la lettre précédente.

Messieurs T. & C. à Londres.

Hambourg, le 14 juin 18..

Vous m'avisiez par votre honorée du 9 courant votre traite de

L. 1200 sterl., à 3 mois de date, ordre B. & Cie,

que j'accepterai à présentation et dont je débiterai Messieurs M. & B. à Leipzig.

J'ai l'honneur d'être.

nach Auftrag und für Rechnung der Herren M. & B. in Leipzig auf Sie entnommen haben:

L. 1200 Sterling, 3 Monate dato, Ordre B. & C.,

welche Sie mit Annahme zu beehren, und sich deshalb mit oben genannten Herren zu berechnen belieben.

Mit Hochachtung.

Antwort auf den vorstehenden Brief.

Herren T. & C. in London.

Hamburg, den 14. Juni 18..

Mit Ihrem Geehrten vom 9. dieses, zeigten Sie mir Ihre Tratte von:

L. 1200 Sterling, 3 Monate dato, Ordre B. & C.,

an, welche ich bei Vorkommen prompt verehren und mich deshalb mit den Herren M. & B. in Leipzig berechnen werde.

Mit aller Hochachtung.

La maison de Hambourg avise la maison de Leipzig de la traite de la maison anglaise.

Messieurs M. & B. à Leipzig.

Hambourg, le 20 juin 18..

Confirmant ma lettre du 24 avril, je me vois depuis sans nouvelles de vous.

Messieurs T. & C. à Londres viennent de nouveau de tirer pour votre compte sur moi, à la date du 9 courant:

L. 1200 sterl., à 3 mois de date,

que j'ai accepté suivant vos ordres et dont je vous ai débité, conformément du cours de 13 marcs 44 schil. indiqué sur la lettre de change de

Mrc Bco 16,650.

Agréez, Messieurs, mes salutations empressées.

Das Hamburger Haus zeigt dem Leipziger Hauſe die Tratte des engliſchen Hauſes an.

Herren M. & B. in Leibzig.

Hamburg, ten 20. Juni 18..

Ich beziehe mich auf mein Ergebenes vom 24. April, und befinde mich ſeitdem ohne Ihre werthen Nachrichten.

Die Herren T. & C. in London haben, unterm 9. dieſes, wieder für Ihre Rechnung entnommen:

L. 1200 Sterling, 3 Monate dato,

die ich nach Ihrer Vorſchrift acceptirt und Ihnen nach dem auf dem Londoner Wechſel bemerkten Curſe von 13 Mrc 44 Schill., mit

Bco Mrc 16,650

zur Laſt geſchrieben habe.

Mit achtungsvoller Ergebenheit.

Envoi d'une lettre de change à l'encaissement.

Messieurs S. S. à Francfort s/M.

Gotha, le 5 juillet 18..

Je me permets de vous remettre ci-joint :
Th. 170 de Prusse, à vue sur J. N. de votre ville,
vous priant de vouloir les faire toucher et de me créditer du montant.

J'ai l'honneur d'être.

Réponse à la lettre précédente.

Monsieur W. T. à Gotha.

Francfort, le 9 juillet 18..

Votre remise de Th. 170 de Prusse à vue sur J. N., que vous me fîtes par votre honorée du 5 courant, a été promptement payée, et j'en ai porté le montant à votre crédit.

Einsendung eines Wechsels zum Incasso.

Herrn S. S. in Frankfurt a/M.

Gotha, den 5. Juli 18..

Ich erlaube mir, Ihnen einliegende Anweisung :
Th. 170 Pr. C., zahlbar nach Sicht auf J. N. daselbst,
mit der Bitte zu übersenden, dieselbe gefälligst einkaffiren zu laffen und mir den Betrag in Rechnung gutzuschreiben.

Freundschaftlichst.

Antwort auf den vorstehenden Brief.

Herrn W. T. in Gotha.

Frankfurt, den 9. Juli 18..

Die mir mit Ihrem Geehrten vom 5. diefes gefälligst übermachte Anweisung auf J. N. hierselbst, im Belauf von Th. 170 Pr. C., ist von demselben baar eingelöset worden, und habe ich Ihnen die genannte Summe auf Rechnung creditirt.

En joignant mes cours, j'ai l'honneur de vous saluer avec estime.	Ich füge meinen Cours bei und bin Hochachtungsvoll.

Demande de paiement.   Bitte um Zahlung.

Monsieur S. S. à Berlin.   Herrn S. S. in Berlin.

Vienne, le 6 août 18..   Wien, den 6. August 18..

Comme par la non-rentrée de quelques sommes je me trouve pour le moment à court d'argent, je prends la liberté de vous importuner au sujet de ma facture du 1er avril.

Da es mir durch das Nichteingehen einiger Beträge in diesem Augenblicke an baarem Gelde fehlt, so nehme ich die Freiheit, Sie in Rücksicht meiner Rechnung vom 1. April zu belästigen.

S'il ne vous convenait pas de me remettre toute la somme, vous m'obligeriez beaucoup de m'en faire passer une partie.

Sollte es Ihnen nicht anstehen, mir das Ganze zu übermachen, so würden Sie mich sehr verbinden, mir einen Theil zukommen zu lassen.

En attendant votre réponse, j'ai l'honneur de vous saluer
avec estime.

Ihrer gefälligen Antwort entgegensehend, grüßt
Hochachtungsvoll.

Commande de café.   Bestellung von Kaffee.

Messieurs S. & T. à Hambourg.   Herren S. & T. in Hamburg.

Weimar, le 7 avril 18..   Weimar, den 7. April 18..

En réponse à votre   In Erwiederung Ihres

honorée du 1er courant, par laquelle vous m'avez envoyé échantillon et prix de café de Saint-Domingue, je vous prie de m'envoyer par la première occasion 150 balles de café suivant l'échantillon.

J'ai l'honneur d'être.

Réponse à la lettre précédente.

Monsieur W. W. à Weimar.

Hambourg, le 12 avril 18..

Nous vous sommes reconnaissants pour l'ordre que vous avez bien voulu nous faire par votre honorée du 7 courant. Nous venons de vous adresser la marchandise commandée par le voiturier A.

Ci-joint vous en trouverez la facture, pour laquelle il vous plaise de nous créditer de Th. ... de Prusse.

Tout en vous souhaitant une bonne récep-

Geehrten vom 1. dieses, womit Sie mir Muster und Preis von Domingo-Kaffee senden, bitte ich, mir mit der ersten Gelegenheit 150 Ballen Kaffee laut gesandtem Muster zu senden.

Freundschaftlichst.

Antwort auf den vorstehenden Brief.

Herrn W. W. in Weimar.

Hamburg, dem 12. April 18..

Wir sind Ihnen für Ihren gefälligen Auftrag vom 7. dieses sehr verbunden und haben die gütigst bestellten Waaren gestern durch Fuhrmann A. an Sie verladen.

Inliegend finden Sie Rechnung darüber, wonach Sie uns für Th. ... Pr. C. zu erkennen belieben.

Ihnen besten Empfang wünschend, hoffen wir, daß

tion de cette marchan-
dise, nous espérons que
vous serez content de
l'exécution de votre
commande et que vous
nous honorerez bientôt
de nouveaux ordres.

Nous sommes.

Commande de soie.

Monsieur J. A. R. à
Milan.

Vienne, le 1er mai 18..

Monsieur L. S. d'ici
me montra, il y a quel-
ques jours, un échan-
tillon de soie, laquelle
marchandise il avait
reçu de vous à ... lire.

Je la trouve très-
belle et le prix modéré ;
je vous prie donc de
vouloir bien m'envoyer
par la première occa-
sion une balle de 200
livres de cette soie,
dont je joins un mor-
ceau pour que vous puis-
siez choisir la même
qualité.

Je désire beaucoup
que vous puissiez ex-

Sie mit der Ausführung
dieses Auftrages zufrieden
sein werden und uns bald
mit neuen beehren.

Mit aller Achtung
zeichnen.

Auftrag auf Seide.

Herrn J. A. R. in Mai-
land.

Wien, den 1. Mai 18..

Herr L. S. hierselbst
zeigte mir unlängst ein
Seiden-Muster, welche
Waare er zu ... Lire von
Ihnen erhalten hat.

Ich finde dasselbe sehr
schön und den Preis mäßig,
weshalb ich Sie ersuche,
mir mit erster Gelegenheit
einen Ballen von 200
Pfund dieser Seide zuzu-
senden. Ein Stückchen dieser Seide finden Sie bei-
liegend, um danach die-
selbe Sorte zu wählen.

Erwünscht wäre es mir,
wenn Sie den Ballen gleich

pédier tout de suite cette balle, pour que je la reçoive assez tôt pour en pouvoir faire usage à mon voyage prochain.

Tout en vous recommandant une prompte expédition, j'ai l'honneur d'être avec la plus grande estime.

Réponse à la lettre précédente.

Monsieur J. W. à Vienne.

Milan, le 15 mai 18..

Votre commande par votre honorée du 1er courant m'est très-flatteuse, et en vous remerciant je vous remets ci-jointe la facture sur la soie, qui partira demain à votre adresse par le voiturier C.

Veuillez me créditer pour le montant de .... lires.

Vous trouverez la marchandise exactement conforme à l'échantillon, et j'espère

nach Empfang dieſer Zeilen abgehen laſſen könnten, damit ich ihn zeitig genug erhalte, um für meine nahe bevorſtehende Reiſe Gebrauch davon machen zu können.

Indem ich Ihnen daher ſchleunige Abſendung anempfehle, zeichne ich

mit Hochachtung.

Antwort auf den vorſtehenden Brief.

Herrn J. W. in Wien.

Mailand, den 13. Mai 18..

Ihr Auftrag mit Brief vom 1. dieſes iſt mir ſehr ſchmeichelhaft, und indem ich dafür danke, ertheile ich Ihnen beifolgend Rechnung über die gewünſchte Seide, welche morgen mit Fuhrmann C. an Sie abgeht.

Den Betrag von ... Lire wollen Sie mir gefälligſt gutſchreiben.

Sie werden die Waare ganz nach Probe finden und mir Ihren Beifall hoffentlich durch baldige Wieder-

que vous me témoigne-
rez votre contentement
par de nouvelles com-
mandes.

J'ai l'honneur d'être.

Commande de tulle.

Messieurs J. P. & Cie à Nottingham.

Francfort s/M, le 16 mai 18..

Quand j'eus, au mois
d'octobre, le plaisir de
voir ici votre Monsieur
J. P., je lui ai promis de
donner à votre maison
pour le printemps une
commande sur tulle.

Par conséquent je
vous prie de m'expédier
promptement 5000 piè-
ces de tulle, en largeur
et qualité suivant la note
au pied.

Je vous couvrirai du
montant de votre fac-
ture par de bon papier
sur Londres.

Si je ne trouve pas
votre fabrication plus
chère que celle d'autres
maisons, et si vous vou-

---

holung Ihrer Bestellung
geben, wozu ich mich be-
stens empfehle.

Hochachtungsvoll.

Auftrag auf Tülle.

Herren J. P. & C. in Nottingham.

Frankfurt a/M., den 16. Mai 18..

Als ich im Oktober vo-
rigen Jahres das Vergnü-
gen hatte, Ihren Herrn
J. P. hier zu sehen, ver-
sprach ich ihm, Ihrem
Hause zum Frühjahr einen
Auftrag auf Tülle zu ge-
ben.

Demgemäß ersuche ich
Sie um baldige Zusendung
von 5000 Stück verschie-
dener Breite und Qualität,
wie Sie am Fuße dieses no-
tirt stehen.

Für den Betrag der
Factura werde ich Sie in
gutem Londoner Papier
decken.

Wenn ich Ihre Fabri-
cate nicht theurer finde, als
die anderer dortigen Häu-
ser, und wenn Sie mir

lez me faire quelques avantages, je vous donnerai à l'avenir avec plaisir la préférence.

J'ai l'honneur d'être.

Information sur la solidité d'une maison.

Monsieur L. M. à Francfort s/M.

Leipzig, le 6 juillet 18..

Confiant en votre discrétion et en l'amitié que vous me témoignez, je me permets de vous faire une demande:

Monsieur P. W., de votre ville, vient de me faire une commande montant à 1500 Th., et m'offre de payer la moitié à réception des marchandises, mais l'autre moitié après trois mois.

Comme je ne connais nullement ce monsieur, je vous prie amicalement de vouloir me dire franchement si je puis lui confier les marchandises sans danger.

durch gewährte Erleichterung entgegenkommen, so werde ich Ihnen in Zukunft mit Vergnügen den Vorzug geben.

Mit Achtung.

Anfrage nach der Solidität eines Hauses.

Herrn L. M. in Frankfurt a/M.

Leipzig, den 6. Juli 18..

Im Vertrauen auf ihre Discretion und mir stets gezeigte Freundschaft, erlaube ich mir eine Anfrage:

Herr P. W. daselbst, ertheilt mir soeben einen Auftrag zum Belaufe von 1500 Th., und erbietet sich mir die Hälfte bei Empfang der Waare, die andere aber in 3 Monaten zu zahlen.

Da ich aber jenen Herrn gar nicht kenne, so ersuche ich Sie freundschaftlichst, mir aufrichtig mitzutheilen, ob ich ihm ohne Gefahr jene Waare anvertrauen darf.

Je retarderai la réponse à sa lettre jusqu'à ce que j'aie eu le plaisir de recevoir vos informations.

Soyez convaincu que je ferai l'usage le plus discret de vos informations et agréez l'assurance de mon estime.

Réponse à la lettre précédente.

Monsieur L. A. à Leipzig.

Francfort, le 9 juillet 18..

C'est avec plaisir que je vous dis en réponse à votre honorée du 6 courant, que Monsieur P. W. jouit ici de la confiance la plus parfaite; je n'hésiterais pas, pour mon compte, un moment à lui confier le montant en question.

Veuillez, du reste, faire usage de cette information sans qu'elle me porte préjudice et agréez mes salutations empressées.

Ich werde die Beantwortung seines Briefes anstehen lassen, bis ich Ihre gefällige Auskunft erhalte.

Seien Sie vom bescheidensten Gebrauch Ihrer Nachricht überzeugt und genehmigen Sie die Versicherung

meiner Hochachtung.

Antwort auf den vorstehenden Brief.

Herrn L. A. in Leipzig.

Frankfurt, den 9. Juli 18..

In Beantwortung Ihres werthen Briefes vom 6. dieses, kann ich Ihnen mittheilen, daß Herr P. W. hier allgemein das vollste Vertrauen genießt, und daß ich ihm ohne Bedenken den erwähnten Betrag anvertrauen würde.

Sie wollen übrigens diese Nachricht ohne mein Präjudiz benutzen und versichert sein, daß ich bin, ꝛc.

TABLEAU

𝕬.

𝕬ß, imparfait de l'indicatif de eſſen, manger.
𝕬eße, imp. du subj......   id.

𝕭.

𝕭äckſt, présent ind., 2ᵉ p. . de backen, cuire au
      four.
𝕭äckt, présent ind., 3ᵉ p. .   id.
𝕭anb, imp. de l'ind. . . . . „ binben, lier.
𝕭änbe, imp. du subj. . . . .   id.
𝕭arg, imp. de l'ind. . . . . „ bergen, cacher.
𝕭ärge, imp. du subj. . . . .   id.
𝕭arſt, imp. de l'ind. . . . . „ berſten, crever.
𝕭ärſte, imp. du subj. . . . .   id.
𝕭at, imp. de l'ind. . . . . . „ bitten, prier.
𝕭äte, imp. du subj. . . . . .   id.
𝕭efahl, imp. de l'ind. . . . „ befehlen, comman-
      der.
𝕭efähle, imp. du subj. . . .   id.
𝕭efiehl, impératif . . . . . .   id.
𝕭efiehlſt, prés. ind., 2ᵉ p. .   id.
𝕭efiehlt, prés. ind., 3ᵉ p. . .   id.

Befliſſe, imp. du subj. . . . . de (ſich) befleißen, (s')
                                appliquer.
Befliſſen, part. passé . . . . .   id.
Befliß, imp. de l'ind. . . . . .   id.   [der.
Befohlen, part. passé . . . . . „ befehlen, comman-
Begann, imp. de l'ind. . . . . „ beginnen,   com-
                                mencer.
Begänne, imp. du subj. . . .   id.
Begonn, imp. de l'ind. . . .   id.
Begönne, imp. du subj. . . .   id.
Begonnen , part. passé. . . .   id.
Beut, impér., prés. ind., 3ᵉ p. „ bieten, offrir.
Beutſt, prés. ind., 2ᵉ p. . . .   id.
Bewog, imp. de l'ind. . . . . . „ bewegen, détermi-
                                ner.
Bewöge, imp. du subj. . . .   id.
Bewogen, part. passé . . . .   id.
Bill, impératif. . . . . „ bellen, aboyer.
Billſt, prés. ind., 2ᵉ p. . . . .   id.
Billt, prés. ind., 3ᵉ p. . . .   id.
Bin, prés. ind., 1ʳᵉ p. s. . . „ sein, être.
Birg, impératif . . . . „ bergen, cacher.
Birgſt, prés. ind. , 2ᵉ p. . .   id.
Birgt, prés. ind., 3ᵉ p. . . .   id.
Birſt, impératif . . . . „ berſten,   crever,
                                fendre.
Birſteſt, prés. ind., 2ᵉ p. . .   id.
Birſt (et), prés. ind.. 3ᵉ p. .   id.
Biſſe, imp. du subj. . . . . . „ beißen, mordre.
Biß, imp. de l'ind. . . . . . .   id.
Biſt, prés. ind., 2ᵉ p. s. . . „ sein, être.
Bläſeſt, prés. ind., 2ᵉ p. . . „ blasen, souffler.

Bläf (e)t, prés. ind., 3e p. . de blafen, souffler.
Blich, imp. de l'ind. . . . . „ bleichen, blanchir.
Bliche, imp. du subj. . . . .   id.
Blieb, imp. de l'ind. . . . . „ bleiben, rester.
Bliebe, imp. du subj. . . . .   id.
Blies, imp. de l'ind. . . . . „ blafen, souffler.
Bliefe, imp. du subj. . . . .   id.
Bog, imp. de l'ind. . . . . . „ biegen, courber.
Böge, imp. du subj. . . . .   id.
Boll, imp. de l'ind. . . . . . „ bellen, aboyer.
Bölle, imp. du subj. . . . .   id.
Borft, imp. de l'ind. . . . . „ berften, crever.
Börfte, imp. du subj. . . . .   id.
Bot, imp. de l'ind. . . . . . „ bieten, offrir.
Böte, imp. du subj. . . . . .   id.
Brach, imp. de l'ind. . . . . „ brechen, casser.
Bräche, imp. du subj. . . . .   id.
Brachte, imp. de l'ind. . . . „ bringen, apporter.
Brächte, imp. du subj. . . .   id.
Brannte, imp. de l'ind. . . . „ brennen, brûler.
Brät, prés. ind., 3e p. . . . . „ braten, rôtir.
Brätft, prés. ind., 2e p. . . .   id.
Brich, impératif . . . . „ brechen, casser.
Brichft, prés. ind., 2e p. . . .   id.
Bricht, prés. ind., 3e p. . . .   id.
Briet, imp. de l'ind. . . . . „ braten, rôtir.
Briete, imp. du subj. . . . .   id.
Buf, imp. de l'ind. . . . . . „ backen, cuire au
                                         four.
Büfe, imp. du subj. . . . . .   id.

𝕯.

Dachte, imp. de l'ind. . . . . . de denken, penser.
Dächte, imp. du subj. . . . .   id.
Darf, prés. ind., 1ʳᵉ et 3ᵉ p. „ dürfen, oser.
Darfst, prés. ind., 2ᵉ p. . . .   id.
Drang, imp. de l'ind. . . . . „ dringen, presser.
Dränge, imp. du subj. . . .   id.
Drasch, imp. de l'ind. . . . . „ dreschen, battre le
                                            blé.
Dräsche, imp. du subj. . . .   id.
Drisch, impératif. . . . . . .   id.
Drischest, prés. ind., 2ᵉ p. .   id.
Drisch(e)t, prés. ind., 3ᵉ p.   id.
Drosch, imp. de l'ind. . . . .   id.
Drösche, imp. du subj. . . .   id.
Dung, imp. de l'ind. . . . . „ dingen, marchan-
                                            der.
Dünge, imp. du subj. . . . .   id.
Durfte, imp. de l'ind. . . . . „ dürfen, oser.
Dürfte, imp. du subj. . . . .   id.

𝕰.

Empfahl, imp. de l'ind. . . . „ empfehlen, recom-
                                            mander.
Empfähle, v. Empföhle.
Empfiehl, impératif . . . . .   id.
Empfiehlst, prés. ind., 2ᵉ p. .   id.
Empfiehlt, prés. ind., 3ᵉ p. .   id.
Empfohl, imp. de l'ind. . . .   id.
Empföhle, imp. du subj. . .   id.
Empfohlen, part. passé . . .   id.
Erblich, imp. de l'ind. . . . . „ erbleichen, pâlir,

Erbliche, imp. du subj. . . . . de erbleichen, pâlir.
Erblichen, part. passé . . . .   id.
Erlisch, impératif. . . . . „ erlöschen, s'étein-
                                          dre.
Erlischeft, prés. ind., 2e p. .   id.
Erlisch(e)t, prés. ind., 3e p.   id.
Erlosch, imp. de l'ind. . . .   id.
Erlösche, imp. du subj. . . .   id.
Erloschen, part. passé . . . .   id.
Erschillst, prés. de l'ind., 2e p. „ erschallen, retentir.
Erschillt, prés. de l'ind., 3e p.   id.
Erscholl, imp. de l'ind. . . .   id.
Erschölle, imp. du subj. . . .   id.
Erschollen, part. passé. . . .   id.
Erschrack, imp. de l'ind. . . . . „ erschrecken,   s'ef-
                                          frayer.
Erschräcke, imp. du subj. . . .   id.
Erschrick, impératif. . . . . .   id.
Erschrickst, prés. de l'ind., 2e p.   id.
Erschrickt, prés. de l'ind., 3e p.   id.
Erschrocken, part. passé . . .   id.
Erwog, imp. de l'ind. . . . . . „ erwägen, considé-
                                          rer.
Erwöge, imp. du subj. . . .   id.
Erwogen, part. passé . . . .   id.

F.

Fährst, prés. de l'ind., 2e p. „ fahren, conduire,
                                          etc.
Fährt, prés. de l'ind., 3e p.   id.
Fällst, prés. de l'ind., 2e p. „ fallen, tomber.
Fällt, prés. de l'ind., 3e p. .   id.

Fand, imp. de l'ind. . . . . . de finden, trouver.
Fände, imp. du subj. . . . .   id.
Fängst, prés. ind., 2e p. . . „ fangen, prendre.
Fängt, prés. ind., 3e p. . .   id.
Ficht, impér. et prés. ind., 3e „ fechten, combattre.
Fichtst, fichst, prés. de l'ind., 2e   id.
Fiel, imp. de l'ind. . . . . . . „ fallen, tomber.
Fiele, imp. du subj. . . . . .   id.
Fing, imp. de l'ind. . . . . . „ fangen, prendre.
Finge, imp. du subj. . . . .   id.
Flicht, prés. ind., 3e, et impér. „ flechten, tresser.
Flichtst, flichst, prés. ind., 2e p.   id.
Flocht, imp. de l'ind. . . . .   id.
Flöchte, imp. du subj. . . . .   id.
Flog, imp. de l'ind. . . . . . . „ fliegen, voler.
Flöge, imp. du subj. . . . .   id.
Floh, imp. de l'ind. . . . . . . „ fliehen, fuir.
Flöhe, imp. du subj. . . . .   id.
Floß, imp. de l'ind. . . . . . . „ fließen, couler.
Flösse, imp. du subj. . . . .   id.
Focht, imp. de l'ind. . . . . „ fechten, combattre.
Föchte, imp. du subj. . . . .   id.
Fraß, imp. de l'ind. . . . . . . „ fressen, manger.
Fräße, imp. du subj. . . . .   id.
Fror, imp. de l'ind. . . . . . . „ frieren, geler.
Fröre, imp. du subj. . . . .   id.
Frissest, prés. ind., 2e p. . . „ fressen, manger.
Frisset, prés. ind., 3e p. . .   id.
Friß, impératif. . . . .   id.
Frißt, prés. ind., 3 p. . . .   id.
Frug, Früge (vieux, p. fragte),
    imp. de l'ind. et du subj. „ fragen, demander.

Fuhr, imp. de l'ind. . . . . . de fahren, conduire, etc.

Führe, imp. du subj. . . . . .   id.

G.

Gab, imp. de l'ind. . . . . . . „ geben, donner.

Gäbe, imp. du subj. . . . .   id.

Galt, imp. de l'ind. . . . . . „ gelten, valoir.

Gälte, imp. du subj. . . . .   id.

Gebacken, part. passé. . . . . „ backen, cuire au four.

Gebar, imp. de l'ind. . . . . „ gebären, enfanter.

Gebäre, imp. du subj. . . . .   id.

Gebeten, part. passé . . . . . „ bitten, prier (les hommes).

Gebier, impératif. . . . . . . „ gebären, enfanter.

Gebierst, prés. ind., 2e p. . .   id.

Gebiert, prés. ind., 3e p. . .   id.

Gebissen, part. passé. . . . . „ beißen, mordre.

Geblasen,   id. . . . . . . „ blasen, souffler.

Geblichen,   id. . . . . . . „ bleichen, blanchir.

Geblieben,   id. . . . . . . „ bleiben, rester.

Gebogen,   id. . . . . . . „ biegen, courber.

Gebollen,   id. . . . . . . „ bellen, aboyer.

Geboren,   id. . . . . . . „ gebären, enfanter.

Geborgen,   id. . . . . . . „ bergen, cacher.

Geborsten,   id. . . . . . . „ bersten, crever.

Geboten,   id. . . . . . . „ bieten, offrir; gebie= ten, ordonner.

Gebracht,   id. . . . . . . „ bringen, apporter.

Gebrannt,   id. . . . . . . „ brennen, brûler.

Gebraten,   id. . . . . . . „ braten, rôtir.

Gebrochen, part. passé . . . . de brechen, casser.
Gebunden, id. . . . . „ binden, lier.
Gedacht, id. . . . . „ denken, penser; ge=
denken, se souve-
nir.
Gedieh, imp. de l'ind. . . . . „ gedeihen, prospé-
rer.
Gediehe, imp. de subj. . . . id.
Gediehen, participe passé . . id.
Gedroschen, id. . . . . . . „ dreschen, battre le
blé.
Gedrungen, id. . . . . . . „ dringen, presser.
Gedungen, id. . . . . . . „ dingen, marchan-
der.
Gedurft, id. . . . . . . „ dürfen, oser.
Gefahren, id. . . . . . . „ fahren, conduire,
etc.
Gefallen, id. . . . . . . „ fallen, tomber; ge=
fallen, plaire.
Gefalten, id. . . . . . . „ falten, plier.
Gefangen, id. . . . . . . „ fangen, prendre.
Geflochten, id. . . . . . . „ flechten, tresser.
Geflogen, id. . . . . . . „ fliegen, voler.
Geflohen, id. . . . . . . „ fliehen, fuir.
Geflossen, id. . . . . . . „ fließen, couler.
Gefochten, id. . . . . . . „ fechten, combattre.
Gefressen, id. . . . . . . „ fressen, manger.
Gefroren, id. . . . . . . „ frieren, geler; gefrie=
ren, se congeler.
Gefunden, id. . . . . . . „ finden, trouver.
Gegangen, id. . . . . . . „ gehen, aller.
Gegeben, id. . . . . . . „ geben, donner.

Gegeſſen, participe passé . . de eſſen, manger.
Geglichen,   id. . . . . „ gleichen, ressem-
                                  bler.
Geglitten,   id. . . . . „ gleiten, glisser.
Geglommen,   id. . . . . „ glimmen, brûler
                                  sans flammes.
Gegohren,   id. . . . . „ gähren, fermenter.
Gegolten,   id. . . . . „ gelten, valoir.
Gegoſſen,   id. . . . . „ gießen, verser.
Gegraben,   id. . . . . „ graben, creuser.
Gegriffen,   id. . . . . „ greifen, saisir.
Gehalten,   id. . . . . „ halten, tenir.
Gehangen,   id. . . . . „ hangen, pendre, v.n.
Gehauen,   id. . . . . „ hauen, tailler.
Geheißen,   id. . . . . „ heißen, se nommer.
Gehoben,   id. . . . . „ heben, lever.
Geholfen,   id. . . . . „ helfen, secourir.
Gekannt,   id. . . . . „ kennen, connaître.
Gekiffen,   id. . . . . „ keifen, criailler.
Geklommen,   id. . . . . „ klimmen, gravir.
Geklungen,   id. . . . . „ klingen, sonner.
Gekniffen,   id. . . . . „ kneifen, pincer.
Geknippen,   id. . . . . „ kneipen, pincer.
Gekommen,   id. . . . . „ kommen, venir.
Gekonnt,   id. . . . . „ können, pouvoir.
Gekoren,   id. . . . . „ küren, choisir.
Gekrochen,   id. . . . . „ kriechen, ramper.
Geladen,   id. . . . . „ laden, charger.
Gelang, imp. de l'ind. . . . „ gelingen, réussir.
Gelänge, imp. du subj. . . .   id.
Gelaſſen, participe passé. . . „ laſſen, laisser.
Gelaufen,   id. . . . . „ laufen, courir.

Gelegen, participe passé . . de liegen, coucher, v.n.
Gelesen,   id. . . . . „ lesen, lire, cueillir.
Geliehen,   id. . . . . „ leihen, prêter.
Gelitten,   id. . . . . „ leiden, souffrir.
Gelogen,   id. . . . . „ lügen, mentir.
Geloschen,   id. . . . . „ löschen, s'éteindre.
Gelungen,   id. . . . . „ gelingen, réussir.
Gemahlen,   id. . . . . „ mahlen, moudre.
Gemessen,   id. . . . . „ messen, mesurer.
Gemieden,   id. . . . . „ meiden, éviter.
Gemocht,   id. . . . . „ mögen, vouloir.
Gemolken,   id. . . . . „ melken, traire.
Gemußt,   id. . . . . „ müssen, devoir.
Genannt,   id. . . . . „ nennen, nommer.
Genas, imp. de l'ind. . . . . . „ genesen, guérir.
Genäse, imp. du subj. . . . .   id.
Genesen, participe passé. . .   id.
Genommen, id. . . . . „ nehmen, prendre.
Genoß, imp. de l'ind. . . . . . „ genießen, jouir.
Genösse, imp. du subj. . . .   id.
Genossen, participe passé . .   id.
Gepfiffen,   id. . . . . „ pfeifen, siffler.
Gepflogen,   id. . . . . „ pflegen, tenir.
Gepriesen,   id. . . . . „ preisen, estimer.
Gequollen,   id. . . . . „ quellen, sourdre.
Gerannt,   id. . . . . „ rennen, courir.
Gerathen,   id. . . . . „ rathen, conseiller;
                                        gerathen, réussir.
Gerieben,   id. . . . . „ reiben, frotter.
Gerissen,   id. . . . . „ reißen, rompre.
Geritten,   id. . . . . „ reiten, aller à che-
                                        val.

Gerochen, participe passé . . de riechen, flairer; rä‑
                                    chen, venger.
Geronnen,   id. . . . . „ rinnen, couler; ge‑
                                    rinnen, se figer.
Gerufen,   id. . . . . . . „ rufen, appeler.
Gerungen,   id. . . . . . . „ ringen, lutter.
Gesalzen,   id. . . . . . . „ salzen, saler.
Gesandt,   id. . . . . . „ senden, envoyer.
Geschaffen, id. . . . . . . „ schaffen, créer.
Geschah, imp. de l'ind. . . . „ geschehen, se faire.
Geschähe, imp. du subj. . .   id.
Geschehen, participe passé . .   id.
Geschieden , id. . . . . . „ scheiden, se séparer.
Geschieht, prés. de l'ind., 3e p. „ geschehen, se faire.
Geschienen, participe passé. . „ scheinen, sembler.
Geschlafen, id. . . . . . . „ schlafen, dormir.
Geschlagen , id. . . . . . . „ schlagen, battre.
Geschlichen, id. . . . . . . „ schleichen, se glisser.
Geschliffen, id. . . . . . . „ schleifen, aiguiser.
Geschlissen, id. . . . . . . „ schleißen, fendre.
Geschlossen, id. . . . . . . „ schließen, fermer.
Geschlungen, id. . . . . . . „ schlingen, avaler.
Geschmalzen, id. . . . . . . „ schmalzen, apprêter
                                    avec du beurre,
                                    etc.
Geschmissen, id. . . . . . . „ schmeißen, jeter.
Geschmolzen, id. . . . . . . „ schmelzen, se fondre.
Geschnitten , id. . . . . . . „ schneiden, couper.
Geschnoben, id. . . . . . . „ schnauben et schnie‑
                                    ben, respirer for‑
                                    tement.
Geschoben,   id. . . . . . . „ schieben, pousser.

Geſchollen,	part. passé.	. . . . de	ſchallen, retentir.
Geſcholten,	id.	. . . . „	ſchelten, injurier.
Geſchoren,	id.	. . . . „	ſcheren, tondre.
Geſchoſſen,	id.	. . . . „	ſchießen, tirer.
Geſchrieben,	id.	. . . . „	ſchreiben, écrire.
Geſchrien,	id.	. . . . „	ſchreien, crier.
Geſchritten,	id.	. . . . „	ſchreiten, marcher.
Geſchroben,	id.	. . . . „	ſchrauben, visser.
Geſchrocken,	id.	. . . . „	ſchrecken, s'effrayer.
Geſchroten,	id.	. . . . „	ſchroten, égruger.
Geſchrunden,	id.	. . . . „	ſchrunden, se ger- cer.
Geſchunden,	id.	. . . . „	ſchinden, écorcher.
Geſchwiegen,	id.	. . . . „	ſchweigen, se taire.
Geſchwollen,	id.	. . . . „	ſchwellen, enfler.
Geſchwommen,	id.	. . . . „	ſchwimmen, nager.
Geſchworen,	id.	. . . . „	ſchwären, suppu- rer.
Geſchworen,	id.	. . . . „	ſchwören, jurer.
Geſchwunden,	id.	. . . . „	ſchwinden, dispa- raître.
Geſchwungen,	id.	. . . . „	ſchwingen, secouer.
Geſehen,	id.	. . . . „	ſehen, voir.
Geſeſſen,	id.	. . . . „	ſitzen, être assis.
Geſoffen,	id.	. . . . „	ſaufen, boire (des animaux).
Geſogen,	id.	. . . . „	ſaugen, téter, su- cer.
Geſonnen,	id.	. . . . „	ſinnen, penser.
Geſotten,	id.	. . . . „	ſieden, bouillir.
Geſpalten,	id.	. . . . „	ſpalten, fendre.
Geſpien,	id.	. . . . „	ſpeien, cracher.

Gespliſſen, part. passé . . . . de ſpleißen, fendre.
Gesponnen,   id. . . . . „ spinnen, filer.
Gesprochen,   id. . . . . „ sprechen, parler.
Gesproſſen,   id. . . . . „ sprießen,   bour-
                                        geonner.
Gesprungen,   id. . . . . . . „ springen, sauter.
Gestanden,   id. . . . . . . „ stehen, être debout;
                                        gestehen, avouer.
Gestiegen,   id. . . . . . . „ steigen, monter.
Gestoben,   id. . . . . . . „ stieben, s'en aller
                                        en poussière.
Gestochen,   id. . . . . . . „ stechen, piquer.
Gestohlen,   id. . . . . . . „ stehlen, voler.
Gestorben,   id. . . . . . . „ sterben, mourir.
Gestoßen,   id. . . . . . . „ stoßen, pousser.
Gestrichen,   id. . . . . . . „ streichen, frotter.
Gestritten,   id. . . . . . . „ streiten, combattre.
Gestunken,   id. . . . . . . „ stinken, puer.
Gesungen,   id. . . . . . . „ singen, chanter.
Gesunken,   id. . . . . . . „ sinken, enfoncer.
Gethan,   id. . . . . . . „ thun, faire.
Getragen,   id. . . . . . . „ tragen, porter.
Getreten,   id. . . . . . . „ treten, marcher.
Getrieben,   id. . . . . . . „ treiben, pousser.
Getroffen,   id. . . . . . . „ treffen, atteindre.
Getroffen,   id. . . . . . . „ triefen, dégoutter.
Getrogen,   id. . . . . . . „ triegen, tromper;
                                        trügen, tromper.
Getrunken,   id. . . . . . . „ trinken, boire.
Gewachsen,   id. . . . . . . „ wachsen, croître.
Gewandt,   id. . . . . . . „ wenden, tourner.
Gewann, imp. de l'ind. . . . „ gewinnen, gagner.

Gewänne, imp. du subj. . . de gewinnen, gagner.
Gewaschen, participe passé . „ waschen, laver.
Gewesen, id. . . . . „ sein, être.
Gewichen, id. . . . . „ weichen, céder.
Gewiesen, id. . . . . „ weisen, montrer.
Gewogen, id. . . . . „ wiegen, peser; wä=
gen, peser.

Gewönne, imp. du subj. „ gewinnen, gagner.
Gewonnen, participe passé . id.
Geworben, id. . . . . „ werben, enrôler.
Geworden, id. . . . . „ werden, devenir.
Geworfen, id. . . . . „ werfen, jeter.
Geworren, id. . . . . „ wirren, brouiller.
Gewunden, id. . . . . „ winden, tordre.
Gewunken, id. . . . . „ winken, faire signe.
Gewußt, id. . . . . „ wissen, savoir.
Geziehen, id. . . . . „ zeihen, accuser.
Gezogen, id. . . . . „ ziehen, tirer.
Gezwungen, id. . . . . „ zwingen, forcer.
Gi(e)b, impératif . . . . . . „ geben, donner.
Gi(e)bst, prés. de l'ind., 2ᵉ p. id.
Gi(e)bt, prés. de l'ind., 3ᵉ p. id.
Gilt, impér.; prés. ind., 3ᵉ p. „ gelten, valoir.
Giltst, prés. de l'ind., 2ᵉ p. id.
Ging, imp. de l'ind. . . . . „ gehen, aller.
Ginge, imp. du subj. . . . . id. [bler.
Glich, imp. de l'ind. . . . . „ gleichen, ressem-
Gliche, imp. du subj. . . . . id.
Glitt, imp. de l'ind. . . . . „ gleiten, glisser.
Glitte, imp. du subj. . . . . id.
Glomm, imp. de l'ind. . . . „ glimmen, brûler
sans flamme.

Glömme, imp. du subj. . . . . de glimmen,   brûler sans flamme.

Gohr, imp. de l'ind. . . . . „ gähren, fermenter.

Göhre, imp. de subj. . . . .   id.

Golt, imp. de l'ind. . . . . . „ gelten, valoir.

Gölte, imp. de subj. . . . .   id.

Goß, imp. de l'ind. . . . . . „ gießen, verser.

Göſſe, imp. du subj. . . . .   id.

Gräbſt, prés. de l'ind., 2e p. „ graben, creuser.

Gräbt, prés. de l'ind., 3e p.   id.

Griff, imp. de l'ind. . . . . „ greifen, saisir.

Griffe, imp. du subj. . . . .   id.

Grub, imp. de l'ind. . . . . „ graben, creuser.

Grübe, imp. du subj. . . . .   id.

<h2 style="text-align:center">H.</h2>

Half, imp. de l'ind. . . . . . „ helfen, secourir.

Hälfe, imp. du subj. . . . .   id.

Hält, prés. de l'ind., 3e p. . „ halten, tenir.

Hältſt, prés. de l'ind., 2e p.   id.

Hängſt, prés. de l'ind., 2e p. „ hangen, pendre, v.n.

Hängt, prés. de l'ind., 3e p.   id.

Haſt, prés. de l'ind., 2e p. . „ haben, avoir.

Hat, prés. de l'ind., 3e p. .   id.

Hatte, imp. de l'ind. . . . .   id.

Hätte, imp. du subj. . . . .   id.

Hieb, imp. de l'ind. . . . . . „ hauen, tailler.

Hiebe, imp. du subj. . . . .   id.

Hielt, imp. de l'ind. . . . . . „ halten, tenir.

Hielte, imp. du subj. . . . .   id.

Hieß, imp. de l'ind. . . . . . „ heißen, se nommer.

Hieße, imp. du subj. . . . .   id.

Hilf, impératif. . . . . de helfen, secourir.
Hilfst, prés. de l'ind., 2ᵉ p.   id.
Hilft, prés. de l'ind., 3ᵉ p.   „ helfen, secourir.
Hing, imp. de l'ind. . . . . . „ hangen, pendre, v.n.
Hinge, imp. de subj. . . . .   id.
Hob, imp. de l'ind. . . . . . „ heben, lever.
Höbe, imp. du subj. . . . . .   id.
Hub, imp. de l'ind. . . . . .   id.
Hübe, imp. du subj. . . . .   id.
Hulf, imp. de l'ind. . . . . . „ helfen, secourir.
Hülfe, imp. du subj. . . . .   id.

I.

Issest, prés. de l'ind., 2ᵉ p. „ essen, manger.
Isset, prés. de l'ind., 3ᵉ p.   id.
Iß, impératif . . . .   id.
Ißt, prés. de l'ind., 3ᵉ p. . .   id.
Ist,   id.   . . „ sein, être.
Jug, Jüge (vieux, pour jagte),
   imp. de l'ind. et du subj. . . „ jagen, chasser.

K.

Kam, imp. de l'ind. . . . . . „ kommen, venir.
Käme, imp. du subj. . . . .   id.
Kann, prés. ind., 1ʳᵉ et 3ᵉ p. „ können, pouvoir.
Kannst, prés. de l'ind., 2ᵉ p.   id.
Kannte, imp. de l'ind. . . . „ kennen, connaître.
Kiff,   id.   . . . . „ keifen, criailler.
Kiffe, imp. du subj. . . . .   id.
Klang, imp. de l'ind. . . . . „ klingen, sonner.
Klänge, imp. du subj. . . .   id.
Klomm, imp. de l'ind. . . . „ klimmen, gravir.

Klömme, imp. du subj. . . . . de klimmen, gravir.
Kniff, imp. de l'ind. . . . . . „ kneifen, pincer.
Kniffe, imp. du subj. . . . .   id. .
Knipp, imp. de l'ind. . . . . „ kneipen, pincer.
Knippe, imp. du subj. . . .   id.
Kömmst, prés. de l'ind., 2e p. „ kommen, venir.
Kömmt, prés. de l'ind., 3e p.   id.
Konnte, imp. de l'ind. . . . „ können, pouvoir.
Könnte, imp. du subj. . . .   id.
Kor, imp. de l'ind. . . . . . „ küren, choisir.
Köre, imp. du subj. . . . .   id.
Kreuch, impératif. . . . . . . „ kriechen, ramper.
Kreuchst, prés. de l'ind., 2e p.   id.
Kreucht, prés. de l'ind., 3e p.   id.
Kroch, imp. de l'ind. . . . .   id.
Kröche, imp. du subj. . . . .   id.

L.

Läb(e)st, prés. de l'ind., 2e p. „ laben, charger.
Läb(e)t, prés. de l'ind., 3e p.   id.
Lag, imp. de l'ind. . . . . . „ liegen, coucher, v.n.
Läge, imp. du subj. . . . . .   id.
Las, imp. de l'ind. . . . . . „ lesen, lire, cueillir.
Läse, imp. du subj. . . . . .   id.
Lässest, prés. de l'ind., 2e p. „ lassen, laisser.
Lässet, prés. de l'ind., 3e p.   id.
Lässt,   id.   id.
Läufst, prés. de l'ind., 2e p. „ laufen, courir.
Läuft, prés. de l'ind., 3e p.   id.
Lief, imp. de l'ind. . . . . .   id.
Liefe, imp. du subj. . . . .   id.
Lieh, imp. de l'ind. . . . . . „ leihen, prêter.

13

Liehe, imp. du subj. . . . . . . de leihen, prêter.
Lies, impératif. . . . . „ lesen, lire, cueillir.
Liefeſt, prés. de l'ind., 2e p.   id.
Lief(e)t, prés. de l'ind., 3e p.   id.
Ließ, imp. de l'ind. . . . . . „ laſſen, laisser.
Ließe, imp. du subj. . . . . .   id.
Liſch, impératif . . . . „ löſchen, s'éteindre.
Liſcheſt, prés. de l'ind., 2e p.   id.
Liſcht, prés. de l'ind., 3e p.   id.
Litt, imp. de l'ind. . . . . . „ leiden, souffrir.
Litte, imp. du subj. . . . . .   id.
Log, imp. de l'ind. . . . . . „ lügen, mentir.
Löge, imp. du subj. . . . . .   id.
Loſch, imp. de l'ind. . . . . . „ löſchen, s'éteindre.
Löſche, imp. de subj. . . . .   id.
Lud, imp. de l'ind. . . . . . „ laden, charger.
Lüde, imp. du subj. . . . . .   id.

M.

Mag, prés. ind., 1re et 3e p. „ mögen, vouloir.
Magſt, prés. de l'ind., 2e p.   id.
Maß, imp. de l'ind. . . . . . „ meſſen, mesurer.
Mäße, imp. du subj. . . . .   id.
Mied, imp. de l'ind. . . . . „ meiden, éviter.
Miede, imp. du subj. . . . .   id.
Milf, impératif . . . . „ melken, traire.
Milfſt, prés. de l'ind., 2e p.   id.
Milft, prés. de l'ind., 3e p.   id.
Miſſeſt, prés. de l'ind., 2e p. „ meſſen, mesurer.
Miſſet, prés. de l'ind., 3e p.   id.
Miß, impératif.   id.
Mißt, prés. de l'ind., 3e p.   id.

Mochte, imp. de l'ind. . . . . . de mögen, vouloir.
Möchte, imp. du subj. . . .   id.
Molf, imp. de l'ind. . . . . „ melfen, traire.
Mölfe, imp. du subj. . . . .   id.
Muß, prés. ind. 1re et 3e p. „ müſſen, devoir.
Mußt, prés. de l'ind., 2e p.   id.
Mußte, imp. de l'ind. . . . .   id.
Müßte, imp. du subj. . . . .   id.

N.

Nahm, imp. de l'ind. . . . . „ nehmen, prendre.
Nähme, imp. du subj. . . . .   id.
Nannte, imp. de l'ind. . . . „ nennen, nommer.
Nimm, impératif. . . . . . . „ nehmen, prendre.
Nimmſt, prés. de l'ind., 2e p.   id.
Nimmt, prés. de l'ind., 3e p.   id.

P.

Pfiff, imp. de l'ind. . . . . . „ pfeifen, siffler.
Pfiffe, imp. du subj. . . . .   id.
Pflag, imp. de l'ind. . . . . „ pflegen, tenir (ex.:
                                 conseil).
Pfläge, imp. du subj. . . . .   id.
Pflichtſt, prés. de l'ind., 2e p.   id.
Pflicht, prés. de l'ind., 3e p.   id.
Pfliegſt, prés. de l'ind., 2e p.   id.
Pfliegt, prés. de l'ind., 3e p.   id.
Pflog, imp. de l'ind. . . . .   id.
Pflöge, imp. du subj. . . . .   id.
Pries, imp. de l'ind. . . . . „ preifen, priser.
Priefe, imp. du subj. . . . .   id.

𝕼.

Quill, impératif. . . . . . . de quellen, sourdre.
Quillst, prés. de l'ind., 2ᵉ p.   id.
Quillt, prés. de l'ind., 3ᵉ p.   id.
Quoll, imp. de l'ind. . . . .   id.
Quölle, imp. du subj. . . . .   id.

𝕽.

Rach, imp. de l'ind. . . . . . „ rächen, venger.
Räche, imp. du subj. . . . .   id.
Rang, imp. de l'ind. . . . . „ ringen, lutter.
Ränge, imp. de subj. . . . .   id.
Rann, imp. de l'ind. . . . . „ rinnen, couler.
Ränne, imp. du subj. . . . .   id.
Rannte, imp. de l'ind. . . . „ rennen, courir.
Räth, prés. de l'ind., 3ᵉ p. . „ rathen, conseiller.
Räthst, prés. de l'ind., 2ᵉ p.   id.
Rieb, imp. de l'ind. . . . . . „ reiben, frotter.
Riebe, imp. du subj. . . . .   id.
Rief, imp. de l'ind. . . . . . „ rufen, appeler.
Riefe, imp. du subj. . . . . .   id.
Rieth, imp. de l'ind. . . . . „ rathen, conseiller.
Riethe, imp. du subj. . . . .   id.
Riß, imp. de l'ind. . . . . . „ reißen, rompre.
Risse, imp. du subj. . . . . .   id.   [val.
Ritt, imp. de l'ind. . . . . . „ reiten, aller à che-
Ritte, imp. du subj. . . . . .   id.
Roch, imp. de l'ind. . . . . . „ rächen, venger.
Roch,   id. . . . . . . „ riechen, flairer.
Röche, imp. du subj. . . . . „ rächen, venger.
Röche,   id. . . . . . . „ riechen, flairer.
Rönne,   id. . . . . . . „ rinnen, couler.

Rung, imp. de l'ind. . . . . de ringen, lutter.
Rünge, imp. du subj. . . . .   id.

S.

Sah, imp. de l'ind. . . . . . „ fehen, voir.
Sähe, imp. du subj. . . . .   id.
Sandte, imp. de l'ind. . . . „ fenden, envoyer.
Sang   id.   . . . . . „ fingen, chanter.
Sänge, imp. du subj. . . . .   id.
Sank, imp. de l'ind. . . . . „ finken, enfoncer.
Sänke, imp. du subj. . . . .   id.
Sann, imp. de l'ind. . . . . „ finnen, penser.
Sänne, imp. du subj. . . . .   id.
Saß, imp. de l'ind. . . . . . „ fitzen, être assis.
Säße, imp. du subj. . . . .   id.
Säufft, prés. de l'ind.. 2e p. „ faufen, boire (en
                                    parl. des anim.).
Säuft, prés. de l'ind., 3e p.   id.
Schalt, imp. de l'ind. . . . . „ fchelten, injurier.
Schälte, imp. du subj. . . .   id.
Schied, imp. de l'ind. . . . . „ fcheiden, se séparer.
Schiede, imp. du subj. . . .   id.
Schien, imp. de l'ind. . . . . „ fcheinen, sembler.
Schiene, imp. du subj. . . .   id.
Schier, impératif . . . . . . „ fcheren, tondre.
Schierft, prés. de l'ind., 2e p.   id.
Schiert, prés. de l'ind., 3e p.   id.
Schillft, prés. de l'ind., 2e p. „ fchallen, retentir.
Schillt, prés. de l'ind., 3e p.   id.
Schilt, prés. de l'ind. et imp. „ fchelten, injurier.
Schiltft, prés. de l'ind., 2e p.   id.
Schläfft,   id.   . . . . „ fchlafen, dormir.

Schläft, prés. de l'ind., 3e p. de schlafen, dormir.
Schlägst, prés. de l'ind., 2e p. „ schlagen, battre.
Schlägt, prés. de l'ind., 3e p.   id.
Schlang, imp. de l'ind. . . . „ schlingen, avaler.
Schlänge, imp. du subj. . .   id.
Schleuß, impératif. . . . . . „ schließen, fermer.
Schleußest, prés. ind., 2e p. .   id.
Schleußt, prés. de l'ind., 3e p.   id.
Schlich, imp. de l'ind. . . . „ schleichen, se glis-
                 ser.
Schliche, imp. du subj. . . .   id.
Schlief, imp. de l'ind. . . . „ schlafen, dormir.
Schliefe, imp. du subj. . . .   id.
Schliff, imp. de l'ind. . . . . „ schleifen, aiguiser.
Schliffe, imp. du subj. . . .   id.
Schliß, imp. de l'ind. . . . . „ schleißen, fendre.
Schlisse, imp. du subj. . . .   id.
Schloß, imp. de l'ind. . . . „ schließen, fermer.
Schlösse, imp. du subj. . . .   id.
Schlug, imp. de l'ind. . . . „ schlagen, battre.
Schlüge, imp. du subj. . . .   id.
Schlung, imp. de l'ind. . . . „ schlingen, avaler.
Schlünge, imp. du subj. . . .   id.
Schmilz, impératif. . . . . . „ schmelzen, se fon-
                 dre.
Schmilzest, prés. ind., 2e p. .   id.
Schmilzt, prés. de l'ind., 3e p.   id.
Schmiß, imp. de l'ind. . . . „ schmeißen, jeter.
Schmisse, imp. du subj. . . .   id.
Schmolz, imp. de l'ind. . . . „ schmelzen, se fon-
                 dre.
Schmölze, imp. du subj. . .   id.

Schnitt, imp. de l'ind. . . . . de schneiden, couper.
Schnitte, imp. du subj. . . .   id.
Schnob, imp. de l'ind. . . . . „ schnauben, respirer
                                        fortement.
Schnob, imp. de l'ind. . . . . „ schnieben, souffler.
Schnöbe, imp. du subj. . . . . „ schnauben, respirer
                                        fortement.
Schnöbe,   id.   . . . „ schnieben, souffler.
Schob, imp. de l'ind. . . . . . „ schieben, pousser.
Schöbe, imp. du subj. . . . .   id.
Scholl, imp. de l'ind. . . . . „ schallen, retentir.
Schölle, imp. du subj. . . .   id.
Scholt, imp. de l'ind. . . . . „ schelten, injurier.
Schölte, imp. du subj. . . .   id.
Schor, imp. de l'ind. . . . . „ scheren, tondre.
Schöre, imp. du subj. . . . .   id.
Schoß, imp. de l'ind. . . . . „ schießen, tirer.
Schösse, imp. du subj. . . . .   id.
Schrak, imp. de l'ind. . . . . „ schrecken, s'effrayer.
Schräke, imp. du subj. . . .   id.
Schrick, impératif . . . . . .   id.
Schrickst, prés de l'ind., 2e p.   id.
Schrickt, prés. de l'ind., 3e p.   id.
Schrieb, imp. de l'ind. . . . . „ schreiben, écrire.
Schriebe, imp. du subj. . . .   id.
Schrie, imp. de l'ind. . . . . „ schreien, crier.
Schriee, imp. du subj. . . . .   id.
Schritt, imp. de l'ind. . . . . „ schreiten, marcher.
Schritte, imp. du subj. . . .   id.
Schrob, imp. de l'ind. . . . . „ schrauben, visser.
Schröbe, imp. du subj. . . .   id.
Schuf, imp. de l'ind. . . . . „ schaffen, créer.

Schüfe, imp. du subj. . . . . de schaffen, créer.
Schund, imp. de l'ind. . . . „ schinden, écorcher.
Schünde, imp. du subj. . . .   id.
Schwamm, imp. de l'ind. . . „ schwimmen, nager.
Schwämme, imp. du subj. . .   id.
Schwand, imp. de l'ind. . . . „ schwinden, décroî-
                                      tre.
Schwände, imp. du subj. . .   id.
Schwang, imp. de l'ind. . . „ schwingen, secouer.
Schwänge, imp. du subj. . .   id.
Schwieg, imp. de l'ind. . . . „ schweigen, se taire.
Schwiege, imp. du subj. . .   id.
Schwill, impératif . . . . . „ schwellen, enfler.
Schwillst, prés. de l'ind., 2ᵉ p.   id.
Schwillt, prés. de l'ind., 3ᵉ p.   id.
Schwoll, imp. de l'ind. . . .   id.
Schwölle, imp. du subj. . .   id.
Schwömme, v. Schwämme.
Schwor, imp. de l'ind. . . . „ schwären, suppu-
                                      rer.
Schwor,   id.   . . . . „ schwören, jurer.
Schwöre, imp. du subj. . . . „ schwören, suppu-
                                      rer.
Schwöre, imp. du subj. et   rer.
    prés. de l'ind. . . . . . . „ schwören, jurer.
Schwung, imp. de l'ind. . . „ schwingen, secouer.
Schwänge, imp. du subj. . .   id.
Schwur, imp. de l'ind. . . . „ schwären, suppu-
                                      rer.
Schwur,   id.   . . . . „ schwören, jurer.
Schwüre, imp. du subj. . . . „ schwären, suppu-
                                      rer.
Schwüre,   id.   . . . „ schwören, jurer.

Sei, impér., 2e et 3e p. s.;
   prés. subj., 1re et 3e p. s. de sein, être.
Seid, prés. de l'ind. et im-
   pératif, 2e p. pl. . . . . .   id.
Sieh, impératif . . . . „ sehen, voir.
Siehst, prés. de l'ind., 2e p.   id.
Sieht, prés. de l'ind., 3e p.   id.
Sind, prés. de l'ind., 1re et
   3e p. pl. . . . . „ sein, être.
Soff, imp. de l'ind. . . . . . „ saufen, boire (ani-
                  maux).
Söffe, imp. du subj. . . . . .   id.
Sog, imp. de l'ind. . . . . . „ saugen, téter, su-
                  cer.
Söge, imp. du subj. . . . .   id.
Soll, prés. de l'ind., 1re et
   3e p. s. . . . . „ sollen, devoir.
Sollst, prés. de l'ind., 2e p.   id.
Sonne, v. Sänne.
Sott, imp. de l'ind. . . . . . „ sieden, bouillir.
Sötte, imp. de subj. . . . .   id.
Spann, imp. de l'ind. . . . „ spinnen, filer.
Spänne, imp. de subj. . . .   id.
Spie, imp. de l'ind. . . . . . „ speien, cracher.
Spiee, imp. du subj. . . . .   id.
Spließ, imp. de l'ind. . . . . „ spleißen, fendre.
Splisse, imp. du subj. . . . .   id.
Spönne, v. Spänne.
Sprach, imp. de l'ind. . . . „ sprechen, parler.
Spräche, imp. du subj. . . .   id.
Sprang, imp. de l'ind. . . . „ springen, sauter.
Spränge, imp. du subj. . . .   id.

Spreuß, impératif. . . . . . de sprießen, bour-
geonner.
Spreußeſt, prés. ind., 2ᵉ p.   id.
Spreußt, prés. de l'ind., 3ᵉ p.   id.
Sprich, impératif . . . . . . „ sprechen, parler.
Sprichſt, prés. de l'ind., 2ᵉ p.   id.
Spricht, prés. de l'ind., 3ᵉ p.   id.
Sproß, imp. de l'ind. . . . . „ sprießen, bour-
geonner.
Spröße, imp. du subj. . . .   id.
Sprung, v. Sprang.
Sprünge, v. Spränge.
Stach, imp. de l'ind. . . . . „ stechen, piquer.
Stäche, imp. du subj. . . . .   id.
Stahl, imp. de l'ind. . . . . „ stehlen, voler.
Stähle, imp. du subj. . . . .   id.
Staf, imp. de l'ind. . . . . . „ stecken, être fiché.
Stäfe, imp. du subj. . . . .   id.
Stand, imp. de l'ind. . . . . „ stehen, être debout.
Stände, imp. du subj. . . .   id.
Stank, imp. de l'ind. . . . . „ stinken, puer.
Stänke, imp. du subj. . . .   id.
Starb, imp. de l'ind. . . . . „ sterben, mourir.
Stärbe, imp. de subj. . . . .   id.
Stich, impératif . . . . „ stechen, piquer.
Stichſt, prés. de l'ind., 2ᵉ p.   id.
Sticht, prés. de l'ind., 3ᵉ p.   id.
Stieg, imp. de l'ind. . . . . „ steigen, monter.
Stiege, imp. du subj. . . . .   id.
Stiehl, impératif . . . . . . „ stehlen, voler.
Stiehlſt, prés. de l'ind., 2ᵉ p.   id.
Stiehlt, prés. de l'ind., 3ᵉ p.   id.

Stieß, imp. de l'ind. . . . . de stoßen, pousser.
Stieße, imp. du subj. . . . .   id.
Stirb, impératif. . . . . . . „ sterben, mourir.
Stirbst, prés. de l'ind., 2e p.   id.
Stirbt, prés. de l'ind., 3e p.   id.
Stob, imp. de l'ind. . . . . . „ stieben, s'en aller
                                     en poussière.
Stöbe, imp. du subj. . . . .   id.
Stohl, imp. de l'ind. . . . . „ stehlen, voler.
Stöhle, imp. du subj. . . .   id.
Stößest, prés. de l'ind., 2e p. „ stoßen, pousser.
Stößt, prés. de l'ind., 3e p.   id.
Strich, imp. de l'ind. . . . „ streichen, frotter.
Striche, imp. du subj. . . .   id.
Stritt, imp. de l'ind. . . . . „ streiten, combattre.
Stritte, imp. du subj. . . .   id.
Stund, imp. de l'ind. . . . . „ stehen, être debout.
Stünde, imp. du subj. . . .   id.
Stunk, v. Stank.
Stünke, v. Stänke.
Sturb, imp. de l'ind. . . . . „ sterben, mourir.
Stürbe, imp. du subj. . . .   id.
Sung, v. Sang.
Sünge, v. Sänge.

T.

That, imp. de l'ind. . . . . „ thun, faire.
Thäte, imp. du subj. . . . .   id.
Thu(e), prés. de l'ind., 1re p.
   s., et impératif . . . . .   id.
Thun, prés. de l'ind., 1re et
   3e p. pl. . . . .   id.

Thust, prés. de l'ind., 2e p. s. de thun, faire.
Thut, prés. de l'ind., 3e p. s.
  et 2e p. pl. . . . .   id.
Traf, imp. de l'ind. . . . . . „ treffen, atteindre.
Träfe, imp. du subj. . . .   id.
Trägst, prés. de l'ind., 2e p. „ tragen, porter.
Trägt, prés. de l'ind., 3e p.   id.
Tranf, imp. de l'ind. . . . . „ trinfen, boire.
Tränfe, imp. du subj. . . . .   id.
Trat, imp. de l'ind. . . . . . „ treten, marcher.
Träte, imp. du subj. . . . .   id.
Treuf, impératif . . . . „ triefen, dégoutter.
Treufst, prés. de l'ind., 2e p.   id.
Treuft, prés. de l'ind., 3e p.   id.
Trieb, imp. de l'ind. . . . . „ treiben, pousser.
Triebe, imp. du subj. . . . .   id.
Triff, impératif . . . . „ treffen, atteindre.
Triffst, prés. de l'ind., 2e p.   id.
Trifft, prés. de l'ind., 3e p.   id.
Tritt, impér. et prés. de
  l'ind., 3e p. . . . . „ treten, marcher.
Trittst, prés. de l'ind., 2e p.   id.
Troff, imp. de l'ind. . . . . „ triefen, dégoutter.
Tröffe, imp. du subj. . . . .   id.
Trog, imp. de l'ind. . . . . „ triegen, tromper.
Trog,   id. . . . . . . „ trügen, tromper.
Tröge, imp. du subj. . . . . „ triegen, tromper.
Tröge,   id. . . . . . . „ trügen, tromper.
Trug, imp. de l'ind. . . . . „ tragen, porter.
Trüge, imp. du subj. . . . .   id.
Trunf, v. Tranf.
Trünfe, v. Tränfe.

𝕭.

Verbarb, imp. de l'ind. . . . de verberben, se gâter.
Verbärbe, imp. du subj. . . .   id.
Verbirb, impératif . . . . . .   id.
Verbirbst, prés. de l'ind., 2e p.   id.
Verbirbt, prés. de l'ind., 3e p.   id.
Verborben, part. passé. . . .   id.
Verdreußt, prés. de l'ind., 3e „ verdrießen, fâcher.
Verdroß, imp. de l'ind. . . .   id.
Verdröſſe, imp. du subj. . . .   id.
Verdroſſen, part. passé. . . .   id.
Verburb, imp. de l'ind. . . . . „ verberben, se gâter.
Verbürbe, imp. du subj. . . .   id.
Vergaß, imp. de l'ind. . . . . „ vergeſſen, oublier.
Vergäße, imp. du subj. . . .   id.
Vergeſſen, part. passé. . . .   id.
Vergiſſeſt, prés de l'ind., 2e p.   id.
Vergiß, impératif . . . . . .   id.
Vergißt, prés. de l'ind., 3e p.   id.
Verhohl, imp. de l'ind. . . . „ verhehlen, celer.
Verhohlen, part. passé. . . .   id.
Verhöhle, imp. du subj. . . .   id.
Verlor, imp. de l'ind. . . . . . „ verlieren, perdre.
Verloren, part. passé . . . .   id.
Verlöre, imp. du subj. . . .   id.

𝕴𝕭.

Wächſeſt, prés. de l'ind., 2e p. „ wachſen, croître.
Wächſ(e)t, prés. de l'ind., 3e p.   id.
Wand, imp. de l'ind. . . . . . „ winden, tordre.
Wände, imp. du subj. . . . . .   id.

Wandte, imp. de l'ind. . . . . de wenden, tourner.
War,   id. . . . . . . „ sein, être.
Warb,   id. . . . . . . „ werben, enrôler.
Ward,   id. . . . . . . „ werden, devenir.
Wäre, imp. du subj. . . . . „ sein, être.
Warf, imp. de l'ind. . . . . „ werfen, jeter.
Wärfe, imp. du subj. . . . .   id.
Wäschest, prés. de l'ind., 2ᵉ p. „ waschen, laver.
Wäsch(e)t, prés. ind., 3ᵉ p. .   id.
Weiß, prés. ind., 1ʳᵉ et 3ᵉ p. „ wissen, savoir.
Weißt, prés. de l'ind., 2ᵉ p.   id.
Wich, imp. de l'ind. . . . . . „ weichen, céder.
Wiche, imp. du subj. . . . .   id.
Wies, imp. de l'ind. . . . . „ weisen, montrer.
Wiese, imp. du subj. . . . .   id.
Will, prés. ind., 1ʳᵉ et 3ᵉ p. „ wollen, vouloir.
Willst, prés. de l'ind., 2ᵉ p.   id.
Wirb, impératif . . . . „ werben, enrôler.
Wirbst, prés. de l'ind., 2ᵉ p.   id.
Wirbt, prés. de l'ind., 3ᵉ p.   id.
Wird,   id.   „ werden, devenir.
Wirf, impératif. . . . . „ werfen, jeter.
Wirfst, prés. de l'ind., 2ᵉ p.   id.
Wirft, prés. de l'ind., 3ᵉ p.   id.
Wirst, prés. de l'ind., 2ᵉ p. „ werden, devenir.
Wog, imp. de l'ind. . . . . . „ wiegen, peser, et
                    wägen, peser.
Wöge, imp. du subj. . . . .   id.
Worden, v. Geworden.
Worr, imp. de l'ind. . . . . „ wirren, brouiller.
Wörre, imp. du subj. . . . .   id.
Wuchs, imp. de l'ind. . . . . „ wachsen, croître.

Wüchſe, imp. du subj. . . . . de wachſen, croître.
Wurb, imp. de l'ind. . . . . „ werben, enrôler.
Würbe, imp. du subj. . . . .   id.
Wurde, imp. de l'ind. . . . . „ werden, devenir.
Würde, imp. du subj. . . . .   id.
Wurf, imp. de l'ind. . . . . „ werfen, jeter.
Würfe, imp. du subj. . . . .   id.
Wuſch, imp. de l'ind. . . . . „ waſchen, laver.
Wüſche, imp. du subj. . . . .   id.
Wußte, imp. de l'ind. . . . . „ wiſſen, savoir.
Wüßte, imp. du subj. . . . .   id.

3.

Zeuch, impératif . . . . „ ziehen, tirer.
Zeuchſt, prés. de l'ind., 2e p.   id.
Zeucht, prés. de l'ind., 3e p.   id.
Zieh, imp. de l'ind. . . . . . „ zeihen, accuser.
Ziehe, imp. du subj. . . . . .   id.
Zog, imp. de l'ind. . . . . . „ ziehen, tirer.
Zöge, imp. du subj. . . . . .   id.
Zwang, imp. de l'ind . . . . „ zwingen, forcer.
Zwänge, imp. du subj. . . . .   id.

Athènes, Athen, n.
Athénien, Athener, m.
Aulide, Aulis, n.
Autriche, Oestreich, n.
Autrichien, Oestreicher, m.
Babylone, Babel, n.
Baccarac, Bacharach, n.
Bade, Baden, n.
Balaton, Plattensee, m.
Bâle, Basel, n.
Bâlois, Baseler, m.
Ban-de-la-Roche, Steinthal, n.
Bareith, Baireuth, n.
Bas–Palatinat, Unterpfalz, f.
Bas-Rhin, Niederrhein, m.
Basse-Saxe, Niedersachsen, n.
Batave, Batater, m.
Batavie, Batavien, n.
Bavarois, Bayer, m.
Bavière, Bayern, n.
Belge, Belgier, m.
Belgique, Belgien, n.
Bellinzone, Bellenz, n.
Bérébères, Berbern, m. pl.
Bergame, Bergamo, n.
Besançon, Bisanz, n.
Bethléem, Bethlehem, n.

Bienne, Biel, n.
Biscaye, Biscaya, n.
Bohême, Böhmen, n.
Bohémien, Böhme, m.
Bohémien, Zigeuner, m.
Bois-le-Duc, Herzogenbusch, n.
Bolzano, Bolzen, n
Bormio, Worms, n.
Bourgogne, Burgund, n.
Bouxwiller, Buchsweiler, m.
Brême, Bremen, n.
Brésil, Brasilien, n.
Bretagne (Grande-), Großbrittanien, n.
Brigance, Bregenz, n.
Brisac, Breisach, n.
Brisgau, Breisgau, m.
Bruges, Brügge, n.   [n.
Brunsvick, Braunschweig,
Bruxelles, Brüssel, n.
Bruxellois, Brüsseler, m.
Bucarie, Bokari, n.
Bude, Ofen, n.
Budissin, Bautzen, n.
Caffrerie, Kaffernland, n.
Caffres, Kaffer, m. pl.
Caire, Cairo, n.
Capoue, Capua, n.
Carinthie, Kärnthen, n.
Carlscrone, Karlskrona, n.

14

Carniole, Krain, n.
Caucase, Kaukasus, m.
Ceylan, Ceilon, n.
Chaldée, Chaldäa, n.
Chine, China, n.
Chinois, Chinese, m.
Chypre, Cypern, n.
Clèves, Cleve, n.
Coblence, Coblenz, n.
Coire, Chur, n.
Cologne, Cöln, n.
Come, Come, n.
Cordoue, Cordova, n.
Corse, Corsika, n.
Cracovie, Krakau, n.
Crémone, Cremona, n.
Crimée, Krimm, f.
Damas, Damaskus, n.
Danemark, Dänemark, n.
Danois, Däne, m.
Danzick, Danzig, n.
Danube, Donau, f.
Delphes, Delphi, n. [n.
Deux-Ponts, Zweibrücken,
Dœsbourg, Duisburg, n.
Donawerth, Donauwörth,
n.
Donauchingen, Donaue-
schingen, n.
Dresde, Dresden, n.
Dunkerque, Dünkirchen, n.
Ebre, Ebro, m.

Écluse, Sluis, n.
Écossais, Schotte, m.
Écosse, Schottland, n.
Edinbourg, Edinburg, n.
Egre, Eger, n.
Égypte, Egypten, n.
Elseneur, Helsingör, n.
Erford, Erfurt, n.
Epire, Epirus, n.
Erlangue, Erlangen, n.
Escaut, Schelde, f.
Espagne, Spanien, n.
Espagnol, Spanier, m.
Esthonie, Esthland, n.
Europe, Europa, n.
Européen, Europäer, m.
Exvilliers, Eschweiler, n.
Ferrette, Pfirt, n.
Finlande, Finnland, n.
Finlandais, Finnländer,
m.
Flamand, Flamänder, m.
Flessingue, Fließingen, n.
Forêt-Noire, Schwarz-
wald, m.
Foulde, Fulda, n.
Frammont, Frankenberg,
n.
Français, Franzose, m.
France, Frankreich, n.
Francfort-sur-Mein,
Frankfurt am Main, n.

Francfort-sur-l'Oder, Frankfurt an der Oder, n.
Franche-Comté, Hochburgund, n.
Fribourg, Freiburg, n.
Friese, Friesland, n.
Frison, Friese, m.
Galles, Wallis, Wales, n.
Gant, Gent, n.
Gantois, Genter, m.
Gaules, Gallien, n.
Gaulois, Gallier, m.
Gênes, Genua, n.
Genève, Genf, n.
Glaris, Glarus, n.
Gœttingue, Göttingen, n.
Gorice, Görz, n.
Gothembourg, Gotheburg, n.
Gothie, Gothland, n.
Gratz, Grätz, n.
Gravelines, Grevelingen, n.
Grec, Grieche, m.
Grèce, Griechenland, n.
Gripswald, Greifswalde, n.
Grison, Graubündner, m.
Hainaut, Hennegau, m.
Hambourg, Hamburg, n.
Haut-Rhin, Oberrhein, m.

Havane, Havanna, n.
Haye (La-), der Haag, m.
Hesse, Hessen, n.
Hessois, Hesse, m.
Hollandais, Holländer, m.
Hollande, Holland, n.
Hongrie, Ungarn, n.
Hongrois, Ungar, m.
Huns, Hunnen, pl.
Indes, Indien, n.
Indien, Indier, m.
Indostan, Hindostan, n.
Isenac, Eisenach, n.
Italie, Italien, n.
Italien, Italiener, m.
Jamaïque, Jamaica, n.
Japon, Japan, n.
Japonais, Japaner, m.
Jourdain, Jordan, m.
Juliers, Jülich, n.
Lapon, Lappe, Lappländer, m.
Laponie, Lappland, n.
Leipzig, Leipzig, n.
Leyde, Leyden, n.
Liban, Libanon, m.
Liége, Lüttich, n.
Linange, Leiningen, n.
Lisbonne, Lissabon, n.
Livonie, Liefland, n.
Livourne, Livorno, n.
Londres, London, n.

Lorrain, Lothringer, m.
Lorraine, Lothringen, n.
Louisbourg, Ludwigsburg, n.
Louvain, Löwen, n.
Lucerne, Luzern, n.
Lucques, Lucca, n.
Lusace, Lausitz, f.
Malines, Mecheln, n.
Maltais, Malthefer, m.
Malte, Maltha, n.
Marche, Mark, f.
Marmoutier, Mauersmünster, n.
Maroc, Marocco, n.
Maure, Mohr, m.
Mayence, Mainz, n.
Mecque, Mecca, n.
Mein, Main, m.
Mersebourg, Merseburg, n.
Messine, Messina, n.
Meurs, Mörs, n.
Meuse, Maas, f.
Mexique, Mexico, n.
Milan, Mailand, n.
Misnie, Meißen, n.
Modène, Modena, n.
Moldavie, Moldau, f.
Mons, Bergen, n.
Montagnes des Géants, Riesengebirge, n.

Montbéliard, Mümpelgard, n.
Morat, Murten, n.
Morave, Mähre, m.
Moravie, Mähren, n.
Morée, Morea, n.
Moscou, Moskau, n.
Moselle, Mosel, f.
Moudon, Milden, n.
Mulhouse, Mühlhausen, n.
Munich, München, n.
Naples, Neapel, n.
Napolitain, Neapolitaner, m.
Necker, Neckar, m.
Nice, Nizza, n.
Nieper, Dnieper, m.
Nimègue, Nimwegen, n.
Nordhouse, Nordhausen, n.
Norling, Nördlingen, n.
Norvège, Norwegen, n.
Notre-Dame-des-Hermites, Maria-Einsiedeln, n.
Nyon, Newis, n.
Obernai, Oberehnheim, n.
Ostfrise, Ostfriesland, n.
Ostrogoth, Ostgothe, n.
Palatin, Pfälzer, m.
Palatinat, Pfalz, f.

Palerme, Palermo, n.
Palestine, Palästina, n.
Payerne, Peterlingen, n.
Pays-Bas, Niederlande, f.
Pékin, Peking, n.
Philippeville, Philippsstadt, f.
Pinde, Pindus, m.
Plaisance, Piacenza, n.
Pologne, Polen, n.
Polonais, Pole, m.
Poméranie, Pommern, n.
Pomérélie, Kleinpommern, n.
Posnanie, Posen, n.
Pouille, Apulien, n.
Prague, Prag, n.
Prentzlow, Prenzlau, n.
Prusse, Preußen, n.
Prussien, Preuße, m.
Pyrénées, Pyreneen, pl.
Raguse, Ragusa, n.
Ratisbonne, Regensburg, n.
Ravenne, Ravenna, n.
Rhétie, Rhätien, Graubünden, n.
Rhin, Rhein, m.
Rhinfeld, Rheinfelden, n.
Rhingau, Rheingau, m.
Ribeaupierre, Rappoltstein, n.

Ribeauvillé, Rappoltsweiler, n.
Romain, Römer, m.
Rome, Rom, n.
Russe, Russe, m.
Russie, Rußland, n.
Saint-Gal, Sanct-Gallen, n.
Sardaigne, Sardinien, n.
Sarde, Sardinier, m.
Sarreguemines, Saargemünd, n.
Save, Sau, f.
Saverne, Zabern, n.
Saxe, Sachse, m.
Saxe, Sachsen, n.
Scanie, Sonen, n.
Schléstadt, Schlettstadt, f.
Semigalle, Semgallen, n.
Silésie, Schlesien, n.
Silésien, Schlesier, m.
Sion, Sitten, n.
Smalcalde, Schmalkalden, n.
Soleure, Solothurn, n.
Souabe, Schwaben, n.
Spire, Speier, n.
Strasbourg, Straßburg, n.
Stuttgart, Stuttgard, n.
Styrie, Steiermark, f.
Suède, Schweden, n.

Suédois, Schwede, m.

Suisse (la), Schweiz, f.

Suisse (le), Schweizer, m.

Tage, Tajo, m.

Tamise, Themse, f.

Terre-Neuve, Neufund=land, n.

Thurgovie, Thurgau, n.

Thuringe, Thüringen, n.

Tirlemont, Tienen, n.

Tournay, Dornick, n.

Transylvanie, Sieben=bürgen, n.

Trente, Trient, n.

Trèves, Trier, n.

Turc, Türke, m.

Turquie, Türkei, f.

Valaquie, Wallachei, f.

Varsovie, Warschau, n.

Vaud, Waadtland, n.

Venise, Venedig, n.

Vettéravie, Wetterau, f.

Vienne, Wien, n.

Vistule, Weichsel, f.

Visurge, Weser, f.   [n.

Westphalie, Westphalen,

Wisbade, Wiesbaden, n.

Wurtzbourg, Würzburg, n.

Zélande, Seeland, n.

TABLE

DE

PRÉNOMS D'HOMMES ET DE FEMMES.

Abélard, Abälard.
Abraham, Abraham.
Achille, Achilles.
Adélaïde, Adelheid.
Aldelgonde, Adelgunde.
Adolphe, Adolph.
Adrien, Adrian.
Aèce, Aetius.
Agathe, Agathe.
Alaric, Alarich.
Albain, Albanus.
Albert, Albrecht, Albert.
Alexandre, Alexander.
Alexis, Alexius.
Alphonse, Alphons.
Alison, Lieschen, Elschen.
Ambroise, Ambrosius.
Amédée, Amadäus.
Amélie, Amalia, Malchen.
André, Andreas.

Ange, Angelus.
Angélique, Angelika.
Anne, Anna.
Anselme, Anselm.
Antoine, Anton.
Antoinette, Antonie.
Armand, Herrmann.
Arnaud, Arnold.
Aubri, Alberich.
Auguste, August.
Aurélie, Aurelia.
Babet, Bärbchen.
Baptiste, Baptist.
Barbe, Barbara.
Barthélemi, Bartholomäus.
Basile, Basilius.
Baud, Balbus.
Baudouin, Balduin.
Baudri, Balderich.
Béatrice, Beatrix.

Bénoît, Benedikt.
Bernard, Bernhard.
Berthe, Bertha.
Bertrand, Bertram.
Blaise, Blasius.
Boniface, Bonifacius.
Brigitte, Brigitte.
Catherine, Katharina.
Caton, Käthe.
Cécile, Cecilia.
César, Cäsar.
Charles, Carl.
Charlotte, Lotte.
Chrétien, Christian.
Christophe, Christoph.
Claire, Clara.
Claude, Claudius.
Claudine, Claudia.
Clément, Clemens.
Colas, Claus.
Côme, Cosmus.
Concorde, Concordia.
Conrad, Conrad, Cunz, Curt.
Corneille, Cornelius.
Crépin, Crispin.
Cunégonde, Cunigunde.
Cyprien, Cyprian.
Damien, Damianus.
Daniel, Daniel.
David, David.
Denys, Dionysius.

Dieudonné, Deodat.
Dominique, Dominikus.
Dorothée, Dorothea, Dore.
Edme, Edmond, Edmund.
Edouard, Eduard.
Elie, Elias.
Éloi, Egidius.
Emile, Emil.
Erasme, Erasmus.
Éric, Erich.
Ernest, Ernst.
Étienne, Stephan.
Eugène, Eugen.
Eusèbe, Eusebius.
Ève, Eva.
Everard, Eberhard.
Fabien, Fabian.
Fabrice, Fabricius.
Fanchon, Fränzchen.
Faustin, Faustinus.
Félicité, Felicitas.
Florien, Florian.
Fortuné, Fortunatus.
François, Franz.
Françoise, Francisca.
Frédéric, Friederich, Fritz.
Frédérique, Friederike.
Gall, Gallus.
Gaspard, Caspar.
Gauthier, Walter.
Geneviève, Genovefa.

Geoffroi, Gottfried.

George, Georg.

Gérard, Gerhard.

Germain, Herrmann.

Géraud, Gerold.

Gertrude, Gertrude.

Gervais, Gervasius.

Gilles, Aegidius, Egid.

Godard, Gotthard.

Godefroi, Gottfried.

Gonthier, Günther.

Goton, Gretchen.

Grégoire, Gregor.

Guernard, Werner.

Guidon, Guido.

Guillaume, Wilhelm.

Guillemette, Wilhelmine.

Gustave, Gustav.

Gui, Veit.

Hedvige, Hedwig.

Hélène, Helene.

Henri, Heinrich.

Henriette, Henrika.

Hilaire, Hilarius.

Hippolyte, Hippolyt.

Honorat, Honoratius.

Honorine, Honoria.

Hugues, Hugo.

Ide, Ida.

Ignace, Ignaz.

Innocent, Innocenz.

Isaac, Isaak.

Isabeau, Isabelle.

Isaïe, Jesaias.

Jacques, Jakob.

Jean, Johannes, Hans.

Jeanne, Johanna, Hann-
 chen.

Jeannot, Hänsel.

Jérémie, Jeremias.

Jérôme, Hieronymus.

Josse, Jodokus, Jost.

Josué, Josua.

Jules, Julius.

Julien, Julian.

Justine, Justine.

Justinien, Justinian.

Kilien, Kilian.

Ladislas, Ladislaus.

Laure, Laura.

Laurent, Lorenz.

Lazare, Lazarus.

Léon, Leo.

Léonard, Leonhard.

Lisette, Lieschen.

Lothaire, Lotharius.

Louis, Ludwig.

Louise, Ludovika, Luise.

Louison, Luischen.

Luc, Lukas.

Lucain, Lucanus.

Lucie, Lucie.

Lucien, Lucian.

Luiger, Lutgerius.

Madelon, Lenchen.
Madeleine, Magdalena.
Manon, Marion. Mariechen.
Marc, Markus.
Margot, Gretchen.
Marguerite, Margaretha.
Marie, Maria.
Marthe, Martha.
Mathieu, Matthäus.
Maure, Maurus.
Maurice, Moriz.
Maximilien, Maximilian, Max.
Médard, Medardus.
Michel, Michael, Michel.
Michée, Michas.
Minette, Minchen.
Moïse, Moses.
Nanette, Ännchen.
Nicodème, Nikodemus.
Nicolas, Nikolaus.
Noé, Noah.
Othon, Otto.
Odile, Odilia.
Paul, Paulus, Paul.
Paulot, Päulchen.
Philippe, Philipp.
Pie, Pius.
Pierre, Peter.
Rachel, Rahel.
Raoul, Ralph.

Rebecque, Rebekka.
Régnard, Reinhard.
Régnauld, Reinhold.
Richard, Reichard.
Robert, Ruprecht, Robert.
Roch, Rochus.
Rodolphe, Rudolph.
Romain, Romanus.
Rosette, Röschen.
Rose, Rosine.
Salomé, Salome.
Salomon, Salomo.
Samson, Simson.
Sébastien, Sebastian, Bastian.
Sigefroi, Siegfried.
Sigismond, Sigmund.
Silvain, Silvan.
Sophie, Sophia.
Susanne, Susanna.
Suson, Suschen.
Théodore, Theodor.
Théophile, Gottlieb.
Thérèse, Therese.
Thibaut, Theobald.
Thierri, Dietrich.
Tiennette, Stephanie.
Timothée, Thimotheus.
Tite, Titus.
Tobie, Tobias.
Toinette, Antonie.

Ulric, Ulrich.
Ulrique, Ulrike.
Urbain, Urban.
Ursule, Ursula.
Valentin, Valentin, Velten.
Valère, Valerius.

Virgile, Virgilius.
Véronique, Veronika.
Vincent, Vincenz.
Vaubourg, Walpurgis.
Xavier, Xaver.
Zacharie, Zacharius.
Zachée, Zachäus.

VOCABULAIRE

DES MOTS

LES PLUS USITÉS DE LA LANGUE ALLEMANDE.

(EXPLICATION DES ABRÉVIATIONS : Adj., adjectif; adv., adverbe; art., article; conj., conjonction; f., féminin; imp., imparfait; int., interjection; m., masculin; n., neutre; p., participe passé; pl., pluriel; prép., préposition; pron., pronom; s., substantif; v., voyez; v. a., verbe actif; v. aux., verbe auxiliaire; v. i., verbe impersonnel; v. ir., verbe irrégulier; v. n., verbe neutre; v. r., verbe réfléchi. — Les lettres entre parenthèses indiquent le génitif singulier et le nominatif pluriel; les '' devant la terminaison du nominatif pluriel indiquent que la voyelle radicale adoucit, et les ... indiquent que le pluriel n'est pas usité. Ex.: Gott, s. m. (es, ''er) veut dire que le génitif est Gottes et le nom. pl. Götter. Blume, s. f. (—, n); le génitf invariable, le nom. pl. Blumen. — On forme la plupart des substantifs féminins en ajoutant la terminaison in aux substantifs masculins correspondants. Ex.: der König, le roi; die Königin, la reine.)

A.

A, *prép.*, zu, an, in, nach, bei, auf.

Abaisser, herunterlassen, niederlassen, v. ir.; voir laisser.

Abandonner, verlassen, aufgeben, abtreten, v. ir.; v. laisser, donner, marcher.

Abattement, Mattigkeit,

Ermattung, Niederge=
schlagenheit, s. f. (—, en).
Abattre, abschlagen, ab=
hauen, abbrechen, v. ir.;
v. frapper, couper,
briser; s'—, einfallen,
v. ir.; v. tomber.
Abbé, Abt, s. m. (es, "e).
Abdication, Abdankung,
s. f. (—, en).
Abdiquer, abdanken, v. a.
Abeille, Biene, s. f.(—, n).
Aboi, Bellen, s. n. (s, ...).
Abondant, reichlich, adj.
Abord, Zugang, Eingang,
s. m. (es, "e).
Aborder, sich nähern, v. r.
Aboyer, bellen, v. ir.,
imp. boll, p. gebollen.
Abrégé, Auszug, s. m.
(es, "e); kurzer Inhalt,
s. m. (es, e); Abkürzung,
s. f. (—, en).
Abréger, abkürzen, ver=
kürzen, v. a.
Abréviation, Abkürzung,
s. f. (—, en).
Abri, Schutz, s. m. (es, ...);
Schirm, s. m. (es, e);
Zuflucht, s. f. (—, "e).
Absence, Abwesenheit, s.
f. (—, en).

Absent, abwesend, adj.
Absolu, unumschränkt adj.
Absolution, Lossprechung,
Entlassung, Vergebung,
s. f. (—, en).
Absorber, einsaugen, ver=
zehren, v. a.
Absurde, ungereimt, ab=
geschmackt, adj.
Absurdité, Ungereimtheit,
s. f. (—, en).
Abuser, betrügen, v. ir.;
imp. betrog, p. betro=
gen; mißbrauchen, v. a.
Abusif, mißbräuchlich adj.
Accablant, drückend, lä=
stig, beschwerlich, adj.
Accablement, Überhäu=
fung, Niedergeschlagen=
heit, s. f. (—, en); Kum=
mer, s. m. (s, —).
Accélérer, beschleunigen,
v. a.   [adj.
Acceptable, annehmlich,
Acceptant, Annehmer, s.
m. (s, —).
Acceptation, Annahme,
s. f. (—, n).
Accepter, annehmen, v.
ir.; v. prendre.
Accident, Zufall, Unfall,
s. m. (s, "e).

Accidentel, zufällig, adj.

Accompagner, begleiten, v. a. [füllen, v. a.

Accomplir, vollenden, er=

Accomplissement, Er=füllung, Vollendung, s f. (—, en).

Accord, Zusammenklang, s. m. (es, "e) ; Vergleich s. m. (es, e); Vertrag, s. m. (es, "e).

Accorder, stimmen, ver=einigen, gewähren, be=willigen, v. a.; zugeben, v. ir.; v. donner.

Accouchée, Wöchnerin, s. f. (—,nen).

Accouchement, Nieder=kunft, s. f. (—, "e).

Accoucher, niederkom=men, in die Wochen kom=men, v. ir.; v. venir.

Accoucheur, Geburtshel=fer, s. m. (s, —).

Accoucheuse, Hebamme, s. f. (—, n); Wehmut=ter s. f. (—, " —).

Accourir, herbeilaufen, v. ir.; v. courir.

Accoutumé, gewohnt, adj.

Accoutumer, gewöhnen an etwas, v. a.

Accréditer, beglaubigen, v. a.

Accrocher, aufhängen, anhängen, v. ir.; v. pendre.

Accroitre, vermehren, ver=größern, erweitern, v. a.; wachsen, v. ir.; imp. wuchs, p. gewachsen; zu=nehmen, v. ir.; v. pren-dre.

Accueil, Aufnahme, s. f. (—, n); Empfang, s. m. (es, "e).

Accueillir, bewillkomm=nen. v. a.; empfangen, v. ir.; imp. empfing, p. empfangen; aufneh=men, v. ir.; v. prendre.

Accumuler, häufen, an=häufen, v. a.

Accusateur, Ankläger, s. m. (s, —).

Accusation, Anklage, Be=schuldigung, s. f. (-, en).

Accusé, Beklagte, s. m. (n, n).

Accuser, anklagen, be=schuldigen, anzeigen, mel=den, v. a.

Acharné, erbittert, hitzig, begierig, erpicht, adj.

Acharnement, Erbitte=
rung, Wuth, s. f. (-,...).
Achat, Kauf, Einkauf,
Ankauf, s. m. (es, "e).
Acheter, kaufen, einkau=
fen, v. a.
Acheteur, Käufer, s. m.
(s, —).
Achèvement, Vollendung
s. f. (—, . .).
Achever, endigen, vollen=
den, ausarbeiten, v. a.
Acide, sauer, scharf, adj.
Acier, Stahl, s. m. (s, e).
Acquérir, erlangen, v. a.;
erwerben, v. ir.; v. en-
roler.
Acquitter, frei machen,
zahlen, entrichten, v. a.
Acre, herb, scharf, beißend,
adj.
Acreté, Herbe, s. f. (-, ...).
Acte, Handlung, That, s.
f. (—, en); Werk, s. n.
(es, e); Urkunde, s. f.;
(—, n); Act, s. m. (es,
en); Aufzug, s. m. (es,
"e).
Acteur, Schauspieler, s.
m. (s, —).
Actif, wirksam, thätig, leb=
haft, adj.

Action, Handlung, That,
Wirkung, s. f. (—, en);
Gefecht, s. n. (es, e).
Activer, in Thätigkeit se=
tzen, v. a.
Activité, Wirksamkeit,
Thätigkeit, Lebhaftig=
keit, s. f. (—, en).
Actuel, wirklich, jetzig, adj.
Actuellement, jetzt, adv.
Adjacent, anliegend, an=
grenzend, adj.
Adjoindre, zuordnen, v. a
Adjoint, Amtsgehülfe, s.
m. (n, n).
Adjudication, gerichtliche
Zuerkennung, s. f. (—,
en). [ir.; v. jurer.
Adjurer, beschwören, v.
Admettre, zulassen, gelan=
gen lassen, gelten lassen,
v. ir.; v. laisser.
Administration, Verwal=
tung, s. f. (—, en).
Administrer, verwalten,
austheilen, v. a.
Admirable, bewunderns=
würdig, adj.
Admirateur, Bewunde=
rer, s. m. (s, —).
Admiration, Bewunde=
rung, s. f. (—, en).

Admirer, bewundern, v. a.

Admissible, zuläffig, gül=
tig, adj.

Admission, Zulaffung,
s. f. (—, en).

Adolescence, Jünglings=
alter, s. n. (s, —).

Adolescent, Jüngling, s.
m. (s, e).

Adonné, ergeben, adj.

s'Adonner à qc., sich ei=
ner Sache widmen, v. r.

Adopter, annehmen, an
Kindesstatt annehmen,
v. ir.; v. prendre.

Adoption, Annehmung ei=
nes Kindes, s. f. (—,...).

Adorateur, Anbeter, s. m.
(s, —).

Adoration, Anbetung,
Verehrung s. f. (—, en).

Adoucir, verfüßen, mil=
dern, befänftigen, v. a.

Adoucissant, befänfti=
gend, adj.

Adresse, Aufschrift, Ge=
schicklichkeit, Gewandt=
heit, List, s. f. (—, en).

Adroit, geschickt, gewandt,
adj.

Adulateur, Schmeichler,
s. m. (s, —).

Aérer, lüften, auslüften,
v. a.

Aérostat, Luftball, s. m.
(es, "e); Ballon, s. m.
(s, s).

Affaiblir, schwächen, ent=
kräften, v. a.

Affaire, Geschäft, s. n.
(es, e); Sache, s. f.
(—, n); Streit, s. m.
(es, e).

Affamé, hungrig, adj.

Affection, Liebe, Gunst,
s. f. (—, ...).

Affectionné, geneigt, ge=
wogen, adj.

Affirmatif, bejahend, adj.

Affirmation, Bejahung,
s. f. (—, en).

Affirmer, bejahen, bekräf=
tigen, v. a.

Affliction, Trübsal, s. f.
(es, e); Betrübniß, s. f.
(—, ffe); Kummer, s. m.
(s, —). [mert, adj.

Affligé, betrübt, beküm=

Affliger, betrüben, krän=
ken, v. a.

Affluence, Zufluß, Zu=
lauf, s. m. (es, "e).

Affranchir, befreien, frei
machen, v. a.

Affranchissement, Be=
freiung, s. f. (—, en);
Freimachen, s. n. (s, ..).
Affreux, ſchrecklich, ab=
ſcheulich, fürchterlich adj.
Affront, Schimpf, s. m.
(es, e); Schande, s. f.
(—, ...).   [v. a.
Agacer, ſtumpf machen,
Agacerie, Neckerei, s. f.
(—, en).
Age, Alter, s. n. (s, —).
Agé, alt, bejahrt, adj.
Aggraver, ſchwer machen,
erſchweren, v. a.
Agir, handeln, wirken, v.
n.; il s'agit, es betrifft.
Agitation, Bewegung, Un=
ruhe, s. f. (—, en).
Agiter, heftig bewegen, be=
unruhigen, v..a.
Agneau, Lamm, s. n. (es,
"er).
Agonie, Todeskampf, s.
m. (es, "e).
Agrafe, Spange, Klam=
mer, s. f. (—, n); Ha=
ken, s. m. (s, —).
Agrafer, anhaken, einha=
ken, v. a.
Agréable, angenehm, adj.
Agréer, genehmigen, v. a.

Agrément, Annehmlich=
keit, s. f. (—, en).
Agression, Angriff, s. m.
(es, e).
Agriculture, Ackerbau, s.
m. (es, ...).   [adj.
Ahuri, beſtürzt, erſchrocken,
Aide, f., Hilfe, s. f.
(—, ...).
Aide, m., Gehülfe, s. m.
(n, n); Helfer, s. m.
(s, —).
Aider, helfen, v. ir.; imp.
half. p. geholfen.
Aïeul, Großvater, s. m.
(s, "—); Ahnherr, s.
m. (n, en).
Aïeule, Großmutter, s. f.
(—, "—); Ahnfrau,
s. f. (—, en).
Aïeux, Vorältern, pl.
Aigle, m., Adler, s. m.
(s, —).
Aigle, f. (drapeau) Fahne,
s. f. (—, n).
Aigre, herbe, ſauer, adj.
Aigreur, Säure, Erbitte=
rung, s. f. (—, en).
Aigrir, ſäuern, erbittern,
v. a.
Aigu, ſcharf, ſpitzig, durch=
dringend, adj.

15

Aiguille, Nadel, s. f. (—,
n); Zeiger (d'une mon-
tre) s. m. (s, —).

Aiguillon, Stachel, s m.
(s, —).

Aiguiser, schärfen, v. a.;
schleifen, v. ir.; imp.
schliff, p. geschliffen; we-
tzen, v. a.

Ail, Knoblauch, s. m.
(es, e).

Aile, Flügel, s. m. (s, —).

Ailé, geflügelt, adj.

Ailleurs, anderswo; d'—,
überdies, außerdem, sonst
adv.   [adj.

Aimable, liebenswürdig,

Aimer, lieben, v. a.

Ainsi, so, also, adv.

Air, Luft, s. f. (—, "e);
Miene, Melodie, s. f.
(—, n); Lied, s. n.
(es, er).

Airain, Erz, s. n. (es, e).

Aise, froh, freudig, adj.

Aisé, leicht, gemächlich,
wohlhabend, adj.

Ajouter, hinzufügen, v. a.

Alarme, Lärm, s. m. (es,
...); Schrecken, s. m.
(s, —); Bestürzung, s.
f. (—, en).

Alarmer, erschrecken, v.
ir.; imp. erschrak, p. erschrocken.

Alentours (les), die Um-
gebungen, pl.

Aliment, Nahrungsmittel
s. n. (s, —).

Alimenter, ernähren, be-
köstigen, v. a.

Alinéa, Absatz, s. m. (es,
"e).

Alité, bettlägerig, adj.

Allaiter, säugen, stillen,
v. a.

Alléger, erleichtern, lindern, lichten, v. a.

Allégresse, Freudigkeit,
Munterkeit, s. f. (—, en).

Aller, gehen, v. ir.; imp.
ging, p. gegangen.

Alors, damals, alsdann,
dann, adv.

Alouette, Lerche, s. f.
(—, n).

Alternatif, abwechselnd,
adj.

Altesse, Hoheit, Durch-
laucht, s. f (—, en).

Altier, hochmüthig, stolz,
adj.

Amadou, Feuerschwamm,
s. m. (es, "e).

Amande, Mandel, s. f.
(—, n); Kern, s. m.
(s, e).

Amant, Geliebte, s. m.
(n, n); Liebhaber, s. m.
(s, —).

Amasser, häufen, anhäu=
fen, sammeln, v. a.

Ambassade, Gesandt=
schaft, s. f. (—, en).

Ambassadeur, Gesandte,
s. m. (n, n).

Ambitieux, ehrgeizig, ehr=
süchtig, adj.

Ambition, Ehrgeiz, s. m.
(es, ...).   [unstät, adj.

Ambulant, umherziehend,

Ame, Seele, s. f. (—, n).

Amélioration, Verbesse=
rung, s. f (—, en).

Amener, herbeiführen, v.
a.; mitbringen. v. ir.;
v. apporter.

Ami, Freund, s. m. (es, e).

Ami, geneigt, günstig,
hold, adj.   [adj.

Amical, freundschaftlich,

Amidon, weiße Stärke,
s. f. (—, ...).

Amitié, Freundschaft, Zu=
neigung, s. f. (—, en).

Amour, Liebe, s. f. (—...).

Amoureux, verliebt, adj·

Amuser, belustigen, ver=
gnügen, ergötzen, v. a.

An, Jahr, s. n. (es, e).

Ancien, alt, ehmalig, adj.

Anciennement, vor Al=
ters, adv.

Ancre, Anker, s. m. (s,-).

Ane, Esel, s. m. (s, —).

Anéantir, vernichten, zer=
stören, v. a.

Ange, Engel, s. m. (s, —).

Anguille, Aal, s. m.
(es, e).

Animal, Thier, s. n. (es, e).

Animer, beleben, beseelen,
v. a

Animosité, Unwille, s.
m. (ns, n); Erbitterung,
s. f. (—, en).

Anneau, Ring, s. m.
(es, e).

Année, Jahr, s. n. (es, e);
Jahrgang, s. m. (es, "e).

Annuler, vernichten, v. a.

Anse, Handhabe, s. f. (—,
n); Griff, s. m. (es, e);
Henkel, s. m. (s, —).

Antérieur, vorhergehend,
adj.

Antérieurement, eher,
vorher, zuvor, adv.

Antiquité, Alterthum, s.
n. (es, ̈er).
Antre, Höhle, s. f. (—, n).
Loch, s. m. (es, ̈er).
Anxiété, Angst, s. f. (—,
̈en).
Août, August, s. m.(es,...).
Apaiser, besänftigen, stillen, lindern, v. a.
Apercevoir, wahrnehmen,
v. ir., v. prendre; be-
merken, erblicken, v. a.
Apparaître, erscheinen, v.
ir.; v. paraître.
Apparat, Prunk, s. m.
(es,...); Pracht, s. f.
(—,..); Prahlerei, s.
f. (—, en).
Apparence, Schein, s. m.
(es,...); Wahrschein-
lichkeit, s. f. (—, en).
Apparition, Erscheinung,
s. f. (—, en).
Appartenir, gehören, zu-
gehören, v. n.
Appeler, nennen, v. ir.;
imp. nannte, p. genannt;
heißen, v. ir.; imp. hieß,
p. geheißen; rufen, v.
ir.; imp. rief, p. ge-
rufen.
Application, Anwendung

s. f. (—, en); Fleiß, s.
m. (es,..); Emsigkeit,
s. f. (—,...).
Appliqué, fleißig, adj.
Apporter, bringen, v. ir.;
imp. brachte, p gebracht.
Apprendre, lernen, v. a.;
vernehmen, v. ir.; v.
prendre; berichten, v. a.
Apprêter, zubereiten, zu-
richten, fertig machen,
v. a.
Apprivoiser, zähmen,
bändigen, v. a.
Approbation, Billigung,
s. f. (—, en); Beifall;
s. m. (es,...).
Approche, Annäherung,
s. f. (— en); Zutritt,
s. m. (es, e).
Appui, Stütze, Lehne, s.
f. (—, n).
Appuyer, stützen, lehnen,
anlehnen, legen, v. a.
Après, nach, prép.
Après que, nachdem, conj.
Araignée, Spinne, s. f.
(—, n).
Arbitraire, willkürlich,
adj.
Arbitre, Schiedsrichter, s.
m. (s, —).

Arborer, aufrichten, aufstellen, v. a.

Arbre, Baum, s. m. (es, "e).

Arbuste, Strauch, s. m. (es, "e); Staude, s. f. (—, n).

Arc, Bogen, s. m. (s, —).

Archevêché, Erzbisthum s. n. (s, "er).

Archevêque, Erzbischof, s. m. (es, "e).

Archiduc, Erzherzog, s. m. (es, "e).

Architecte, Baumeister, s. m. (s, —).

Architecture, Baukunst, s. f. (—, "e); Bauart, s. f. (—, en).

Ardent, feurig, heiß, heftig, adj.

Ardeur, Hitze, s. f. (-, ...); Eifer, s. m. (s, ...).

Argent, Silber, s. n. (s, ...); Geld, s. n. (es, er).

Argument, Schluß, s. m. (es, "sse); Grund, s. m. (es, "e); Beweis, s. m. (es, e).

Aridité, Dürre, s. f. (—, n).

Arme, Gewehr, s. n. (s, e); Waffe, s. f. (—, n).

Armer, bewaffnen, ausrüsten, v. a.

Armoire, Schrank, s. m. (es, "e).

Arrêt, Urtheil, Arrest, s. m. (es, e).

Arrêter, aufhalten, abhalten, v. ir.; v. tenir; verhaften, v. a.; beschließen, v. ir.; v. fermer.

Arrière (en), zurück, rückwärts, adv

Arrivée, Ankunft, s. f. (—, "e).

Arriver, ankommen, v. ir.; v. venir; anlangen, v. n.; geschehen, v. ir. i.; prés. es geschieht, imp. es geschah, p. geschehen.

Art, Kunst, s. f. (—, "e).

Artiste, Künstler, s. m. (s, —).

Aspect, Anblick, s. m. (es, e).

Asperge, Spargel, s. f. (—, n).

Aspirer, einathmen, v. a.

Assaut, Anfall, Sturm,
s. m. (es, "e).

Assemblée, Versamm=
lung, Gesellschaft, s. f.
(—, en).

Asseoir, setzen, legen,
v. a.

Assez, genug, ziemlich,
adv.

Assidu, fleißig, emsig, an=
haltend, adj.

Assiette, Teller, s. m.
(s, —); Lage, s. f.
(—, n).

Assister, helfen, v. ir.;
imp. half, p. geholfen;
beiwohnen, v. n.

Assurance, Gewißheit,
Versicherung, s. f. (—,
en).

Assuré, versichert, sicher,
dreist, adj.

Assurer, versichern, bezeu=
gen, v. a.

Astreindre, nöthigen, v.
a.; zwingen, v. ir.;
imp. zwang, p. gezwun=
gen.

Atroce, abscheulich, grau=
sam, adj.

Atrocité, Abscheulichkeit,
s. f. (—, en).

Attache, Band, s.n. (es, e);
Schnur, s. f. (—, "e);
Haken, s. m. (s, —).

Attachement, Anhäng=
lichkeit, s. f. (—, en).

Attacher, befestigen, v. a.;
anbinden, v. ir.; v. lier;
anhängen, fesseln, v. a.

Atteindre, erreichen, er=
langen, v. a.; treffen,
v. ir.; imp. traf, p. ge=
troffen.

Attendre, warten, v. n.;
erwarten, hoffen, ver=
muthen, v. a.

Attente, Warten, s. n.
(s, ...); Erwartung, s.
f. (—, en).

Attention, Aufmerksam=
keit, Gefälligkeit, s. f.
(-, en).

Attester, bezeugen, v. a.

Attirer, herbeiziehen, an=
ziehen. v. ir.; v. tirer.

Attraper, fangen, v. ir.;
imp. fing, p. gefangen.

Attribuer, zueignen, bei=
legen, v. a.; zuschreiben,
v. ir.; v. écrire.

Attribut, Eigenschaft, s. f.
(—, en).

Attrister, betrüben, v. a.

Auberge, Wirthshaus, s. n. (es, "er); Gasthof, s. m. (es, "e); Herberge, s. f. (—, n).

Aubergiste, Gastwirth, Wirth, s. m. (es, e).

Aucun, keiner, pron.

Aucunement, keineswe= ges, adv.

Audace, Kühnheit, Ver= wegenheit, s. f. (—, en).

Audacieux, kühn, verwe= gen, adj.

Au deçà, diesseits, prép.

Au delà, jenseits, prép.

Au-dessous, unter, un= terhalb, prép.

Au-dessus, über, ober= halb, prép.

Audience, Verhör, s. n. (es, e); Sitzung, s. f. (—, en).

Augmenter, vermehren, vergrößern, v. a.

Aujourd'hui, heute, adv.

Aumône, Almosen, s. n. (s, —).

Aune, Elle, s. f. (—, n).

Auparavant, bevor, vor= her, adv.

Auprès, bei, neben, nahe bei, prép.

Aussi, auch, gleichfalls, überdies, noch, ebenso, so, adv.

Aussitôt, sogleich, gleich, adv.; — que, sobald als, conj.

Autel, Altar, s. m. (s, "e).

Auteur, Urheber, Stifter, Verfasser, Schriftsteller, s. m. (s, —).

Automne, Herbst, s. m. (es, e).

Autorisation, Bevollmäch= tigung, s. f. (—, en).

Autoriser, bevollmächti= gen, billigen, berechti= gen, v. a.

Autour, um, herum, prép.

Autour, Habicht, s. m. (es, e).

Autre, ander; l'un l'au= tre, einander; l'un et l'autre, beide, adj.

Autrefois, ehemals, ehe= dem, adv.

Avaler, verschlucken, v. a.

Avance, Vorsprung, Vor= schuß, Antrag, s. m. (es, "e).

Avant, vor, eher als, adv. et prép.

Avare, geizig, karg, adj.
Avarice, Geiz, s. m.
(es, ...).   [prép.
Avec, mit, nebst, sammt,
Avenir, Zukunft, s. f.
(—, ...).
Averse, Platzregen, s. m.
(s, —).
Avertir, benachrichtigen,
warnen, v. a.
Aveu, Geständniß, s. f.
(—, ße).
Aveugle, blind, adj.
Aveuglement, Blindheit,
Verblendung, s. f. (—, en).
Avidité, Begierde, s. f.
(—, n).   (s, ...).
Avoine, Hafer, s. m.
Avoir, haben, v. aux.;
imp. hatte, p. gehabt.
Avril, April, s. m. (s, —).
Axe, Achse, s. f. (—, n).
Axiome, Grundsatz, s. m.
(es, "e).

B.

Badinage, Scherz, s. m.
(es, e); Spaß, s. m.
(es, "e).
Badiner, scherzen, spaßen,
flattern, v. n.

Bagage, Gepäck, s. n.
(es, e).
Bague, Ring, s. m. (es, e).
Baguette, Stecken, s. m.
(s, —); Ladestock, s.
m. (es, "e); Trommel=
schlägel, s. m. (s, —).
Baigner, baden, benetzen,
befeuchten, bespülen, v. a.
Bail, Pacht, Pachtcon=
tract, s. m. (es, e).
Bain, Bad, s. n. (es, "er).
Baiser, küssen, v. a.
Baiser, Kuß, s. m. (es,
"ße).
Baisser, niederlassen, v.
ir.; v. laisser.
Bal, Ball, s. m. (es, "e).
Balai, Besen, s. m. (s, —).
Balance, Wage, s. f.
(—, n); Zweifel, s m.
(s, —).
Balancer, schauckeln, v. a.
Balayer, kehren, fegen,
v. a.
Baleine, Wallfisch, s. m.
(es, e); Fischbein, s. n.
(es, e).
Balle, Kugel, s. f. (—, n);
Ballen, s. m. (s —).
Banc, Bank, Sandbank,
s. f. (—, "e).

Bande, Binde, s. f. (–, n);
Bande, Rotte, s. f. (–, n).

Bannir, verbannen, v. a.

Banque, Bank, Wechsel=
bank, s. f. (—, en).

Baptême, Taufe, s. f.
(–, ...).

Baptiser, taufen, v. a.

Barbe, Bart, s. m. (es, "e).

Barbet, Pudel, s. m.
(s, —).

Baril, Fäßchen, s. n. (s, -).

Barque, Nachen, s. m.
(s, —).

Barre, Stange, s. f. (-, n);
Riegel, s. m. (s, —);
Strich, s. m. (es, e).

Barrer, verriegeln, ver=
sperren, v. a.

Barrière, Schlagbaum,
s. m. (es, "e).

Barrique, Faß, s. n. (es,
"er).

Bas, niedrig, leise, gering,
schlecht, adj.

Bas, Strumpf, s. m. (es,
"e); Untertheil, s. n.
(es, e).

Bas, nieder, leise, adv.

Base, Grundfeste, s. f.
(-, n); Grundfuß, s. m.
(es, "e).

Bassesse, Niederträchtig=
keit, s f. (—, en).

Bassin, Becken, s. n. (s, -).

Bataille, Schlacht, s. f.
(-, en); Treffen, s. n.
(s, —).

Bâtiment, Bau, s. m.
(es, e); Gebäude, s. n.
(s; —); Schiff, s. n.
(es, e).

Bâtir, bauen, v. a.

Bâton, Steck, Stab, s. m.
(es, "e); Stange, s. f.
(—, n).

Battre, schlagen, v. ir.;
imp. schlug, p. geschla=
gen; stampfen, v. a.

Bavard, Schwätzer, s. m.
(s, —).   [et a.

Bavarder, schwatzen, v. n.

Bave, Geifer, Speichel, s.
m. (s, —).

Baver, geifern. v. n.

Béant, klaffend, aufge=
sperrt, adj.

Beau, schön, adj.

Beaucoup, viel, sehr, adv.

Beau-fils, Stiefsohn,
Schwiegersohn, s. m.
(es, "e).

Beau-frère, Stiefbruder,
Schwager, s m. (s, "—).

Beau-père, Stiefvater,
Schwiegervater, s. m.
(ß, "—).

Beauté, Schönheit, s. f.
(—, en).

Bec, Schnabel, s. m. (ß,
"—); Spitze, Schnauze,
Röhre, s. f. (—, n).

Bécasse, Schnepfe, s. f.
(—, n).

Bêche, Spaten, s. m.
(ß, —).

Bégayer, stammeln, stot=
tern, v. a.

Beignet, Pfannenkuchen,
s. m. (ß, —).

Bêlant, blöckend, adj.

Bêlement, Blöcken der
Schafe, s. n. (ß, ...).

Belette, Wiesel, s. n.
(ß, —).

Bélier, Widder, s. m.
(ß, —); Schafbock, s. m.
(eß, "e).

Belle-fille, Stieftochter,
Schwiegertochter, s. f.
(—, "—).

Belliqueux, kriegerisch,
adj.

Bénédiction, Segen, s. m.
(ß, —); Einsegnung, s.
f. (—, en).

Bénévole, günstig, ge=
neigt, adj.   [v. a.

Bénir, segnen, einweihen,

Bénitier, Weihkessel, s. m.
(ß, —).

Berceau, Wiege, Laube,
s. f. (—, n).

Bercer, wiegen, einschlä=
fern, einwiegen, v. a.

Berger, Schäfer, s. m. (ß,
—); Hirt, s. m. (en, en).

Bergerie, Schafstall, s. m.
(eß, "e).

Besoin, Bedürfniß, s. n.
(eß, sse); Noth, s. f.
(—, "en).

Bétail, Vieh, s. n. (eß, ...).

Beurre, Butter, s. f. (—, ...).

Bien, Gut, s. n. (eß, "er);
Vermögen, s. n. (ß, —).

Bien, wohl, gut, viel, sehr,
etwa, zwar, gern, adv.

Bientôt, bald, adv.

Bienvenu, willkommen,
adj.

Bière, Bier, s. n. (ß, e).

Bigot, abergläubisch, schein=
heilig, adj.

Bile, Galle, s. f. (—, n).

Blâmable, tadelhaft, adj.

Blâme, Tadel, s. m. (ß, —).

Blâmer, tadeln, v. a.

Blanc, weiß, adj.

Blanchir, bleichen, v. a.; waschen, v. ir.; v. laver; weißen, v. a.

Blanchisseuse, Wäscherin, s. f. (—, nen).

Blé, Getreide, s. n. (s, n); Korn, s. n. (s, …).

Blême, blaß, bleich, adj.

Blesser, verwunden, verletzen, beschädigen, beleidigen, kränken, v. a.

Blessure, Wunde, Verletzung, s. f. (—, en).

Bleu, blau, adj.

Bleuâtre, bläulich, adj.

Bocage, Gebüsch, s. n. (es, e).

Bocal, Becher, s. m. (s, -).

Bœuf, Ochs, s. m. (en, en); Rindfleisch, s. n. (es, …).

Boire, trinken, v. ir.; imp. trank, p. getrunken; saufen, v. ir.; imp. soff, p. gesoffen.

Bois, Holz, s. n. (es, "er ou e); Wald, s. m. (es; "er); Geweih (d'un cerf) s. n. (es, e).

Boisson, Getränk, s. n. (es, e).

Boîte, Schachtel, Büchse, s. f. (—, n); Gehäuse, s. n. (s, —).

Boiter, hinken, v. n.

Bon, gut, adj.

Bonheur, Glück, s. n. (es, …).

Bonnet, Mütze, Kappe, Haube, s. f. (—, n).

Bonté, Güte, s. f. (—, …).

Bord, Rand, s. m. (es, "er); Ufer, s. n. (s, -); Küste, s. f. (—, n); Besetzung, Einfassung, s. f. (—, en).

Border, besetzen, einfassen, verbrämen, v. a.

Bosse, Buckel, Höcker, s. m. (s, —); Beule, s. f. (—, n).

Botte, Stiefel, s. m. (s, -); Bund, s. n. (es, e); Bündel, s. n. (s, —).

Bouche, Mund, s. m. (es, e); Maul, s. n. (es, "er); Oeffnung, Mündung, s. f. (—, en); Loch, s. n. (es, "er).

Bouchée, Bissen, s. m. (s, —).

Boucher, verstopfen, versperren, v. a.

Boucher, Fleiſcher, s. m. (ß, —).

Bouchon, Stöpſel, s. m. (ß, —); Pfropf, s. m. (eß, "e).

Boucle, Schnalle, Locke, s. f. (—, n).

Bouder, ſchmollen, v. n.

Bouilli, gekochtes Fleiſch, Rindfleiſch, s. n. eß, ...).

Bouillir, ſieden, v. ir.; imp. ſott, p. geſotten; kochen, v. a.

Boulanger, Bäcker, s. m. (ß, —).

Boule, Kugel, s. f. (-, n); Kloß, s. m. (eß, "e).

Boulet, Kanonenkugel, s. f. (—, n). [(ß, —).

Bourgeois, Bürger, s. m.

Bourse, Beutel, s. m. (ß, —); Börſe, s. f. (—, n).

Bout, Ende, s. n. (ß, n); Spitze, s. f. (—, n); Ecke, s. f. (—, n).

Bouton, Knospe, s. f. (—, n); Knopf, s. m. (eß, "e).

Branche, Aſt, s. m. (eß, "e); Zweig, s. m. (eß, e); Nebenlinie, s. f. (—, n).

Braquer, richten, lenken, v. a.

Bras, Arm, s. m. (eß, e).

Brasseur, Brauer, s. m. (ß, —). [cker, adj.

Brave, tapfer, brav, wa=

Braver, trotzen, v. n.

Bravoure, Tapferkeit, Herzhaftigkeit, s. f. (—, en).

Brebis, Schaf, s. n. (eß, e).

Brèche, Bruch, s. m. (ß, "e); Riß, s. m. (eß, e); Breſche, s. f. (—, n).

Bref, kurz, adj.

Bride, Zaum, s. m. (eß, "e); Zügel, s. m. (ß, -).

Brièvement, kurz, kürz= lich, adv.

Brièveté, Kürze, s. f. (—, ...).

Brillant, glänzend, adj.

Briller, glänzen, ſchim= mern, v. a.

Briser, brechen, v. ir.; imp. brach, p. gebro= chen; zerſchlagen, v. ir.; v. frapper.

Broder, ſticken, v. a.

Brosse, Bürſte, s. f. (—, n); Pinſel, s. m. (ß, —).

Brosser, bürſten, v. a.

Brouillard, Nebel, s. m. (s , —); papier —, Löſchpapier, s. n. (s, e).

Brouiller, vermiſchen, ver= mengen, entzweien, v. a.

Brouillon, Entwurf, s. m. (es, "e).

Bru, Schnur, s. f. (—, en).

Bruit, Lärm, s. m. (es,...); Geräuſch, s. n. (es, ...); Gerücht, s. n. (es, e).

Brûlant, brennend, heiß, adj.

Brûler, brennen, v. ir.; imp. brannte, p. ge= brannt.

Brutal, grob, adj.

Brutaliser, grob begegnen, mißhandeln, v. a.

Brutalité. Rohheit, Grob= heit, s. f. (—, en).

Bruyant, lärmend, adj.

Bruyère, Heide, s. f. (—, n).

But, Ziel, s. n. (es, e); Zweck, s. m. (es, e); Abſicht, s. f. (—, en).

Butin, Beute, s. f. (—, n).

Butte, Erdhügel, s. m. (s, —).

Buvable, trinkbar, adj.

Buveur, Trinker, s. m. (s, —).

C.

Cabane, Hütte, s. f. (—, n).

Cabaret, Schenke, s. f. (—, n)

Cacher, verbergen, v. ir.; imp. verbarg, p. ver= borgen; verstecken, ver= hüllen, verhehlen, v. a.

Cachot, Kerker, s. m. (s, —).

Cadavre, Leichnam, s. m. (es, e); Leiche, s. f. (—, n).

Cadenas, Vorlegeſchloß, s. n. (es, "er). [(s, —).

Cadre, Rahmen, s. m.

Cage, Käfig, s. m. (es, e).

Caille, Wachtel, s. f. (—, n).

Caillou, Kiesel, s. m. (s, —).

Caisse, Kiste, s. f. (—, n); Kasten, s. m. (s, —); Caſſe, s. f. (—, n); Trommel, s. f. (—, n).

Cajoler, ſchmeicheln, lieb= koſen, v. a.

Calamité, Unglück, Elend, Trübſal, s. n. (es, e).

Caleçon, Unterhofen, pl.

Calice, Kelch, s. m. (es, e).

Calme, still, ruhig, adj.

Calme, Stille, Windstille, s. f. (—, n).

Calmer, stillen, beruhigen, v. a.

Calomnie, Verläumdung, s. f. (—, en).

Camp, Lager, s. n. (s, -).

Campagne, Feld, s. n. (es, er); Land, s. n. (es, "er); Feldzug, s. m. (es, "e).

Camper, lagern, hinstellen, v. n.

Canard, Ente, s. f. (-, n).

Canne, Rohr, s. n. (s, e).

Canot, Kahn, s. m. (es, "e); Nachen s. m. (s,-).

Capable, fähig, tüchtig, geschickt, adj.

Capacité, Fähigkeit, s. f. (—, en); Umfang, s. m. (es, "e); Inhalt, s. m. (es, e).

Capitale, Hauptstadt, s. f. (—, "e); großer Buchstabe, s. m. (ns, n).

Caprice, Eigensinn, s. m. (es, ...); Grille, Laune, s. f. (—, n).

Capricieux, eigensinnig, adj.

Captif, gefangen, adj.

Captiver, fesseln, unterwerfen, v. a.

Captivité, Gefangenschaft, s. f. (—, ...).

Capture, Fang, s. m. (es, "e); Beute, s. f. (—, n); Verhaftung, s. f. (—, en).

Car, denn, conj.

Caractère, Character, s. m. (s, —); Zeichen, s. n. (s, —); Buchstabe, s. m. (ns, n); Titel, s. m. (s, —).

Caractériser, bezeichnen, schildern, v. a.

Carême, Fasten, pl.

Caressant, liebkosend, adj.

Caresse, Liebkosung, Schmeichelei, s. f. (—, en).

Caresser, liebkofen, schmeicheln, streicheln, v. a.

Carnage, Blutbad, s. n. (es, "er).

Carnassier, fleischfressend, viel Fleisch essend, adj.

Carnation, Fleischfarbe, s. f. (—, n).

Carotte, gelbe Rübe, s. f.
(—, n).

Carré, Viereck, Quadrat,
s. n. (eß, e).

Carreau, viereckige Platte,
Glasscheibe, Fensterschei=
be, s. f. (—, n).

Carrefour, Kreuzweg,
Scheideweg, s. m. (eß, e).

Carrer, viereckig machen,
v. a. ; se — , sich brü=
sten, v. r.

Carrière, Steinbruch, s.
m. (eß, "e); Laufbahn,
Rennbahn, s. f. (—,
en); Lebenslauf, s. m.
(eß, "e).

Carte, Karte, Spielkarte,
s. f. (—, n); Rechnung
eines Wirthes, s. f.
(—, en).

Cas, Fall, Zustand, s. m.
(eß, "e).

Casque, Helm, s. m. (eß, e).

Cassant, zerbrechlich, brü=
chig, adj.

Casser, brechen, v. ir. ;
imp. brach, p. gebrochen;
zerstoßen, v. ir.; v. pousser; zerschlagen, v. ir. ;
v. frapper; abbanken,
entkräften, v. a.

Casuel, zufällig, zerbrech=
lich, adj.

Cause, Ursache, Sache,
Rechtssache, s. f. (—, n);
Prozeß, s. m. (eß, e).

Causer, verursachen, v. a.;
plaudern, schwatzen, v. a.
et v. n.

Caution, Bürgschaft, s. f.
(—, en); Bürge, s. m.
(n, n).

Cautionner, bürgen, ver=
bürgen, v. a.

Cavalier, Reiter, s. m.
(ß, —).

Cave, Keller, s. m. (ß, -).

Caveau, Gruft, s. f.
(— "e).   [(—, n).

Caverne, Höhle, s. f.

Cavité, Höhlung, s. f.
(—, en).

Ce, dieser, adj. dém.

Cécité, Blindheit, s. f.
(—, en).

Céder, abtreten, v. ir.;
v. marcher; nachgeben,
v. ir.; v. donner.

Ceindre, gürten, umgür=
ten, v. a.

Ceinture, Gürtel, s. m.
(ß, —); Gurt, s. m.
(—, en).

Célébration, Feier, s. f. (—, ...).
Célèbre, berühmt, adj.
Célébrer, feiern, v. a.
Célébrité, Feierlichkeit, s. f. (—, en); Ruhm, s. m. (es, ...).
Céleste, himmlisch, adj.
Cendre, Asche, s. f. (-, n).
Centaine, Hundert, s. n. (es, e).　　[rig, adj.
Centenaire, hundertjäh=
Centre, Mittelpunkt, s. m. (es, e).
Cependant, unterdessen, jedoch, doch, adv.
Cerceau, Reif, Faßreif, s. m. (es, e).
Cercle, Zirkel, s. m. (s, -); Kreis, Ring, s. m. (es, e).
Cercueil, Sarg, s. m. (es, "e).
Cerf, Hirsch, s. m. (es, e).
Cerise, Kirsche, s. f. (-, n).
Certain, gewiß, bestimmt, adj.
Certificat, Zeugniß, s. n. (es, e); Schein, s. m. (es, e).
Certifier, bescheinigen, ver= sichern, v. a.

Certitude, Gewißheit, s. f. (-, en).
Cerveau, Gehirn, s. n. (es, e).
Chagrin, Kummer, Gram, Aerger, s. m. (s, ...).
Chaîne, Kette, s. f. (-, n).
Chair, Fleisch, s. n. (es, ...).
Chaise, Stuhl, s. m. (es, "e).　　　[(n, n).
Chaland, Kunde, s. m.
Chaleur, Wärme, Hitze, s. f. (—, ...); Eifer, s. m. (s, ...).
Chambellan, Kammer= herr, s. m. (n, en).
Chambre, Kammer, Stu= be, s. f. (—, n); Zim= mer, s. n. (s, —).
Chamois, Gemse, s. f. (—, n).
Champ, Acker, s. m. (s, "—); Feld, s. n. (es, er); Land, s. n. (es, "er).
Chance, Glück, s. n. (es, ...); Glücksfall, s. m. (es, "e).
Chancelant, wankend, wankelmüthig, adj.
Chanceler, wanken, tau= meln, v. n.

Chandelle, Licht, Talg=
licht, s. n. (es, e).

Change, Tausch, s. m.
(es, "e); Wechsel, s. m.
(s, —).

Changer, tauschen, ver=
wechseln, ändern, ver=
wandeln, v. a.

Changeur, Wechsler, s.
m. (s, —).

Chanson, Lied, s. n.
(es, er).

Chant, Gesang, s. m.
(es, "e).

Chanter, singen, v. ir.;
imp. sang, p. gesungen;
krähen, v. a.

Chapeau, Hut, s. m.
(es, "e).   [(—, n).

Charbon, Kohle, s. f.

Charcutier, Speckhänd=
ler, s. m. (s, —).

Chardon, Distel, s. f.
(—, n).

Charge, Last, Ladung, s. f.
(—, en); Amt, s. n.
(es, "er); Angriff, s. m.
(es, e).

Charger, laden, v. ir.;
imp. lud, p. geladen;
belästigen, beschweren,
v. a.

Charmant, reizend, bezau=
bernd, adj.

Charme, Zauber, s. m.
(—, ...); Reiz, s. m.
(es, e).

Charmer, bezaubern, ent=
zücken, v. a.

Chasse, Jagd, s. f. (—, en).

Chaste, keusch, züchtig, adj.

Chat, Katze, s. f. (—, n).

Château, Schloß, s. n.
(es, "er).

Chaud, warm, heiß, adj.

Chaudron, Kessel, s. m.
(s, —).

Chaux, Kalk, s. m. (es, ...).

Chemin, Weg, s. m. (es, e).

Cheminée, Schornstein,
Kamin, s. m. (es, e).

Chemise, Hemd, s. n.
(es, e).

Chêne, Eiche, s. f. (—, n).

Chenille, Raupe, s. f.
(—, n).   [adj.

Cher, lieb, werth, theuer,

Chercher, suchen, v. a.

Chérir, zärtlich lieben, v. a.

Cherté, Theurung, s. f.
(—, en).

Chétif, elend, adj.

Cheval, Pferd, Roß, s. n.
(es, e).

16

Cheveu, Haar, s. n. (es, e).
Chèvre, Ziege, s. f. (–, n).
Chevreuil, Reh, s. n.
(es, e).
Chez, bei, zu, prép.
Chien, Hund, s. m. (es, e);
— de fusil, Hahn, s. m.
(es, "e).
Chiffre, Ziffer, s. f. (–, n);
Zahl, s. f. (—, en).
Choc, Stoß, Anfall, s. m.
(es, "e).
Choisir, wählen, erwäh=
len, v. a.
Choix, Wahl, s. f. (–, en).
Chose, Ding, s. n. (es, e);
Sache, s. f. (—, n).
Chou, Kohl, s. m. (es, e).
Chouette, Eule, s. f.
(—, n).
Chrétien, Christ, s. m.
(en, en).
Chute, Fall, s. m. (es, "e).
Cicatrice, Narbe, s. f.
(—, n).
Ciel, Himmel, s. m. (s, –).
Cierge, Wachskerze, s. f.
(—, n).
Cime, Gipfel, s. m. (s, –);
Spitze, s. f. (—, n).
Cimetière, Gottesacker,
s. m. (s, —).

Circonspection, Vorsich=
tigkeit, s. f. (—, en).
Circonstance, Umstand,
s. m. (es, "e).
Cire, Wachs, Siegellack,
s. n. (es, e).
Cirer, wichsen, v. a.
Ciseaux, Scheere, s. f.
(—, n).
Citoyen, Bürger, s. m.
(s, —).
Civet, Hasenpfeffer, s. m.
(s, –).
Civil, bürgerlich, höflich,
adj.
Civilité, Höflichkeit, s. f.
(—, en).
Clair, klar, hell, deutlich,
adj.
Clarté, Klarheit, s. f.
(—, en); Helle, s. f.
(—, n).
Clef, Schlüssel, s. m. (s, –).
Clémence, Huld, s. f.
(—, ...); Gnade, s. f.
(—, n).
Clément, gnädig, adj.
Clerc, Schreiber, s. m.
(s, —).
Cligner, blinzeln, v. n.
Clocher, Glockenthurm,
s. m. (es, "e).

Cloison, Verſchlag, s. m. (es, "e).

Cloître, Kloſter, s. n. (s, " —).

Clou, Nagel, s. m. (s, "-).

Clouer, nageln, v. a.

Cocher, Kutſcher, s. m. (s, —).

Cochère (porte-), Thor= weg, s. m. (es, e).

Cochon, Schwein, s. n. (es, e).

Cœur, Herz, s. n. (ens, en).

Cognée, Beil, s. n. (es, e).

Coin, Winkel, s. m. (s, -); Ecke, s. f. (—, n); Stem= pel, s. m. (s, -); Quitte, s. f. (—, n).

Col, Hals, s. m. (es, "e); Halsbinde, s. f. (—, n).

Colère, Zorn, s. m. (s, ...).

Colle, Leim, s. m. (es, ...); Kleiſter, s. m. (s, ...).

Collet, Kragen, s. m. (s, —).

Collier, Halsband, s. n. (es, "er).

Colline, Hügel, s. m. (s, —).

Combat, Kampf, s. m. (es, "e).

Combattre, fechten, v. ir.; imp. fecht, p. gefochten; kämpfen, v. a.; ſtreiten, v. ir.; imp. ſtritt, p. geſtritten.   [adv.

Combien, wie viel, wie,

Comble, Uebermaß, s. n. (es, e); Gipfel, s. m. (s, —).

Combler, häufen, aus= füllen, v. a.

Commander, befehlen, v. ir.; imp. befahl, p. be= fohlen; gebieten, v. ir.; imp. gebot, p. geboten; herrſchen, v. a.   [adv.

Comme, wie, gleichſam,

Commencer, anfangen, v. ir.; v. attraper.

Commerce, Handel, s. m. (s, ...).

Commettre, begehen, v. ir.; v. aller.

Commun, gemein, gemein= ſchaftlich, ſchlecht, adj.

Commune, Gemeinde, s. f. (—, n).

Compacte, dicht, feſt, adj.

Comparaison, Verglei= chung, s. f. (—, en).

Compas, Zirkel, s. m. (s, —).

Compassion, Mitleiden, s. n. (8, ...).
Complicité, Mitschuld, s. f. (—, ...).
Comptant, baar, adj.
Compte, Rechnung, Zahl, s. f. (—, en).
Compter, zählen, rechnen, v. a.
Comte, Graf, s. m. (en, en). |v. a.
Concéder, bewilligen,
Conclusion, Schluß, s. m. (es, "e).
Condamnation, Verurtheilung, s. f. (—, en).
Condamner, verurtheilen, verdammen, v. a.
Condition, Zustand, s. m. (es, "e); Bedingung, s. f. (—, en).
Conduire, leiten, führen, v. a.
Confesse, Beichte, s. f. (—, n).
Confiance, Vertrauen, Zutrauen, s. n. (8, ...).
Confier, vertrauen, v. a.
Confirmer, bestätigen, einsegnen, v. a.
Conflit, Streit, s. m. (es, e).

Confondre, vermengen, verwechseln, beschämen, v. a.
Conforter, stärken, v. a.
Confusion, Unordnung, Verwirrung, s. f. (—, en).
Congé, Urlaub, Abschied, s. m. (es, e); Aufkündigung, s. f. (—, en).
Congédier, verabschieden, beurlauben, abdanken, v. a.
Connaitre, kennen, v. ir.; imp. kannte, p. gekannt.
Conquérant, Eroberer, s. m. (8, —).
Consacrer, weihen, v. a.
Conscience, Gewissen, s. n. (8, —).
Conseil, Rath, Rathschlag, Rathschluß, s. m. (es, "e).
Conseiller, rathen, v. ir.; imp. rieth, p. gerathen.
Conserver, erhalten, behalten, v. ir.; v. tenir.
Considérer, betrachten, erwägen, v. a.
Consolant, tröstend, tröstlich, adj.
Consolation, Trost, s. m. (es, ...).

Consoler, tröften, v. a.

Constance, Standhaftig=
keit, Beständigkeit, s. f.
(—, ...).

Construire, bauen, errich=
ten, v. a.

Consumer, verzehren, v. a.

Conte, Erzählung, s. f.
(—, en); Mährchen, s.
n. (s, —).   [adj.

Contenant, enthaltend,

Contenir, enthalten, v.
ir.; v. tenir.

Content, zufrieden, ver=
gnügt, adj.

Contentement, Zufrie=
denheit, s. f. (—, en).

Conter, erzählen, v. a.

Contester, streiten, v. ir.;
imp. stritt, p. gestritten.

Continuel, fortwährend,
adj.

Continuer, fortsetzen, ver=
längern, v. a.; fort=
dauern, v. n.

Contraindre, zwingen, v.
ir.; imp. zwang, p. ge=
zwungen.

Contrainte, Zwang, s. m.
(es, ...).

Contraire, Gegentheil, s.
n. (es, e).

Contre, wider, gegen, ne=
ben, prép.

Contrée, Gegend, Land=
schaft, s. f. (—, en).

Contusion, Quetschung,
s. f. (—, en).

Convaincre, überzeugen,
überführen, v. a.

Convalescence, Gene=
sung, s. f. (—, en).

Convenable, schicklich, zu=
träglich, adj.

Convenance, Uebereilt=
kunft, s. f. (—, "e);
Schicklichkeit, s. f. (—, en).

Convenir, übereinkom=
men, v. ir.; v. venir;
gestehen, v. ir.; imp.
gestand, p. gestanden;
geziemen, v. n. i.

Copeau, Span, s. m.
(es, "e).

Coq, Hahn, s. m. (es, "e).

Coquille, Schale, Mu=
schel, s. f. (—, n).

Coquin, Schurke, s. m.
(n, n).

Cor, Horn, s. n. (es, "er);
Hühnerauge, s. n. (s, n).

Corbeau, Rabe, s. m.
(n, n).   [(es, "e).

Corbeille, Korb, s. m.

Corde, Strick, s. m. (es, e);
Seil, Tau, s. n. (es, e);
Saite, s. f. (—, n).
Cordon, Schnur, s. f.
(—, "e); Band, s. n.
(es, "er).
Cordonnier, Schuhma=
cher, s. m. (s, —).
Corps, Leib, s. m. (es, er);
Körper, s. m. (s, —);
Rumpf, s. m. (es, "e).
Correction, Verbesserung,
s. f. (—, en); Strafe,
s. f. (—, n); Verweis,
s. m. (es, e).
Corriger, bessern, verbes=
sern, v. a.
Corrompre. verderben, v.
ir.; imp. verdarb, p.
verdorben; verführen,
verfälschen, v. a.
Corruption, Verderben,
s. n. (s, —); Fäul=
niß, s. f. (—, sse); Ver=
wesung, s. f. (—, en).
Cosse, Hülse, Schote, s. f.
(—, n).
Côte, Rippe, Küste, s. f.
(—, n).
Côté, Seite, s. f. (—, n).
Coteau, kleiner Hügel, s.
m. (s, —).

Coton, Baumwolle, s. f.
(—, n).
Cou, Hals, s. m. (es, "e).
Coude, Ellenbogen, s. m.
(s, —); Krümmung,
s. f. (—, en).
Coudre, nähen, v. a.
Coulant, fließend, adj.
Couler, fließen, v. ir.;
imp. floß, p. geflossen;
rinnen, v. ir.; imp.
rann, p. geronnen.
Couleur, Farbe, s. f. (—, n).
Coup, Schlag, Stoß, s.
m. (es, "e); Stich, Hieb,
Schnitt, s. m. (es, e).
Coupable, schuldig, adj.
Coupe, Schale, s. f. (—, n).
Couper, schneiden, v. ir.;
imp. schnitt, p. geschnit=
ten; hauen, v. ir.; imp.
hieb, p. gehauen; stechen,
v. ir.; imp. stach, p. ge=
stochen.
Cour, Hof, s. m. (es, "e).
Courage, Muth, s. m.
(es, ...).
Courant, laufend, fließend,
gangbar, adj.
Courant, Fluth, s. f.
(—, en); Strom, Lauf,
s. m. (es "e).

Courber, biegen, v. ir.;
imp. bog, p. gebogen.
Courir, laufen, v. ir.;
imp. lief, p. gelaufen;
rennen, v. ir.; imp.
rannte, p. gerannt.
Couronne, Krone, s. f.
(—, n); Kranz, s. m.
(es, "e).
Court, kurz, adj.
Couteau, Messer, s. n.
(s, —).
Coutume, Gewohnheit, s.
f. (—, en); Gebrauch,
s. m. (es, "e).
Couture, Naht, s. f. (—,
"e); Näherei, s. f. (—,
en); Narbe, s. f. (-, n).
Couverture, Decke, s. f.
(—, n); Ueberzug, s.
m. (es, "e).
Couvrir, decken, bedecken,
kleiden, v. a.
Cracher, speien, v. ir.;
imp. spie, p. gespieen.
Craindre, fürchten, be=
fürchten, v. a.
Créer, schaffen, v. ir.;
imp. schuf, p. geschaf=
fen; stiften, v. a.
Crême, Rahm, s. m.
(es, ...).

Creuser, graben, v. ir.;
imp. grub, p. gegraben;
höhlen, v. a.
Crever, bersten, v. ir.;
imp. borst, p. geborsten;
platzen, v. n.
Cri, Schrei, s. m. (es, e).
Crier, schreien, v. ir.; imp.
schrie, p. geschrieen; ru=
fen, v. ir.; imp. rief,
p. gerufen; weinen, knar=
ren, v. n.   [(s, —).
Crime, Verbrechen, s. n.
Criminel, strafbar, schul=
dig, verbrecherisch, adj.
Crin, Pferdehaar, s. n.
(es, e).
Croire, glauben, v. a. etn.
Croix, Kreuz, s. n. (es, e).
Croûte, Rinde, Kruste, s.
f. (—, n).
Cruauté, Grausamkeit, s.
f. (—, en).
Cruel, grausam, adj.
Cueillir, sammeln, v. a.
Cuiller, Löffel, s. m.
(s, —).
Cuir, Fell, s. n. (es, e);
Leder, s. n. (s, —).
Cuire, kochen, v. a.; sie=
ben, v. ir.; imp. sott,
p. gesotten; braten, v.

ir.; imp. briet, p. ge=
braten; backen, v. ir.;
imp. buck, p. gebacken.
Cuisine. Küche, s. f. (–, n).
Cuisse, Schenkel, s. m.
(ß, —); Keule, s. f.
(—, n).
Cuivre, Kupfer, s. n.
(ß, ...).
Cupide, begierig, lüstern,
adj.
Curé, Pfarrer, s. m. (ß,–).
Curieux, neugierig, neu,
selten, adj.
Cuvette, Waschbecken, s.
n. (ß, —).

D.

Danger, Gefahr, s. f.
(—, en).
Dans, in, bei, prép.
Danse, Tanz, s. m. (eß,
"e).
Débiter, verkaufen, erzäh=
len, ausbreiten, v. a.
Débordement, Ueber=
schwemmung, Ergie=
ßung, s. f. (—, en).
Debout, aufrecht, stehend,
adj.
Décès, Tod, s. m. (eß, ...).

Décharger, abladen, v.
ir.; v. charger; entle=
digen, erleichtern, v. a.
Déchirer, zerreißen, v. ir.;
v. rompre.
Décider, entscheiden, v. ir.;
v. séparer.
Décision, Entscheidung,
s. f. (—, en); Aus=
spruch, s. m. (eß, "e).
Déclarer, erklären, anzei=
gen, v. a.
Décorer, verzieren, v. a.
Découvrir, aufdecken, ent=
decken, entblößen, v. a.
Décrire, beschreiben, v.
ir.; v. écrire.
Défaut, Fehler, Mangel,
s. m. (ß, —).
Défendre, vertheidigen,
schützen, v. a.; verbieten,
v. ir.; v. offrir.
Défense, Vertheidigung,
s. f. (—, en); Verbot,
s. n. (eß, e).
Défiance, Mißtrauen, s.
n. (ß, ...); Argwohn,
s. m. (ß, ...).
Dégager, einlösen, los=
machen, befreien, v. a.
Dégel, Thauwetter, s. n.
(ß, —).

Dégoût, Efel, s. m. (§,
  ...); Widerwille, s. m.
  (ns, n).
Degré, Treppe, Stufe, s.
  f. (—, n); Grad, s. m.
  (es, e).
Déguiser, verkleiden, ver=
  stellen, v. a.
Déjà, schon, bereits, adv.
Déjeuner, Frühstück, s. n.
  (es, e).
Délai, Aufschub, s. m.
  (es, "e); Frist, s. f.
  (—, e).
Délibérer, berathschlagen,
  v. n.; überlegen, v. a.
Délicat, köstlich, lieblich,
  zart, fein, adj.
Délice, Lust, s. f. (—, "e);
  Vergnügen, s. n. (§, -).
Délices, Wonne, s. f.
  (—, ...).
Délié, dünn, zart, fein,
  adj.
Délire, Wahnwitz, s. m.
  (es, ...); Faseln, s. n.
  (§, ...).
Délivrance, Befreiung,
  Errettung, Entbindung,
  s. f. (—, en).
Délivrer, befreien, erret=
  ten, erlösen, liefern, v. a.

Déluge, Sündfluth, Fluth,
  s. f. (—, en).
Demain, morgen, adv.
Demande, Bitte, s. f.
  (—, n); Gesuch, s. n.
  (es, e); Forderung, s. f.
  (—, en); Frage, s. f.
  (—, n).
Demander, fragen, v. a.
Démentir, Lügen strafen,
  widerlegen, v. a.
Demeure, Wohnung, s. f.
  (—, en); Aufenthalt, s.
  m. (es, ...).
Demi, halb, adj.
Démontrer, begreifen, er=
  klären, v. a.
Denrée, Eßwaare, s. f.
  (—, n).
Dent, Zahn, s. m. (es, "e).
Dentelle, Spitze, Kante,
  s. f. (—, n).
Dentiste, Zahnarzt, s. m.
  (es, "e).
Départ, Abreise, Abfahrt,
  s. f. (—, en).
Dépêcher, fördern, be=
  schleunigen, abfertigen,
  v. a.
Dépense, Ausgabe, s. f.
  (—, n); Aufwand, s. m.
  (es, "e).

Dépit, Verdruß, s. m.
(es, "e); Aerger, s. m.
(s, —).
Déplaire, mißfallen, v. ir.;
v. tomber.
Dernier, letzte, vorige, adj.
Derrière, hinter, prép.;
hinten, adv.
Dès, seit, von… an, prép.
Désaccord, Uneinigkeit,
s. f. (—, en).
Désarmer, entwaffnen,
v. a.   (es, e).
Désastre, Unglück, s. n.
Désavantage, Nachtheil,
s. m. (es, e).
Désaveu, Ableugnung, s.
f. (—, en).
Désavouer, leugnen, v. a.
Désert, Wüste, Einöde, s.
f. (—, n).
Désespoir, Verzweiflung,
s. f. (—, en).
Déshabiller, auskleiden,
v. a.
Déshériter, enterben, v. a.
Désigner, bezeichnen, an-
zeigen, v. a.
Désir, Verlangen, s. m.
(s, —); Sehnsucht, s.
f. (—, …); Wunsch, s.
m. (es, "e).

Désolation, Verwüstung,
Trostlosigkeit, s. f. (—, en).
Désoler, verwüsten, betrü-
ben, v. a.
Désordre, Unordnung,
Ausschweifung, Uneinig-
keit, s. f. (—, en).
Dessein, Vorhaben, s. n.
(s, —); Absicht, s. f.
(—, en); Entwurf, An-
schlag, s. m. (es, "e).
Dessert, Nachtisch, s. m.
(es, e).
Dessin, Zeichnung, s. f.
(—, en); Riß, s. m. (es, e).
Dessiner, zeichnen, v. a.
Dessous, darunter, unten,
adv.
Dessus, darauf, adv.
Destinée, Schicksal, Ge-
schick, Verhängniß, s. n.
(es, e).
Destiner, bestimmen, v. a.
Destituer, absetzen, ent-
setzen, v. a.
Destructeur, Zerstörer,
s. m. (s, —).
Désunir, trennen, verun-
einigen, v. a.
Détour, Krümme, s. f.
(—, n); Umweg, s. m.
(es, e).

Détourner, abbringen, v.
ir.: v. apporter; ab=
lenken, abwenden, v. a.

Détresse, Noth, s. f.
(—, "en).

Détroit, Meerenge, s. f.
(—, n); Paß, s. m.
(es, "e).

Détruire, zerstören, v. a.;
verderben, v. ir.; v.
périr.

Dette, Schuld, s. f. (—,
en).

Deuil, Traurigfeit, Trauer
s. f. (—, ...).

Dévaliser, plündern, be=
rauben, v. a.

Devant, vor, prép.; vorn,
adv.

Devenir, werden, v. aux.;
imp. wurde, p. gewor=
den.

Deviner, wahrsagen, v. n.;
errathen, v. ir.; v. con-
seiller.

Devoir, sollen, v. n.;
müssen, v. ir.; imp.
mußte, p. gemußt.

Dévorer, fressen, v. ir.;
imp. fraß, p. gefressen.

Dévot, andächtig, fromm,
adj.

Dévoué, gewidmet, erge=
ben, adj.

Dévouer, widmen, v. a.

Diable, Teufel, s. m.
(s, —).

Dieu, Gott, s. m. (es, "er).

Difficile, schwer, eigensin=
nig, adj.

Difficulté, Schwierigfeit,
Einwendung, s. f. (—,
en); Zwist, s. m. (es, e).

Digestion, Verdauung,
s. f. (—, en).

Digne, werth, würdig, adj.

Dignité, Würde, s. f. (—, n).

Digue, Damm, s. m. (es,
"e).

Diligence, Emsigfeit, Ge=
schwindigfeit, s. f. (—, ...);
Postwagen, s. m. (s, -).

Diligent, emsig, geschwind,
fleißig, adj.

Dimanche, Sonntag, s. m.
(s, e).

Diminuer, vermindern,
verfleinern, v. a.

Dindon, Truthahn, s. m.
(s, "e).

Diné, Mittagessen, s. n.
(s, —).

Diner, zu Mittag essen,
v. ir.; v. manger.

Dire, sagen, v. a.; spre=
chen, v. ir.; imp. sprach,
p. gesprochen.

Diriger, leiten, führen,
v. a.

Disciple, Schüler, s. m.
(ß, —).

Discipline, Zucht, Ord=
nung, s. f. (—, ...).

Discrétion, Bescheiden=
heit, Verschwiegenheit,
s. f. (—, ...); Belieben,
s. n. (ß, ...).

Disposer, ordnen, anord=
nen, vorbereiten, v. a.

Dispute, Streit, s. m.
(eß, e); Wortwechsel,
s. m. (ß, —).

Disputer, streiten, v. ir.;
imp. stritt, p. gestrit=
ten.

Dissipation, Verschwen=
dung, s. f. (—, en).

Dissuader, widerrathen,
abrathen, v. ir.; v. con-
seiller.

Distance, Abstand, s. m.
(eß, "e).

Distinction, Unterschei=
dung, Auszeichnung, s.
f. (—, en); vornehmer
Stand, s. m. (eß, "e).

Distinguer, unterscheiden,
auszeichnen, v. a.

Distraire, zerstreuen, v. a.

Distribuer, vertheilen,
eintheilen, v. a.

Distribution, Verthei=
lung, s. f. (—, en).

Divers, verschieden, man=
cherlei, adj.

Divertir, belustigen, ver=
gnügen, ergötzen, v. a.

Divin, göttlich, adj.

Divination, Wahrsagung,
s. f. (—, en).

Divinité, Gottheit, s. f.
(—, en).

Diviser, theilen, vertheilen,
trennen, v. a.   [adj.

Docile, gelehrig, folgsam,

Docte, gelehrt, adj.

Doigt, Finger, s. m.
(ß, —); Zehe, s. f.
(—, n).

Dominer, herrschen, be=
herrschen, v. a.

Dompter, bezwingen, v.
ir.; v. forcer; zähmen,
bändigen, v. a.

Don, Geschenk, s. n. (eß, e);
Gabe, s. f. (—, n).

Donc, also, folglich, denn,
doch, adv.

Donner, geben, v. ir.; imp. gab, p. gegeben; schenken, v. a.

Dont, dessen, deren, davon, partic.

Dormir, schlafen, v. ir.; imp. schlief, p. geschlafen.

Dos, Rücken, s. m. (ß, –).

Dotation, Ausstattung, Begabung, s. f. (– , en).

Double, doppelt, falsch, adj.

Douceur, Süßigkeit, Lieb= lichkeit, Sanftheit, s. f. (—, en).

Douleur, Schmerz, s. m. (ens, en).

Doute, Zweifel, s. m. (ß, —).

Doux, süß, anmuthig, sanft, adj.

Drap, Tuch, s. n. (eß, "er).

Droit, gerade, recht, red= lich, adj.

Droit, Recht, s. n. (eß, ...); Abgabe, Auflage, s. f. (—, n).

Drôle, drollig, lustig, adj.

Duc, Herzog, s. m. (eß, "e).

Dupe, Betrogene, s. m. (n, n); Narr, s. m. (en, en).

Dur, hart, rauh, schwer, adj.

Durable, dauerhaft, adj.

Durant, während, prép.

Duvet, Flaumfeder, s. f. (—, n).

E.

Eau, Wasser, s. n. (ß, —).

Ébranler, erschüttern, v. a.

Écaille, Schuppe, Schale, s. f. (—, n).

Écarter, entfernen, able= gen, v. a.

Échange, Tausch, s. m. (eß, "e).

Échapper, entspringen, v. ir.; v. sauter; ent= laufen, v. ir.; v. cou- rir.

Échéance, Verfallzeit, s. f. (—, en).

Échec, Schach, s. n. (eß, ...); Verlust, s. m. (eß, "e).

Échelle, Leiter, s. f. (–, n).

Échouer, stranden, schei= tern, v. n.

Éclair, Blitz, s. m. (eß, e).

Éclaircir, erhellen, auf= hellen, v. a.

Éclairer, leuchten, bligen, v. n.

Éclat, Splitter, s. m. (ß, —); Span, s. m. (ß, "e); Glanz, s. m. (eß, ...); Schall, Knall, s. m. (eß, e); Auffehen, s. n. (ß, ...).

École, Schule, s. f. (—, n).

Écolier, Schüler, s. m. (ß, —).

Économe, sparfam, adj.

Écorce, Rinde, Schale, s. f. (—, n).

Écorcher, fchinden, v. ir.; imp. fchund, p. gefchunden; befchädigen, v. a.

Écot, Zeche, s. f. (—, n); Gelag, s. n. (eß, e).

Écouler, ablaufen, v. ir.; v. courir; abfließen, v. ir.; v. couler.

Écouter, hören, horchen, v. n.

Écrevisse, Krebs, s. m. (eß, e).

Écrire, fchreiben, v. ir.; imp. fchrieb, p. gefchrieben.

Écrit, Schrift, s. f. (-, en).

Écru, roh, ungebleicht, adj.

Écu, Thaler, s. m. (ß, —).

Écueil, Klippe, s. f. (-, n).

Écuelle, Napf, s. m. (eß, "e).

Écume, Schaum, s. m. (eß, "e).

Écureuil, Eichhörnchen, s. n. (ß, —).

Écurie, Stall, s. m. (eß, "e).

Édifice, Gebäude, s. n. (ß, —).

Éducation, Erziehung, s. f. (—, en).

Effectuer, bewirken, ausrichten, v. a.

Effet, Wirkung, That, s. f. (—, en).

Effleurer, ftreifen, rigen, v. a.

s'Efforcer, fich anftrengen, fich bemühen, v. r.

Effraction, Einbruch, s. m. (eß, "e).

Effrayer, erfchrecken, v. ir.; imp. erfchrack, p. erfchrocken.

Égal, gleich, adj.

Égard, Achtung, Rückficht, s. f. (—, en).

Égarer, irre führen, v. a.

Église, Kirche, s. f. (—, n).

Égorger, schlachten, er=
würgen, v. a.

Égorgeur, Würger, Mör=
der, s. m. (ß, —).

Égout, Abfluß, s. m.
(es, "e).

Élargir, erweitern, aus=
weiten, v. a.   [(—, en).

Élection, Wahl, s. f.

Élévation, Erhöhung, Er=
habenheit, s. f. (—, en).

Élève, Zögling, s. m.
(es, e).

Élever, erziehen, v. ir.;
v. tirer; erhöhen, v. a.

Élire, wählen, erwählen,
v. a.

Éloge, Lob, s. n. (es, …);
Lobspruch, s. m. (es, "e);
Lobrede, s. f. (—, n).

Éloigner, verzögern, ent=
fernen, v. a.

Éloquence, Beredsamkeit,
s. f. (—, en).

Éloquent, beredt, adj.

Emballer, einpacken, v. a.

Embarquer, einschiffen,
v. a.

Embarras, Hinderniß, s.
n. (es, e); Schwierig=
keit, Verlegenheit, s. f.
(—, en).

Embarrasser, versperren,
hindern, hemmen, ver=
wickeln, v. a

Embellir, verschönern,
v. a.

Emblème, Sinnbild, s n.
(es, er).

Embrasser, umarmen,
umfassen, erfassen, v. a.

Embuscade, Hinterhalt,
s. m. (es, e).

Émeute, Aufstand, Auf=
lauf, s. m. (es, "e).

Éminent, erhaben, hoch,
vortrefflich, adj.

Emmener, wegführen,
fortführen, v. a.

Émotion, Gemüthsbewe=
gung, s. f. (—, en).

Émousser, stumpfmachen,
v. a.

Émouvoir, bewegen, v. a.

Empêchement, Hinder=
niß, s. n. (es, sse).

Empêcher, hindern, ver=
hindern, v. a.

Empereur, Kaiser, s. m.
(ß, —).

Empire, Gewalt, s. f.
(—, …); Reich, s. m.
(es, e); Kaiserthum, s.
n. (ß, "er).

Empirer, verschlimmern, v. a.

Emplette, Einkauf, s. m. (es, "e).

Emplir, füllen, anfüllen, v. a.

Emploi, Gebrauch, s. m. (es, "e); Amt, s. n. (es, "er); Dienst, s. m. (es, e).

Employer, anwenden, verwenden, v. ir.; v. tourner; anstellen, v. a.

Empoisonnement, Vergiftung, s. f. (—, en).

Emporter, wegnehmen, v. ir.; v. prendre; wegtragen, v. ir.; v. porter; erlangen, v. a.

Empressé, eifrig, emsig, adj.

s'Empresser, sich beeifern, sich bestreben, v. r.

Emprisonnement, Verhaftung, s. f. (—, en); Verhaft, s. m. (es, e).

Emprunt, Anleihe, s. f. (—, n).

Emprunter, lehnen, borgen, v. a.

En, in, an, bei, nach, auf, prép.

Enchaîner, an die Kette legen, fesseln, verketten, v. a.

Enchanter, bezaubern, entzücken, v. a.

Enchanteur, Zauberer, s. m. (s, —).

Enchérir, steigern, theuer machen, v. a.; aufschlagen, v. ir.; v. frapper.

Encore, noch, noch einmal, auch, adv.

Encourager, Muth machen, ermuntern, v. a.

Encre, Dinte, s. f. (—, n).

Encrier, Dintenfaß, s. n. (es, "er).

Endurer, erdulden, v. a.

Énergie, Nachdruck, s. m. (es, ...); Kraft, s. f. (—, "e).

Énerver, entkräften, entnerven, v. a.

Enfance, Kindheit, s. f (—, ...). [er).

Enfant, Kind, s. n. (es,

Enfanter, gebären, v. ir.; imp. gebar, p. geboren.

Enfer, Hölle, s. f. (—, ...).

Enfermer, einschließen, v. ir.; v. fermer; enthalten, v. ir.; v. tenir.

Enfin, endlich, zuletzt, adv.

Enflure, Geschwulst, s. f.
(—, "e).

Engager, verpfänden, veranlassen, v. a.; anwerben, v. ir.; v. enrôler.

Engelure, Frostbeule, s. f.
(—, n).

Engendrer, zeugen, erzeugen, v. a.

Énigme, Räthsel, s. n.
(s, —).

Enivrant, berauschend, adj.

Enivrement, Trunkenheit, s. f. (—, ...).

Enjeu, Einsatz, s. m.
(es, "e).

Enlacer, flechten, v. ir.; imp. flocht, p. geflochten.

Enlèvement, Entführung, s. f. (—, en).

Ennemi, Feind, s. m. (es, e).

Ennui, lange Weile, s. f.
(—, ...); Verdruß, s. m. (es, "e).

Énorme, übermäßig, ungeheuer, adj.

s'Enquérir, sich erkundigen, v. r.

Enragé, rasend, toll, wüthend, adj.

Enrhumé, den Schnupfen habend, erkältet, adj.

Enrichir, bereichern, v. a.

Enrôler, werben, v. ir.; imp. warb, p. geworben; anwerben, v. a.

Enroué, heiser, adj.

Enrouement, Heiserkeit, s. f. (—, en).

Enseigne, Kennzeichen, s. n. (s, —); Aushängeschild, s. n. (es, er); Fahne, s. f. (—, n).

Enseignement, Unterweisung, Lehre, s. f. (—, n).

Enseigner, unterrichten, lehren, v. a.

Ensemble, zugleich, zusammen, adv.

Ensuite, hierauf, nachher, adv.

Entendre, hören, anhören, v. a.; begreifen, v. ir.; v. saisir; meinen, v. a.

Enterrement, Begräbniß, s. n. (es, e).

Enterrer, begraben, v. ir.; v. creuser.

Entêtement, Eigensinn, Starrsinn, s. m. (es, ...),

Entier, ganz, gänzlich, völlig, adj.

Entorse, Verrenkung, s. f. (—, en).

Entortillé, verwirrt, verwickelt, adj.

Entourage, Umgebung, s. f. (—, en).

Entrailles, Eingeweide, s. n. (8, n).

Entraîner, fortreißen, wegreißen, hinreißen, v. ir.; v. rompre.

Entrée, Eingang, s. m. (e8, "e); Eintritt, s. m. (e8, e); Einzug, s. m. (e8, "e),

Entremets, Zwischengericht, s. n. (e8, e).

Entremise, Vermittelung, s. f. (—, en).

Entreprenant, unternehmend, adj.

Entreprendre, unternehmen, übernehmen, v. ir.; v. prendre.

Entreprise, Unternehmung, s. f. (—, en).

Entrer, eintreten, v. ir.; v. fouler; herein= ou hineingehen, v. ir.; v. aller.

Entretien, Unterhaltung, s. f. (—, en); Unterhalt, s. m. (e8, ...).

Entrevue, Zusammenkunft, s. f. (—, "e).

Envelopper, einwickeln, verhüllen, v. a.

Envers, gegen, prép.

Envie, Neid, s. m. (e8, ...); Lust, s. f. (—, "e); Verlangen, s. n. (8, —).

Environ, ungefähr, adv.

Environs, Umgebung, s. f. (-, en).   [(-, en).

Envoi, Sendung, s. f.

Envoyer, senden, v. ir.; imp. sandte, p. gesandt; schicken, v. a.

Épais, dick, dicht, adj.

Épargne, Sparsamkeit, s. f. (—, ...).

Épaule, Schulter, Achsel, s. f. (—, n).

Épée, Degen, s. m. (8, -); Schwert (e8, er).

Épi, Aehre, s. f. (—, n).

Épice, Gewürz, s. n. (e8, e); Würze, s. f. (—, n).

Épicier, Spezereihändler, s. m. (8, —).

Épier, belauern, ausspähen, v. a.

Épine, Dorn, s. m. (es,
  en).   [(—, n).
Épingle, Stecknadel, s. f.
Épousailles, Trauung, s.
  f. (—, en).
Épouse, Gattin, s. f.
  (—, en).
Épouser, heirathen, v. a.
Époux, Mann, s. m. (es,
  "er); Gatte, s. m. (n, n).
Épreuve, Probe, s. f.
  (—, n); Versuch, s. m.
  (es, e).
Épuiser, erschöpfen, aus=
  schöpfen, v. a.
Épurer, reinigen, läutern,
  v. a.
Équité, Billigkeit, s. f.
  (—, en).
Érection, Aufrichtung, Er=
  richtung, s. f. (—, en).
Ériger, aufrichten, errich=
  ten, v. a.
Ermite, Einsiedler, s. m.
  (s, —).
Errant, irrend, adj.
Errer, irren, v. n.; irre
  gehen, v. ir.; v. aller.
Erreur, Irrthum, s. m.
  (s, "er).
Éruption, Ausbruch, s. m.
  (es, "e).

Escadre, Geschwader, s.
  m. (s, —).
Escalier, Treppe, s. f.
  (—, n).
Escarbot, Käfer, s. m.
  (s, —).
Escargot, Schnecke, s. f.
  (—, n).   [(n, n).
Esclave, Sclave, s. m.
Escrimer, fechten, v. ir.;
  imp. focht, p. gefochten.
Escroc, Gauner, s. m.
  (s, —).
Escroquerie, Gaunerei,
  Prellerei, s. f. (—, en).
Espace, Raum, s. m.
  (es, "e); Strecke, s. f.
  (—, n).
Espèce, Gattung, Art,
  s. f. (—, en).
Espérance, Hoffnung, Er=
  wartung, s. f. (—, en).
Espérer, hoffen, v. a.
Esprit, Geist, s. m. (es,
  er); Seele, s. f. (—, n);
  Gemüth, s. n. (es, er);
  Verstand, s. m. (es, ...);
  Witz, s. m. (es, e); Ge=
  spenst, s. n. (es, er).
Essai, Versuch, s. m. (es, e).
Essuyer, abtrocknen, er=
  dulden, v. a.

Est, Oſt, s. m. (es, …);
Oſten, s. m. (s, …).

Estampe, Kupferſtich, s.
m. (es, e).

Estimer, ſchätzen, achten,
hochachten, v. a.; mei=
nen, v. n.

Estomac, Magen, s. m.
(s, "—).

Étable, Viehſtall, s. m.
(es, "e).

Étang, Teich, s. m. (es, e).

État, Stand, s. m. (es, "e);
Liſte, s. f. (—, n); Staat,
s. m. (es, en).

Été, Sommer, s. m. (s, -).

Éteindre, löſchen, auslö=
ſchen, dämpfen, ſchwä=
chen, tilgen, v. a.

Étendre, ausbreiten, aus=
ſtrecken, ausdehnen, v. a.

Étenduc, Ausdehnung, s.
f. (—, en); Umfang,
s. m. (es, "e).

Éternel, ewig, adj.

Éternuer, nieſen, v. n.

Étincelle, Funke, s. m.
(ns, n).

Étoffe, Stoff, s. m. (es, e);
Zeug, s. n. (es, e).

Étoile, Stern, s. m.
(s, en).

Étonnement, Erstaunen,
s. m. (s, …); Verwun=
derung, s. f. (—, en).

Étouffer, erſticken, v. a.
et n.

Étourdi, unbeſonnen, adj.

Étrange, fremd, ſeltſam,
adj. [(n, n).

Étranger, Fremde, s. m.

Étrangler, erwürgen, er=
droſſeln, erſticken, v. a.

Ètre, ſein, v. aux.; imp.
war, p. geweſen.

Ètre, Weſen, s. n. (s, —).

Étrenne, Neujahrsge=
ſchenk, s. n. (es, e);
Handgeld, s. n. (es, er);
erſte Gebrauch, s. m.
(es, …) [(s, —).

Étrier, Steigbügel, s. m.

Étroit, enge, ſchmal, adj.

Étude, Studiren, s. n.
(s, …); Schreibſtube,
s. f. (—, n).

s'Évader, entwiſchen, v. n.

Évaluation, Schätzung, s.
f. (—, en).

s'Évanouir, ohnmächtig
werden, v. ir.; v. deve-
nir.

Éveiller, erwecken, auf=
muntern, v. a.

Éventail, Fächer, s. m.
(s, —).

Évêque, Bischof, s. m.
(es, "e).

Évident, augenscheinlich,
klar, adj.

Éviter, meiden, v. ir.;
imp. mied, p. gemieden;
ersparen, v. a.

Exact, genau, pünktlich,
adj.

Exactitude, Genauigkeit,
s. f. (—, ...).

Exagération, Uebertrei=
bung, s. f. (—, en).

Examiner, prüfen, unter=
suchen, v. a.

Excéder, überschreiten, v.
ir.; v. marcher.

Excellent, vortrefflich, adj.

Exception, Ausnahme, s.
f. (—, n).   [v. a.

Exciter, erregen, reizen,

Exclusion, Ausschluß, s.
m. (es, "e).

Excursion, Streiferei, s.
f. (—, en).

Excuse, Entschuldigung,
s. f. (—, en).

Exécuter, ausführen, voll=
strecken, auspfänden, hin=
richten, v. a.

Exécuteur, Vollzieher,
Scharfrichter, s. m. (s,-).

Exécution, Ausführung,
Auspfändung, Hinrich=
tung, s. f. (—, en).

Exemple, Muster, s. n.
(s, —); Beispiel, s. n.
(s, e).

Exercer, üben, ausüben,
v. a.

Exercice, Uebung, Aus=
übung, s. f. (—, en).

Exhalaison, Ausdünstung
s. f. (—, en).

Exhaler, ausdünsten v. a.

Exhortation, Ermahnung
s. f. (—, en).

Exiger, fordern, verlan=
gen, v. a.

Exiler, verweisen, v. ir.;
v. montrer.

Existence, Dasein, s. n.
(s, ...).

Exister, sein, v. ir.; v.
être.

Expédier, fördern, beför=
dern, ausfertigen, v. a.

Expérience, Erfahrung,
s. f. (—, en); Versuch,
s. m. (es, e).

Exposer, ausstellen, aus=
setzen, auslegen, v. a.

Exposition, Ausstellung,
Aussetzung, s. f. (—, en).

Exprès, ausdrücklich, vor=
sätzlich, adj.

Expulsion, Vertreibung,
s. f. (—, en).

Extase, Entzückung, s. f.
(—, en).

Extérieur, äußerlich, äu=
ßere, adj.

Extraordinaire, außeror=
dentlich, adj.

Extravagance, Unge=
reimtheit, Ausschwei=
fung, s. f. (—, en).

Extrême, äußerst, über=
trieben, adj.

F.

Fable, Fabel, s. f. (—, n).

Face, Angesicht, Gesicht,
s. n. (es, er); Seite, s.
f. (—, n).

Fâché, erzürnt, unwillig,
böse, adj.

Fâcher, ärgern, erzürnen,
böse machen, v. a.

Facile, leicht, gefällig,
nachsichtig, adj.

Façon, Form, Gestalt, s.
f. (—, en).

Facteur, Factor, s. m.
(en, en); Briefträger,
s. m. (s, —).

Faction, Partei, s. f.
(—, en); Schildwache,
s. f. (—, n).

Faculté, Kraft, s. f. (-, "e);
Vermögen, s. n. (s, —).

Fade, unschmackhaft, adj.

Faible, schwach, adj.

Faiblesse, Schwäche, s. f.
(—, n); Ohnmacht, s. f.
(—, "e).

Faiblir, schwach werden,
v. ir.; v. devenir.

Faillir, fehlen, irren, v. n.

Faim, Hunger, s. m. (s, ...).

Faire, machen, v. a.; thun,
v. ir.; imp. that, p.
gethan.

Fait, That, s. f. (—, en);
Sache, s. f. (—, n).

Falloir, müssen, v. ir.;
prés. muß, imp. mußte,
p. gemußt; bedürfen, v.
ir.; prés. bedarf, imp.
bedurfte, p. bedurft.

Familier, vertraut, be=
kannt, adj.

Famine, Hungersnoth, s.
f. (—, ...).　　　　[adj.

Fanatique, schwärmerisch,

Fantaisie, Einbildungs=
kraft, s. f. (—, ...); Ein=
bildung, s. f. (—, en);
Laune, s. f. (—, n).

Fantôme, Gespenst, Trug=
bild, s. n. (es, er).

Farine, Mehl, s. n. (s, e).

Farouche, wild, scheu, adj.

Fat, Geck, s. m. (en, en).

Fatal, unglücklich, adj.

Fatalité, Verhängniß, s. f.
(es, e). [schwerlich, adj.

Fatigant, ermüdend, be=

Fatigue, Ermüdung, s. f.
(—, en).

Faubourg, Vorstadt, s. f.
(—, "e). [(n, n).

Faucon, Falke, s. m.

Faute, Fehler, s. m. (s, -);
Versehen, s. n. (s, —);
Schuld, s. f. (—, ...).

Fauteuil, Lehnstuhl, Arm=
stuhl, s. m. (s, "e).

Fautif, fehlerhaft, unrich=
tig, adj. [echt, adj.

Faux, falsch, unwahr, un=

Faveur, Gunst, s. f. (-"e);
Gefälligkeit, s. f. (-, en).

Favorable, günstig, ge=
neigt, gewogen, adj.

Favori, Günstling, s. m.
(es, e).

Fécond, fruchtbar, adj.

Fécondité, Fruchtbarkeit,
s. f. (—, en).

Fée, Fee, s. f. (—, n);
Zauberin, s. f. (—, en).

Félicitation, Glückwunsch
s. m. (es, "e).

Félicité, Glückseligkeit,
Seligkeit, s. f. (—, en).

Féminin, weiblich, wei=
bisch, adj.

Femme, Frau, s. f. (—, en);
Weib, s. n. (es, er).

Fendre, spalten, zerspal=
ten, zersprengen, v. a.

Fenêtre, Fenster, s. n.
(s, —).

Féodal, lehnbar, adj.

Féodalité, Lehnbarkeit, s.
f. (—, ...).

Fer, Eisen, s. n. (s, —);
Fesseln, pl.

Fer-blanc, Blech, s. n.
(es, ...).

Ferme, Pachtgut, s. n.
(es, "er); Meierei, s. f.
(—, en).

Ferme, fest, stark, stand=
haft, adj.

Fermenter, gähren, v.
ir.; imp. gohr, p. ge=
gohren.

Fermer, ſchließen, v. ir.; imp. ſchloß, p. geſchloſſen; zumachen, v. a.

Fermeté, Feſtigkeit, Standhaftigkeit, s. f. (—, ...).

Fermeture, Verſchließung, s. f. (—, en); Schluß, s. m. (eß, "e).

Féroce, wild, grimmig, adj.

Férocité, Wildheit, Grauſamkeit, s. f. (—, en).

Fertile, fruchtbar, adj.

Fertilité, Fruchtbarkeit, s. f. (—, ...).

Ferveur, Eifer, s. m. (ß, ...).

Fête, Feſt, s. n. (eß, e); Namenstag, s. m. (eß, e).

Fêter, feiern, v. a.

Feu, Feuer, s. n. (ß, —).

Feuille, Blatt, s. n. (eß, "er); Bogen, s. m. (ß, -).

Feuilleter, blättern, v. n.; durchblättern, v. a.

Feutre, Filz, s. m. (eß, e).

Fève, Bohne, s. f. (—, n).

Février, Februar, s. m. (ß, e).

Fiacre, Miethkutſche, s. f. (—, n).

Fiançailles, Verlobung s. f. (—, en).

Fiancé, Verlobte, s. m. (n, n).

Fiancer, verloben, v. a.

Ficelle, Bindfaden, s. m. (ß, —).   [big, adj.

Fidèle, treu, getreu, gläu-

Fidélité, Treue, s. f. (—, ...).

Fief, Lehn, s. n. (ß, e).

Fier, anvertrauen, v. a.

Fier, ſtolz, trotzig, kühn, adj.

Fièvre, Fieber, s. n. (ß, —).

Fil, Faden, s. m. (ß, "-); Garn, s. n. (eß, e).

File, Reihe, s. f. (—, n).

Filer, ſpinnen, v. ir.; imp. ſpann, p. geſponnen.

Filet, Netz, s. n. (eß, e).

Fille, Tochter, s. f. (-, "-); Mädchen, s. n. (ß, —); Jungfer, s. f. (—, n).

Filleul, Pathe, s. m. (n, n).

Filou, Spitzbube, s. m. (n, n).

Fils, Sohn, s. m. (eß, "e).

Fin, Ende, s. n. (ß, n); Zweck, s. m. (eß, e); Abſicht, s. f. (—, en).

Fin, fein, liſtig, ſchlau, adj.

Finir, endigen, v. a.

Fixe, feſt, unbeweglich, ge=
  wiß, adj.

Fixer, beſtimmen, feſtma=
  chen, v. a.

Flacon, Flaſche, s. f. (–, n).

Flatter, ſchmeicheln, v. a.

Fléchir, biegen, v. ir.;
  imp. bog, p. gebogen;
  rühren, bewegen, v. a.

Flétrir, welken, v. n.; be=
  ſchimpfen, v. a.

Fleur, Blume, Blüthe,
  s. f. (–, n).

Fleurir, blühen, v. n.

Fleuve, Strom, s. m.
  (es, "e).

Flexible, biegſam, lenk=
  ſam, adj.

Florin, Gulden, s. m.
  (s, –).

Flot, Welle, Woge, s. f.
  (–, n); Fluth, s. f.
  (–, en).

Flotter, ſchwimmen, v. ir.;
  v. nager; ſchweben,
  ſchwanken, v. n.

Flûte, Flöte, s. f. (–, n).

Flux, Fluth, s. f. (–, en).

Foi, Glaube, s. m. (ns, …);
  Treue, s. f. (–, …).

Foie, Leber, s. f. (–, n).

Foin, Heu, s. n. (es, …).

Foire, Meſſe, s. f. (–, n);
  Jahrmarkt, s. m.¹ (es,
  "e).

Folâtre, muthwillig, leicht=
  fertig, adj.

Folie, Narrheit, Thorheit,
  s. f. (–, en).

Fond, Boden, s. m. (s, –);
  Grund, s. m. (s, "e).

Fondre, ſchmelzen, v. ir.;
  imp. ſchmolz, p. ge=
  ſchmolzen.

Fontaine, Quelle, s. f.
  (–, n); Springbrun=
  nen, s. m. (s, –).

Force, Kraft, s. f. (–, "e);
  Gewalt, s. f. (–, …).

Forcer, zwingen, v. ir.;
  imp. zwang, p. gezwun=
  gen; nöthigen, v. a.

Forêt, Wald, s. m. (es,
  "er); Forſt, s. m. (es, e).

Forge, Schmiede, s. f.
  (–, n).

Forme, Form, Geſtalt,
  s. f. (–, en).

Former, bilden, formen,
  machen, v. a.

Fort, ſtark, feſt, adj.

Forteresse, Feſtung, s. f.
  (–, en).

Fortune, Schicksal, Glück,
Unglück, s. n. (es, e).

Fosse, Grube, s. f.
(—, n); Gruft, s. f.
(—, "e); Grab, s. n.
(es, "er).

Fossé, Graben, s. m.
(s, "—).

Fou, närrisch, wahnsinnig,
adj.

Fou, Narr, s. m. (en, en).

Foudre, Blitz, s. m.
(es, e).

Fouler, treten, v. ir.;
imp. trat, p. getreten;
verletzen, v. a.

Foulure, Quetschung,
Verstauchung, s. f. (—,
en).

Four, Backofen, s. m.
(s, "—).

Fourchette, Gabel, s. f.
(—, n).

Fourmi, Ameise, s. f.
(—, n).

Fournir, versorgen, lie=
fern, v. a.

Fourrage, Futter, s. n.
(s, —).

Fourreau, Ueberzug, s. m.
(es, "e); Scheide, s. f.
(—, n).

Fourrure, Pelz, s. m.
(es, e).

Foyer, Herd, s. m. (es, e).

Fracas, Getöse, s. n. (s, —);
Lärm, s. m. (es, ...).

Fraction, Bruch, s. m.
(es, "e).

Fragile, zerbrechlich,
schwach, adj.

Fraîcheur, Kühlung, s.
f. (—, en).

Frais, frisch, kühl, neu,
adj.

Frais, Kosten, Unkosten,
pl.

Fraise, Erdbeere, s. f.
(—, n).

Framboise, Himbeere, s.
f. (—, n).

Franc, frei, offenherzig,
redlich, adj.

Frapper, klopfen, pochen,
v. n.; auffallen, v. ir.;
v. tomber.

Frémir, schaudern, zittern,
brausen, v. n.

Fréquent, öfter, häufig,
gemein, adj.

Frère, Bruder, s. m. (s,
"—).

Fripon, Schelm, s. m.
(es, en).

Frisson, Schauer, s. m. (s, —).

Froid, kalt, kaltblütig, adj.

Fromage, Käse, s. m. (s, —).

Froment, Weizen, s. m. (s, —).

Froncer, falten, fälteln, v. a.

Front, Stirn, Frechheit, Vorderseite, s. f. (-, en).

Frontière, Grenze, s. f. (—, n).

Frotter, reiben, v. ir.; imp. rieb, p. gerieben.

Frugal, genügsam, mäßig, spärlich, adj.

Fruit, Frucht, s. f. (—, "e); Obst, s. n. (es, ...); Ertrag, s. m. (es, "e).

Fugitif, Flüchtling, s. m. (es, "e).

Fuir, fliehen, v. ir.; imp. floh, p. geflohen.

Fumée, Rauch, s. m. (es, ...); Dampf, s. m. (es, "e).

Funérailles, Leichenbegängniß, s. n. (es, e).

Funeste, traurig, unglücklich, adj.

Fureur, Wuth, s. f. (-, ...); Grimm, s. m. (es, ...).

Furie, Furie, s. f. (—, n); Wuth, s. f. (—, ..); Heftigkeit, s. f. (—, ...).

Fusil, Flinte, s. f. (-, n).

Futur, künftig, adj.

G.

Gage, Pfand, s. n. (es, "er); les —s; Lohn, s. m (s, ...).

Gager, wetten, besolden, v. a.

Gagner, gewinnen, v. ir.; imp. gewann, p. gewonnen.

Gai, munter, lustig, fröhlich, adv.

Gain, Gewinn, s. m. (es, e).

Gaine, Scheibe, s. f. (-, n).

Gant, Handschuh, s. m. (es, e).

Garantir, gewähren, verbürgen, v. a.

Garçon, Knabe, Bube, s. m. (n, n); Aufwärter, s. m. (s, —).

Garde, Wache, s. f. (-, n); Wärterin, Aufsicht, s. f. (—, en).

Garder, aufbewahren, be=
wachen, behüten, v. a.

Garnir, befetzen, v. a.

Gâteau, Kuchen, s. m.
(8, —).

Gâter, verderben, v. ir.;
imp. verbarb, p. verbor=
ben.

Gauche, link, schief, un=
geschickt, adj.

Gauche, linke Hand, s. f.
(—, "e).

Gazon, Rasen, s. m. (8, -).

Gazouillement, Gezwit=
scher, s. n. (8, —).

Géant, Riese, s. m.
(n, n).

Gelée, Frost, s. m. (e8, "e).

Geler, frieren, v. ir.; imp.
fror, p. gefroren.

Gémir, seufzen, ächzen,
v. n.

Gencive, Zahnfleisch, s. n.
(e8, e).

Gendre, Schwiegersohn,
s. m. (e8, "e).

Gêner, drücken, pressen,
hindern, v. a.

Génération, Geschlecht, s.
n. (e8, er).

Généreux, großmüthig,
edel, freigebig, adj.

Générosité, Edelmuth,
s. m. (e8, ...); Freige=
bigkeit, s. f. (—, ...).

Genou, Knie, s. n. (8, e).

Genre, Geschlecht, s. n.
(e8, e); Gattung, Art,
s. f. (—, en).

Gens, Leute, pl.

Gentil, artig, hübsch, fein,
adj.

Gerbe, Garbe, s. f. (—, n).

Gérer, führen, verwalten,
besorgen, v. a.

Germe, Keim, s. m. (e8, e).

Geste, Geberde, s. f.
(—, n).

Gestion, Verwaltung, s. f.
(—, en).

Gibet, Galgen, s. m.
(8, —).

Gibier, Wild, Wildpret,
s. n. (e8, ...).

Gigot, Hammelkeule, s. f.
(—, n).

Gilet, Weste, s. f. (—, n).

Gîte, Nachtlager, s. n.
(8, —).

Glace, Eis, s. n. (e8, e);
Spiegelglas, s. n. (e8,
"er).

Glaire, Schleim, s. m.
(e8, e).

Glaive, Schwert, s. n. (es, er).

Gland, Eichel, Ecker, Quaste, s. f. (—, n).

Glisser, gleiten, v. ir.; imp. glitt, p. geglitten.

Globe, Kugel, Weltkugel, s. f. (—, n).

Gloire, Ruhm, s. n. (es, ...); Ehre, s. f. (—, n).

Glorieux, rühmlich, ruhmvoll, glorreich, adj.

Gorge, Kehle, Gurgel, s. f. (—, n); Brust, s. f. (—, "e); Busen, s. m. (s, —).

Gorgée, Schluck, s. m. (es, "e).

Gosier, Schlund, Hals, s. m. (es, "e); Kehle, s. f. (—, n).

Goudron, Theer, s. m. (es, e).

Goût, Geruch, Geschmack, s. m. (es, "e).

Goûter, schmecken, kosten, versuchen, v. a.

Goutte, Tropfen, s. m. (s, —); Gicht, s. f. (—, ...).

Gouvernail, Steuerruder, s. n. (s, —).

Gouverner, verwalten, regieren, v. a.

Grabat, schlechtes Bett, s. n. (es, e).

Grâce, Gnade, Grazie, s. f. (—, n); Reiz, s. m. (es, e).

Gradation, Stufengang, s. m. (es, "e).

Grain, Korn, s. n. (es, "er); Getreide, s. n. (s, n).

Graine, Same, s. m. (ns, n).

Graisse, Fett, s. n. (es, e).

Graisser, schmieren, v. a.

Grand, groß, adj.

Grandeur, Größe, s. f. (—, n).

Grand'mère, Großmutter, s. f. (—, "—).

Grand-père, Großvater, s. m. (s, "—).

Grappe, Traube, s. f. (—, n).

Gras, fett, schmutzig, adj.

Gratitude, Dankbarkeit, s. f. (—, ...).

Gratter, kratzen, scharren, v. a.

Grave, schwer, gesetzt, ernst, adj.

Graver, graben, v. ir.;
imp. grub, p. gegraben.

Gravir, klettern, v. n.;
klimmen, v. ir.; imp.
klomm, p. geklommen.

Gravité, Schwere, s. f.
(—, ...); Ernſt, s. m.
(es, ...); Wichtigkeit,
s. f. (—, en).

Grêle, Hagel, s. m. (s, ..);
Schloſſen, pl.

Grenouille, Froſch, s. m.
(es, "e).

Griffe, Klaue, Kralle, s.
f. (—, n).

Gronder, murren, rollen,
v. n.

Gros, dick, adj.

Guêpe, Wespe, s. f. (—, n).

Guérir, heilen, v. a.

Guérison, Heilung, Ge-
neſung, s. f. (—, en).

Guerre, Krieg, s. m.
(es, e).

Guerrier, Krieger, s. m.
(s, —).

Guet, Wache, Schildwache,
s. f. (—, n).

Guetter, lauern, aufpaſ-
ſen, v. n.

Guide, Wegweiſer, Füh-
rer, s. m. (s, —).

Guider, leiten, führen,
v. a.

Guilleret, munter, aufge-
weckt, adj.

Guise, Art, s. f. (—, en);
Weiſe, s. f. (—, n).

H.

Habile, geſchickt, fähig,
adj.

Habilité, Geſchicklichkeit,
s. f. (—, en).

Habiller, kleiden, beklei-
den, ankleiden, v. a.

Habit, Kleid, s. n. (es, er).

Habitable, wohnbar, be-
wohnbar, adj.

Habitant, Bewohner, Ein-
wohner, s. m. (s, —).

Habitation, Wohnung, s.
f. (—, en).

Habiter, bewohnen, v. a.

Habitude, Gewohnheit, s.
f. (—, en).

Habituer, gewöhnen, v. a.

Hache, Art, s. f. (—, "e);
Beil (es, e).

Hacher, hacken, zerhacken,
v. a.

Haie, Hecke, s. f. (—, n);
Zaun, s. m. (es, "e).

Haine, Haß, s. m. (es, ...).

Haïr, haffen, v. a.

Haleine, Athem, s. m. (s, ...).

Haletant, feuchend, schnau=bend, adj.

Hameau, Weiler, s. m. (s, —); Dörfchen, s. n. (s, —).

Hanche, Hüfte, s. f. (-, n).

Hanneton, Maikäfer, s. m. (s, —).

Haras, Gestüte, s. n. (s, —).

Hardes, Kleidungsstücke, pl.

Hardi, kühn, dreist, be=herzt, adj.

Hardiesse, Kühnheit, s. f. (—, en).

Haricot, Bohne, s. f. (—, n).

Harpe, Harfe, s. f. (-, n).

Hasard, Ungefähr, s. n. (s, e); Zufall, s. m. (es, "e); Glück, s. n. (es, ...).

Hasarder, wagen, v. a.

Hâte, Eile, Eilfertigkeit, s. f. (-, ...).

Hâter, beschleunigen, för=dern, v. a.; eilen, v. n.

Hausser, erhöhen, v. a.

Haut, hoch, laut, adj.

Hautain, hochmüthig, stolz, adj.

Hauteur, Höhe, Anhöhe, s. f. (—, n).

Hebdomadaire, wöchent=lich, adj.

Herbe, Gras, Kraut, s. n. (es, "er).

Héréditaire, erblich, adj.

Héritage, Erbe, s. n. (s, n).

Hériter, erben, v. a. et n.

Héritier, Erbe, s. m. (n, n).

Héroïsme, Heldenmuth, s. m. (es, ...).

Héros, Held, s. m. (en, en).

Hésiter, zögern, unschlüs=sig sein, v. n.

Heure, Stunde, s. f. (—, n); Uhr, Zeit, s. f. (—, en).

Heureux, glücklich, gün=stig, adj.

Heurter, stoßen, v. ir.; imp. stieß, p. gestoßen, klopfen, pochen, v. n.

Hier, gestern, adv.

Hilarité, Fröhlichkeit, s. f. (—, ...).

Histoire, Geſchichte, Er=
zählung, s. f. (—, en).

Historien, Geſchichtſchrei=
ber, s. m. (ß, —).

Hiver, Winter, s. m.
(ß, —). [v. n.

Hiverner, überwintern,

Homard, Hummer, s. m.
(ß, —).

Homicide, Mord, s. m.
(es, e); Mörder, s. m.
(ß, —). [f. (—, en).

Hommage, Huldigung, s.

Homme, Menſch, s. m.
(en, en); Mann, s. m.
(es, "er).

Honnête, ehrlich, recht=
ſchaffen, adj.

Honnêteté, Ehrlichkeit,
Ehrbarkeit, Höflichkeit,
Erkenntlichkeit, s. f. (—,
en).

Honneur, Ehre, s. f. (–, n).

Honorer, ehren, verehren,
ſchätzen, v. a.

Honte, Scham, Schande,
s. f (—, …); Schimpf,
s. m. (es, e).

Honteux, beſchämt, ſcham=
haft, ſchüchtern, ſchimpf=
lich, adj.

Horloge, Uhr, s. f. (–, en).

Horloger, Uhrmacher, s.
m. (ß, —).

Horreur, Entſetzen, Grau=
ſen, s. n. (ß, …); Gräuel,
s. m. (ß, —).

Horrible, entſetzlich, ſchreck=
lich, gräßlich, adj.

Hostile, feindlich, feindſe=
lig, adj.

Hostilité, Feindſeligkeit,
s. f (—, en).

Hôte, Wirth, Gaſtwirth,
s. m. (es, e); Gaſt, s.
m. (es, "e).

Hôtel, Palaſt, Gaſthof, s.
m. (es, "e).

Hôtelier, Gaſtwirth, s.
m. (es, e).

Houblon, Hopfen, s. m.
(ß, —).

Houille, Steinkohle, s. f.
(—, n).

Huile, Oel, s. n. (ß, e).

Huitre, Auſter, s. f. (–, n).

Humain, menſchlich, leut=
ſelig, adj.

Humanité, Menſchheit,
Menſchlichkeit, Leutſe=
ligkeit, s. f. (—, en).

Humble, demüthig, erge=
benſt, adj.

Humide, feucht, naß, adj.

Humidité, Feuchtigkeit, Nässe, s. f. (—, ...).

Humiliant, demüthigend, kränkend, adj.

Humilier, demüthigen, erniedrigen, v. a.

Hurler, heulen, v. n.

Hutte, Hütte, s. f. (—, n).

Hypothèse, Voraussetzung, s. f. (—, en).

I.

Ici, hier, hierher, adv.

Idée, Idee, Vorstellung, s. f. (—, en); Begriff, s. m. (es, e); Einfall, Entwurf, s. m. (es, "e).

Idiome, Mundart, s. f. (—, en).

Idiot, dumm, unwissend, adj.

Ignoble, unedel, gemein, niedrig, adj.

Ignominie, Schande, s. f. (—, n).

Ignorance, Unwissenheit, s. f. (—, ...).

Ignoré, unbekannt, unbewußt, adj.

Ignorer, nicht wissen, v. ir.; v. savoir.

Ile, Insel, s. f. (—, n).

Illégal, widerrechtlich, gesetzwidrig, adj.

Illégalité, Widerrechtlichkeit, s. f. (—, en).

Illicite, unerlaubt, adj.

Illimité, unbegrenzt, adj.

Illisible, unleserlich, adj.

Illustre, berühmt, rühmlich, adj.

Image, Bild, Ebenbild, s. n. (es, er).

Imitation, Nachahmung, s. f. (—, en).

Immédiat, unmittelbar, adj.

Immense, unermeßlich, unendlich, adj.

Immobile, unbeweglich, adj.

Immoler, opfern, aufopfern, v. a.

Immoralité, Unsittlichkeit, Sittenlosigkeit, s. f. (—, en).

Immortalité, Unsterblichkeit, s. f. (—, ...).

Immortel, unsterblich, adj.

Impair, ungerade, unpaar, adj.

Imparfait, unvollkommen, adj.

Impatience, Ungeduld, s.
f. (—, ...).

Impératif, befehlend, ge=
bieterisch, adj.

Impérial, kaiserlich, adj.

Impie, gottlos, ruchlos,
adj.

Impitoyable, unbarmher=
zig, adj.

Implorer, anflehen, v. a.

Impoli, unhöflich, grob,
adj.

Important, wichtig, be=
trächtlich, adj.

Importer, einführen, v. a.

Importun, beschwerlich,
lästig, adj.

Impossibilité, Unmög=
lichkeit, s. f. (—, en).

Impôt, Auflage, s. f. (–, n).

Impression, Eindruck,
Abdruck, s. m. (es, "e).

Imprimer, drucken, auf=
drucken, eindrucken, v. a.

Imprimerie, Druckerei,
s. f. (—, en).

Imprudent, unklug, un=
vorsichtig, adj.

Incendie, Feuersbrunst,
s. f. (—, "e).

Incendier, in Brand ste=
cken, v. a.

Incertain, ungewiß, un=
beständig, adj.

Incision, Einschnitt, s. m.
(es, e).

Inclination, Neigung,
Verbeugung, s. f. (—,
en); Liebe, s f. (—, ...).

Incliner, neigen, v. a.

Incommode, unbequem,
lästig, beschwerlich, adj.

Inconnu, unbekannt, adj.

Indice, Merkmal, s. n.
(es, e); Anzeichen, s. n.
(s, —).

Indigence, Dürftigkeit,
Armuth, s. f. (—, ...).

Indigène, eingeboren, adj.

Indigent, arm, bedürftig,
adj.

Indigestion, Unverdau=
lichkeit, s. f. (—, en).

Indignation, Unwille, s.
m. (ns, n).

Indigne, unwürdig, nicht
werth, adj.

Indulgence, Nachsicht, s.
f. (—, ...); Ablaß, s.
m. (es, e).

Indulgent, nachsichtig, ge=
lind, adj.

Inégal, ungleich, uneben,
adj.

Inexactitude, Nachläſſig=
keit, Unrichtigkeit, s. f.
(—, en).

Inférieur, unter, geringer,
adj.

Infernal, höllifch, adj.

Infertile, unfruchtbar, adj.

Infidèle, ungetreu, treu=
los, adj.

Infinité, Unendlichkeit, s.
f. (—, en).

Infirme, fränklich, fchwäch=
lich, adj.

Information, Erkundi=
gung, s. f. (—, en).

Informer, unterrichten,
benachrichtigen, v. a.

Infortune, Unglück, s. n.
(es, e).

Infraction, Uebertretung,
Verletzung, s. f. (-, en).

Infuser, einweichen, v. a.;
aufgießen, v. ir.; v.
verser.

Ingrat, undankbar, adj.

Inhumain, unmenfchlich,
adj.

Inhumer, beerdigen, v. a.;
begraben, v. ir.; v.
creuser.

Inhumation, Beerdigung,
s. f. (—, en).

Injure, Beleidigung, s. f.
(—, en); Schimpfwort,
s. n. (es, e); Grobheit,
s. f. (—, en).

Injurier, beleidigen, fchim=
pfen, v. a.

Injuste, ungerecht, adj.

Innocence, Unfchuld, s.
f. (—, ...).

Inondation, Ueberfchwem=
mung, s. f. (—, en).

Inonder, überfchwemmen,
v. a.

Inscription, Inſchrift,
Auffchrift, Einfchrei=
bung, s. f. (—, en).

Insérer, einrücken, ein=
fchalten, v. a.

Insolence, Unverfchämt=
heit, s. f. (-, en); Ueber=
muth, s. m. (es, ...).

Insomnie, Schlaflofig=
keit, s. f. (—, ...).

Inspirer, begeiftern, v. a.

Instant, Augenblick, s. m.
(es, e).

Instituer, einfetzen, anord=
nen, ftiften, v. a.

Instruire, unterrichten,
belehren, berichten, v. a.

Instrument, Werkzeug, s.
n. (es, e).

Insulte, Beleidigung, s.
f. (—, en).
Intelligence, Verstand,
s. m. (es,...); Einsicht,
s. f. (—, en).
Interdire, untersagen, v. a.
Interdit, Verbot, s. n.
(es, e).
Intéressant, anziehend,
adj.
Intéressé, eigennützig,
adj.
Intéressé, Theilhaber,
Theilnehmer, s. m.
(s, —).
Intérêt, Vortheil, s. m.
(es, e); Nutzen, s. m.
(s,...); Theilnahme, s.
f. (—,...); Zinsen, pl.
Interprète, Uebersetzer,
Dolmetscher, Ausleger,
s. m. (s, —).
Interroger, fragen, be=
fragen, v. ir.; v. de-
mander.
Interrompre, unterbre=
chen, v. ir.; v. rompre.
Interruption, Unterbre=
chung, s. f. (—, en).
Intervalle, Zwischenraum,
s. m. (es, "e); Zwischen=
zeit, s. f. (—, en).

Intime, innig, vertraut,
geheim, adj.
Intolérable, unerträglich,
adj.
Intrépide, unerschrocken,
adj.
Intrépidité, Unerschrocken=
heit, s. f. (—, en).
Intrigant, ränkevoll, adj.
Introduire, einführen, v.
a.; hineinbringen, v.
ir.; v. apporter.
Inutile, unnütz, unbrauch=
bar, vergeblich, adj.
Invasion, feindlicher Ein=
fall, s. m. (es, "e).
Inventer, erfinden, v. ir.;
v. trouver; erdichten,
v. a.
Invention, Erfindung, s.
f. (—, en).
Inverse, verkehrt, umge=
kehrt, adj.
Investigation, Erfor=
schung, s. f. (—, en).
Investir, einsetzen, beleh=
nen, v. a.
Invincible, unüberwind=
lich, adj.
Inviolable, unverletzlich,
adj.
Invisible, unsichtbar, adj.

Invitation, Einladung, s.
f. (—, en).

Inviter, einladen, laden, v.
ir.; imp. lud, p. geladen.

Invoquer, anrufen, v. ir.;
v. appeler.   [adj.

Irrégulier, unregelmäßig,

Irréparable, unersetzlich,
adj.   [adj.

Irrésolu, unentschlossen,

Irritable, reizbar, adj.

Irriter, reizen, v. a.

Irruption, Einbruch, Ein=
fall, s. m. (es, "e).

Isolé, allein, einsam, adj.

Issue, Ausgang, s. m.
(es, "e).

Itinéraire, Reisebuch, s.
n. (es, "er).

Ivoire, Elfenbein, s. n.
(es, e).   adj.

Ivre, trunken, betrunken,

Ivresse, Trunkenheit, s.
f. (—, en); Rausch, s.
m. (es, "e).

Ivrogne, Trunkenbold, s.
m. (es, e).

J.

Jaillir, sprudeln, spritzen,
v. n.

Jalousie, Eifersucht, Miß=
gunst, s. f. (—, ...).

Jaloux, eifersüchtig, miß=
günstig, adj.

Jamais, je, jemals, nie,
niemals, adv.

Jambe, Bein, s. n. (es, e);
Fuß, s. m. (es, "e).

Jambon, Schinken, s. m.
(s, —).

Janvier, Januar, s. m.
(s, ...).

Jardin, Garten, s. m.
(s, " —).

Jardinier, Gärtner, s. m.
(s, —).

Jarret, Kniekehle, s. f.
(—, n).

Jarretière, Knieband, s.
n. (es, "er).   [v. n.

Jaser, plaudern, schwatzen,

Jatte, Napf, s. m. (es, "e).

Jaune, gelb, adj.

Jaunisse, Gelbsucht, s. f.
(—, ...).

Jet, Wurf, Schuß, s. m.
(es, "e).

Jeter, werfen, v. ir.; imp.
warf, p. geworfen.

Jeu, Spiel, s. n. (es, e).

Jeudi, Donnerstag, s. m.
(es, e).

Jeune, jung, adj.

Jeûne, Fasten, pl.; Fast=
tag, s. m. (es, e).

Jeûner, fasten, v. n.

Jeunesse, Jugend, s. f.
(—, ...).

Joie, Freude, s. f. (—, n);
Lust, s. f. (—, "e).

Joindre, zusammenfügen,
v. a.

Joint, Gelenk, s. n. (es, e);
Fuge, s. f. (—, n).

Joli, hübsch, artig, nieb=
lich, adj.

Jonc, Binse, s. f. (—, n).

Jonction, Vereinigung,
s. f. (—, en).

Joue, Wange, s. f. (—, n).

Jouer, spielen, v. n.

Jouet, Spielwerk, s. n.
(es, e).

Joug, Joch, s. n. (es, e).

Jouir, genießen, v. ir.;
imp. genoß, p. genossen.

Jouissance, Genuß, s. m.
(es, "e).

Jouissant, genießend, adj.

Jour, Tag, s. m. (es, e);
Licht, s. n. (es, ...).

Journellement, täglich,
adj.

Jovial, lustig, fröhlich, adj.

Jovialité, Frohsinn, s. m.
(es, e).

Joyau, Kleinod, s. n. (es,
ien); Schmuck, s. m.
(es, "e).

Judiciaire, gerichtlich, adj.

Juge, Richter, s. m. (s, -).

Jugement, Urtheil, Ge=
richt, s. n. (es, e); Be=
urtheilungskraft; s. f.
(—, "e).

Juger, richten, v. a. et n.;
urtheilen, v. n.

Juif, Jude, s. m. (n, n).

Juillet, Juli, s. m. (s, ...).

Juin, Juni, s. m. (s, ...).

Jumeau, Zwilling, s. m.
(es, e).   [(—, n).

Jument, Stute, s. f.

Jupe, Rock, Weiberrock, s.
m. (es, "e).

Jurement, Schwur, Fluch,
s. m. (es, "e).

Jurer, schwören, v. ir.;
imp. schwur, p. geschwo=
ren; fluchen, v. n.; lä=
stern, v. a.

Juridiction, Gerichtsbar=
keit, s. f. (—, en).

Jurisconsulte, Rechtsge=
lehrte, s. m. (n, n).

Jus, Saft, s. m. (es, "e).

Juste, gerecht, billig, recht, adj.

Justesse, Richtigkeit, s. f. (—, en).

Justice, Gerechtigkeit, s. f. (—, …); Recht, s. n. (es, …).

Justification, Rechtfertigung, s. f. (—, en).

Justifier, rechtfertigen, v. a.

L.

Là, da, dahin, dort, adv.

Laborieux, arbeitsam, mühsam, adj.

Labourer, ackern, pflügen, v. a.

Laboureur, Bauer, s. m. (n, n).

Lac, See, s. m. (s, n).

Lacer, schnüren, v. a.

Lâche, schlaff, träge, faul, feige, adj.

Lâcher, nachlassen, v. ir.; v. laisser.

Lâcheté, Feigheit, Niederträchtigkeit, s. f. (-, en).

Laid, häßlich, garstig, adj.

Laideur, Häßlichkeit, s. f. (—, en).

Lainage, Wollenwaare, s. f. (—, n).

Laine, Wolle, s. f. (-, n).

Laisser, lassen, v. ir.; imp. ließ, p. gelassen.

Lait, Milch, s. f (—, …).

Laitage, Milchspeise, s. f. (—, n).

Laiton, Messing, s. n. (s, …).

Laitue, Lattich, s. m. (es, e).

Lamaneur, Lootse, s. m. (n, n).

Lambeau, Lappen, Lumpen, s. m. (s, —).

Lamentable, kläglich, jämmerlich, adj.

Lamenter, klagen, jammern, v. n.

Lampe, Lampe, s. f. (—, n).

Lancer, werfen, v. ir.; imp. warf, p. geworfen; schießen, v. ir.; imp. schoß, p. geschossen.

Lande, Heide, Steppe, s. f. (—, n).

Langage, Sprache, Rede, s. f. (—, n).

Lange, Windel, s. f. (—, n).

Langue, Zunge, Sprache, s. f. (—, n).

Langueur, Mattigkeit, Entkräftigung, s. f. (—, en); Schmachten, s. n. (s, ...).

Languir, auszehren, verschmachten, v. n.

Languissant, matt, schwach, schmachtend, sehnsüchtig, adj.

Lapin, Kaninchen, s. n. (s, —).

Lard, Speck, s. m. (es, ...).

Larder, spicken, v. a.

Lardoire, Spicknadel, s. f. (—, n).

Large, breit, weit, adj.

Largesse, Freigebigkeit, Schenkung, s. f. (-, en).

Largeur, Breite, s. f. (—, n).

Larme, Thräne, Zähre, s. f. (—, n).

Las, müde, überdrüssig, adj.

Lasser, ermüden, abmatten, v. a.

Lassitude, Müdigkeit, Mattigkeit, s. f. (-, en).

Laurier, Lorbeer, s. m. (s, en).

Laver, waschen, v. ir.; imp. wusch, p. gewaschen. [v. a.

Lécher, lecken, ablecken,

Leçon, Unterricht, s. m. (es, ...); Stunde, Aufgabe, s. f. (—, n).

Lecture, Lesung, s. f. (—, en).

Légal, gesetzlich, rechtlich, adj.

Légaliser, beurkunden, bestätigen, v. a.

Légalité, Gesetzlichkeit, s. f. (—, ...).

Léger, leicht, adj.

Légitime, rechtmäßig, gerecht, adj.

Legs, Legat, Vermächtniß, s. n. (es, e).

Légumes, Gemüse, s. n. (s, —).

Lendemain, der folgende Tag, s. m. (es, e).

Lent, langsam, adj.

Lenteur, Langsamkeit, s. f. (—, ...).

Lentille, Linse, s. f. (-, n).

Léser, verletzen, beleidigen, v. a.

Leste, leicht, geschickt, gewandt, adj.

Lettre, Buchstabe, s. m.
(n8, n); Schrift, s. f.
(—, en); Brief, s. m.
(e8, e).
Lever, heben, aufheben,
v. ir.; imp. hob, p. ge=
hoben; aufstehen, v. ir.;
imp. stand, p. gestan=
den.
Lèvre, Lippe, Lefze, s. f.
(—, n).
Lévrier,   Windhund,
Windspiel, s. m. (e8, e).
Lézard, Eidechse, s. f.
(—, n).
Liaison, Verbindung, Ver=
einigung, s. f. (—, en).
Libéral, freigebig, adj.
Libéralité, Freigebigkeit,
s. f. (—, en).
Libérateur, Befreier, s.
m. (8, —).
Libérer, befreien, v. a.
Liberté, Freiheit, s. f.
(—, en).
Libraire, Buchhändler,
s. m. (8, —).
Libre, frei, adj.
Liége, Kork, s. m. (e8, e).
Lien, Band, s. n. (e8, e).
Lier, binden, v. ir.; imp.
band, p. gebunden.

Lieu, Ort, s. m. (e8, e);
Platz, Raum, s. m.
(e8, "e).
Lieue, Meile, Stunde, s.
f. (—, n).
Ligne, Linie, Zeile, s. f.
(—, n); Strich, s. m.
(e8, e); Angel, s. f. (—, n).
Ligue, Bündniß, s. n.
(e8, e).   [(—, n).
Limaçon, Schnecke, s. f.
Lime, Feile, s. f. (—, n).
Limiter, begrenzen, v. a.
Limpide, klar, hell, adj.
Limpidité, Klarheit, s. f.
(—, en).
Lin, Lein, Flachs, s. m.
(e8, ...).
Linceul, Todtentuch, s. n.
(e8, "er).
Linge, Leinwand, s. f.
(—, e); Wäsche, s. f.
(—, ...).
Lion, Löwe, s. m. (n, n).
Liquide, flüssig, richtig,
klar, adj.
Lire, lesen, v. ir.; imp.
las, p. gelesen.
Lis, Lilie, s. f. (—, n).
Lisible, leserlich, adj.
Lisière, Saum, s. m.
(e8, "e).

Lisse, glatt, adj.

Lit, Bett, s. n. (es, e);
Lage, s. f. (—, n).

Littéral, buchstäblich, adj.

Livre, Buch, s. n. (es, "er).

Livre, Pfund, s. n. (es, e).

Livrer, liefern, überlie=
fern, v. a.

Locution, Redensart, s.
f. (—, en).

Loge, Loge, Hütte, Bude,
s. f. (—, n).

Logeable, wohnbar, adj.

Logement, Wohnung, s.
f. (—, en).

Loger, wohnen, v. n.

Logis, Wohnung, s. f.
(—, en).

Loi, Gesetz, Recht, s. n.
(es, e).

Loin, weit, fern, adv.

Loisir, Muße, Zeit, s. f.
(—, ...).

Long, lang, langsam,
langweilig, adj.

Longueur, Länge, Lang=
samkeit, s. f. (—, en).

Lors, damals, adv.

Lorsque, da, als, conj.

Lot, Loos, s. n. (es, e).

Louable, löblich, lobens=
würdig, adj.

Louer, miethen, vermie=
then, v. a.

Loup, Wolf, s. m. (es, "e).

Lourd, schwer, adj.

Loyal, treu, redlich, bie=
der, adj.

Loyer, Miethzins, Lohn,
s. m. (es, e).

Lucide, hell, licht, adj.

Lueur, Schein, s. m.
(es, e); Schimmer, s.
m. (s, —).

Luire, scheinen, v. ir.;
imp. schien, p. geschie=
nen.

Luisant, leuchtend, glän=
zend, adj.

Lumière, Licht, s. n.
(es, ...); Einsicht, s. f.
(—, en); Zündloch, s.
n. (es, "er).

Lundi, Montag, s. m.
(s, e).

Lune, Mond, s. m. (es, e).

Lunettes, Brille, s. f.
(—, n).

Lustre, Glanz, s. m.
(es, ...); Kronleuchter,
s. m. (s, —).

Lutte, Ringen, s. n.
(s, ...); Kampf, s. m.
(es, "e).

Luxation , Verrenkung ,
   s. f. (—, en).
Luxe, Luxus, s. m. (-,...).
Lyre, Leier, s. f. (—, n).

M.

Mâcher, kauen, v. a.
Maçon , Maurer, s. m.
   (s, —).
Maçonnerie, Maurerar=
   beit, s. f. (—, en).
Madame, Madam, s. f.
   (—, ...); Frau, s. f.
   (—, en).
Mademoiselle, Fräulein,
   s. n. (s, -); Jungfrau,
   s. f. (—, en).
Magnanimité, Großmuth,
   s. f. (—, ...).
Mai, Mai, s. m. (es, e).
Maigre, mager, adj.
Maigrir, mager werden,
   v. ir.; v. devenir.
Main, Hand, s. f. (—, "e);
   Handschlag, s.m.(es,"e);
   Handschrift, s. f. (-, en).
Maint, mancher, adj.
Maintenant, jetzt, nun,
   adv.
Maintenir, erhalten, v.
   ir.; v. tenir.

Maintien , Erhaltung,
   Haltung, s. f. (—, en);
   Anstand, s. m. (es, ...).
Mais, aber, sondern, allein,
   conj.   ["er).
Maison , Haus, s. n. (es,
Maître , Herr, s. m. (n,
   en); Meister, Lehrer, s.
   m. (s, —).
Majeur, mündig, volljäh=
   rig, größer, höher, wich=
   tiger, adj.
Majorité , Mündigkeit,
   Mehrheit, s. f. (—, en).
Mal, Böse, s. n. (n, ...);
   Uebel, s. n. (s, —);
   Krankheit, s. f. (—, en);
   Schmerz, s. m. (ens, en).
Malade, krank, adj.
Maladie, Krankheit, s. f.
   (—, en).
Malgré, ungeachtet, prép.
Malheur, Unglück, s. n.
   (es, e).
Malheureux, unglücklich,
   elend, adj.
Malice, Bosheit, Schalk=
   heit, s. f. (—, en); Arg=
   list, s. f. (—, en).
Malin, boshaft, bösartig,
   böse, adj.   [(s, —).
Malle, Reisekoffer, s. m.

Manche, Aermel, s. m.
(s, —); Canal, s. m.
(s, "e).

Manche, Stiel, Griff, s.
m. (es, e); Heft, s. n.
(es, er).

Mandat, Mandat, s. n.
(es, e); Vollmacht, s.
f. (—, en).   [v. a.

Mander, melden, bestellen,

Manége, Reitschule, Schule
s. f. (—, n).

Mangeable, eßbar, adj.

Manger, essen, v. ir.;
imp. aß, p. gegessen;
speisen, v. a.; fressen,
v. ir.; imp. fraß, p.
gefressen; verzehren, v. a.

Manière, Art, s. f. (–, en);
Weise, s. f. (—, n).

Manquer, fehlen, v. a.
et n.; verfehlen, v. a.;
ermangeln, v. n.

Manteau, Mantel, s. m.
(s, "—).

Manuel, Handbuch, s. n.
(es, "er).

Manuscrit, Handschrift,
s. f. (—, en); Manu=
script, s. n. (es, e).

Marais, Sumpf, Morast,
s. m. (es, "e).

Marbre, Marmor, s. m.
(s, e).

Marchand, Kaufmann, s.
m. (es, —leute).

Marchander, handeln,
feilschen, v. a.

Marchandise, Waare, s.
f. (—, n).

Marché, Markt, Kauf, s.
m. (es, "e); Handel, s.
m. (s, —).

Marcher, gehen, v. ir.;
v. aller; treten, v. ir.;
imp. trat, p. getreten.

Mardi, Dienstag, s. m.
(s, e).

Maréchal, Schmied, s. m.
(es, e).

Mari, Mann, Ehemann,
s. m. (es, "er).

Mariage, Ehe, s. f. (–, n).

Marier, trauen, verheira=
then, v. a.

Marine, Seewesen, s. n.
(s, ...); Seemacht, s. f.
(—, "e).

Marquer, zeichnen, bezeich=
nen, v. a.

Mars, März, s. m. (es, e).

Marteau, Hammer, s. m.
(s, "—).

Martial, kriegerisch, adj.

Massacre, Gemetzel, s. n.
(ß, —); Blutbad, s. n.
(eß, "er).

Masse, Masse, s. f. (-, n);
Klumpen, Haufen, Kol=
ben, s. m. (ß, —).

Mat, matt, glanzlos, adj.

Mât, Mast, Mastbaum,
s. m. (eß, "e).

Matin, Morgen, s. m.
(ß, —).

Matinée, Morgenzeit, s.
f. (—, en).

Maudire, fluchen, v. n.;
verfluchen, v. a.

Maudit, verwünscht, ver=
dammt, adj.

Mauvais, schlecht, übel,
böse, adj.

Méchant, schlecht, elend,
boshaft, adj.

Mèche, Docht, s. m. (eß, e);
Zunder, s. m (ß, —);
Schwamm, s. m. (eß,
"e); Lunte, s. f. (—, n).

Mécontent, mißvergnügt,
unzufrieden, adj.

Médecin, Arzt, s. m.
(eß, "e).

Médiat, mittelbar, adj.

Médiocre, mittelmäßig,
adj.

Médire, verläumden, lä=
stern, v. a.

Méfiance, Mißtrauen, s.
n. (ß, —).

Meilleur, besser, adj.

Mélange, Mischung, s. f.
(—, en).

Mélanger, mischen, vermi=
schen, v. a.

Mêler, verwirren, v. ir.;
imp. verwirrte, p. ver=
worren; mischen, v. a.

Membre, Glied, Mitglied,
s. n. (eß, er).

Mémoire, Gedächniß, s.
n. (eß, e); Andenken, s.
n. (ß, —).

Menace, Drohung, s. f.
(—, en).

Menacer, drohen, v. n.

Ménage, Haushaltung, s.
f. (—, en).   [v. a.

Ménager, sparen, schonen,

Mendiant, Bettler, s. m.
(ß, —).

Mendier, betteln, erbet=
teln, v. a.

Mener, führen, leiten, v.
a.; fahren, v. ir.; imp.
fuhr, p. gefahren; trei=
ben, v. ir.; imp. trieb,
p. getrieben.

Mensonge, Lüge, s. f. (—, n).

Mention, Erwähnung, Meldung, s. f. (—, en).

Mentir, lügen, v. ir.; imp. log, p. gelogen.

Menton, Kinn, s. n. (es, e).

Mentor, Führer, Hofmeister, s. n. (s, —).

Mépris, Verachtung, s. f. (—, en).

Mer, Meer, s. n. (es, e); See, s. f. (—, en).

Mère, Mutter, s. f. (—, "—).

Mérite, Verdienst, s. n. (es, e).

Mériter, verdienen, v. a.

Merveille, Wunder, s. n. (s, —).

Message, Botschaft, s. f. (—, en).

Messager, Bote, s. m. (n, n).

Mesurer, messen, v. ir; imp. maß, p. gemessen.

Métier, Handwerk, s. n. (es, e); Zunft, s. f. (—, "e).

Mettre, setzen, legen, stellen, v. a.

Midi, Mittag, s. m. (s, ...).

Milieu, Mitte, s. f. (—, n).

Mince, dünn, klein, gering, adj.

Mine, Miene, s. f. (—, n); Gesicht, s. n. (es, er); Ansehen, s. n. (s, —).

Mine, Bergwerk, s. n. (es, "e); Grube, Erzstufe, s. f. (—, n).

Minuit, Mitternacht, s. f. (—, "e).

Miroir, Spiegel, s. m. (s, —).

Misère, Elend, s. n. (es, e).

Moelle, Mark, s. n. (es, ...). [che, pl.

Mœurs, Sitten, Gebräu-

Moine, Mönch, s. m. (es, e).

Moineau, Sperling, s. m. (es, e).

Mois, Monat, s. m. (es, e).

Moisson, Ernte, s. f. (—, n).

Moitié, Hälfte, s. f. (-, n).

Monde, Welt, s. f. (-, en); Leute, pl.

Monnaie, Münze, s. f. (—, n); Geld, s. n. (es, er).

Monsieur, Herr, s. m.
(n, en).
Mont, Berg, s. m. (es, e).
Monter, steigen, v. ir.;
imp. stieg, p. gestiegen.
Montre, Taschenuhr, s. f.
(—, en); Muster, s. n.
(s, —); Schau, s. f.
(—, ...).
Montrer, zeigen, v. a.;
weisen, v. ir.; imp.
wies, p. gewiesen; unter=
richten, lehren, v. a.
Morceau, Bissen, s. m.
(s, —); Stück, s. n.
(es, e).
Mordant, beißend, adj.
Mordre, beißen, v. ir.;
imp. biß, p. gebissen.
Mort, Tod, s. m. (es, ...).
Mortel, tödtlich, sterblich,
adj.
Mot, Wort, s. n. (es, "er).
Mouche, Fliege, Mücke,
s. f. (—, n).
Mouchoir, Schnupftuch,
s. n. (es, "er).
Moudre, mahlen, v. a.
Mouler, gießen, v. ir.;
imp. goß, p. gegossen.
Moulin, Mühle, s. f.
(—, n).

Mourir, sterben, v. ir.;
imp. starb, p. gestorben.
Mousse, Moos, s. n. (es, e);
Schaum, s. m. (es, "e).
Mouton, Hammel, s. m.
(s, —).
Moyen, Mittel, s. m.
(s, —).
Muet, stumm, adj.
Mugir, brüllen, blöcken,
brausen, v. n.
Multitude, Menge, s. f.
(—, n).
Mur, Mauer, s. f. (–, n).
Mûr, reif, zeitig, reiflich,
adj.
Mûrir, reifen, v. n.
Mystère, Geheimniß, s.
n. (es, e).

N.

Nacelle, Kahn, s. m.
(es, "e).
Nacre, Perlenmutter, s.
f. (—, ...).
Nager, schwimmen, v. ir.;
imp. schwamm, p. ge=
schwommen.
Naïf, natürlich, ungekün=
stelt, adj.
Nain, Zwerg, s. m. (es, e).

Naissance, Geburt, s. f.
(—, en). [v. n.
Naître, geboren werden,
Nappe, Tischtuch, s. n.
(es, "er).
Narine, Nasenloch, s. n.
(es, "er).
Nécessité, Nothwendig=
keit, Dürftigkeit, s. f.
(—, en).
Négoce, Handlung, s. f.
(—, en).
Neige, Schnee, s. f. (s, ...).
Neiger, schneien, v. i.
Net, rein, reinlich, sauber,
hell, klar, leer, adj.
Neveu, Neffe, s. m. (n, n).
Nez, Nase, s. f. (—, n).
Nid, Nest, s. n. (es, er).
Nièce, Nichte, s. f. (-, n).
Nier, verneinen, läugnen,
v. a.
Noble, edel, adelig, adj.
Noblesse, Adel, s. m.
(s, ...).
Noces, Hochzeit, s. f.
(—, en).
Noël, Weihnachten, pl.
Nœud, Knoten, s. m.
(s, —); Schleife, s. f.
(—, n); Ast, s. m.
(es, "e).

Noir, schwarz, adj.
Noircir, schwärzen, v. a.
Noisette, Haselnuß, s. f.
(—, "e).
Noix, Nuß, s. f. (—, "e).
Nom, Name, s. m. (ns, n).
Nombre, Zahl, s. f. (-, en);
Anzahl, s. f. (—, ...).
Nommer, nennen, v. ir.;
imp. nannte, p. ge=
nannt.
Non, nein, nicht, adv.
Noter, merken, aufzeich=
nen, v. a.
Nouer, knüpfen, v. a.
Nourrice, Amme, s. f.
(—, n).
Nourrir, ernähren, säu=
gen, v. a.; speisen, v. n.
Nourrisson, Säugling,
s. m. (es, e).
Nourriture, Nahrung, s.
f. (—, en); Speise, s. f.
(—, n).
Nouveau, neu, adj.
Nouveauté, Neuheit, s. f.
(—, en).
Nouvelle, Neuigkeit, Nach=
richt, s. f. (—, en);
Novelle, s. f. (—, n);
Erzählung, s. f. (—, en).
Noyau, Kern, s. m. , e).

Noyer, Nußbaum, s. m.
(es, "e).

Noyer, ertränken, ersäu=
fen, überschwemmen, v.a.

Nu, nackend, nackt, bloß,
adj.

Nuage, Wolke, s. f. (—, n);
Gewölf, s. n. (es, e).

Nue, Wolke, s. f. (—, n).

Nuire, schaben, v. n.; hin=
dern, v. a.

Nuit, Nacht, s. f. (—, "e).

Nul, kein, null, nichtig,
adj.

Nuque, Genick, s. n. (es, e).

O.

Obéir, gehorchen, v. n.

Obéissance, Gehorsam,
s. m. (es, ...).

Objet, Gegenstand, s. m.
(es, "e).

Obligation, Verbindlich=
keit, Verschreibung, s. f.
(—, en).

Obliger, verbinden, v. ir.;
v. lier; verpflichten, nö=
thigen, v. a.   [adj.

Obscur, dunkel, finster,

Observer, beobachten, be=
merken, v. a.

Obstacle, Hinderniß, s. n.
(es, e).

Obtenir, erlangen, v. a.;
erhalten, v. ir.; v. tenir.

Occasion, Gelegenheit,
Veranlassung, s. f. (—,
en).

Occuper, einnehmen, v.
ir.; v. prendre; bese=
tzen, bewohnen, beschäf=
tigen, v. a.

Océan, Weltmeer, s. n.
(es, e).

Octobre, Oktober, s. m.
(s, —).

Oculiste, Augenarzt, s.
m. (es, "e).

Odeur, Geruch, s. m.
(es, "e); Ruf, s. m.
(es, ...).

Odieux, gehässig, verhaßt,
ärgerlich, adj.

Odorant, wohlriechend,
adj.

Odorat, Geruch, s m.
(es, ...).

OEil, Auge, s. n. (s, n).

OEuf, Ei, s. n. (es, er).

OEuvre, Werk, s. n. (es, e);
Arbeit, s. f. (—, en).

Offense, Beleidigung, s.
f. (—, en).

Offenser, beleidigen, ver=
   letzen, v. a.
Offensive, Angriff, s. m.
   (es, e).
Offre, Gebot, s. n. (es, e);
   Erbieten s. n. (s, —);
   Antrag, s. m. (es, "e).
Offrir, anbieten, bieten, v.
   ir.; imp. bot, p. gebo=
   ten; darstellen, v. a.
Oie, Gans, s. f. (—, "e).
Oignon, Zwiebel, s. f.
   (—, n).
Oiseau, Vogel, s. m.
   (s, "—).   [adj.
Oisif, müßig, unthätig,
Ombrage, Schatten, s. m.
   (s, —); Argwohn, s. m.
   (s, ...).
Omission, Auslassung,
   Unterlassung, s. f. (—,
   en).
On, man, pron.
Oncle, Oheim, s. m. (s, e).
Onde, Welle, Woge, s. f.
   (—, n).
Ondée, Regenguß, s. m.
   (es, "e).
Opérer, wirken, bewirken,
   verrichten, v. a.
Opinion, Meinung, s. f.
   (—, en).

Or, Gold, s. n. (s, e).
Orage, Sturm, s. m.
   (es, "e).
Ordinaire, gewöhnlich, ge=
   mein, adj.
Ordonner, anordnen, ver=
   fügen, v. a.
Ordre, Ordnung, s. f.
   (—, en); Befehl, s. m.
   (es, e); Orden, s. m.
   (s, —).
Oreille, Ohr, s. n. (es, en).
Oreiller, Kopfkissen, s. n.
   (s, —).
Orge, Gerste, s. f. (—, n).
Origine, Ursprung, s. m.
   (es, "e).
Orner, schmücken, zieren,
   v. a.
Orphelin, Waise, s. f.
   (—, n).
Ortie, Nessel, s. f. (—, n).
Os, Bein, s. n. (es, e);
   Knochen, s. m. (s, —).
Oser, sich getrauen, v. r.;
   wagen, v. a. et n.
Oter, wegnehmen, v. ir.;
   v. prendre; wegsetzen,
   v. a.
Ou, oder, entweder, conj.
Où, wo, wohin, worin,
   wozu, adv.

Oubli, Vergeſſenheit, s. f. (—, en).

Oublier, vergeſſen, v. ir.; imp. vergaß, p. vergeſſen.

Ouest, Weſten, Abend, s. m. (s, ...).

Ouïr, hören, v. a.

Ouragan, Orkan, s. m. (es, e).

Ourler, ſäumen, v. a.

Ours, Bär, s. m. (en, en).

Outil, Werkzeug, s. n. (es, e).

Outrage, Schimpf, s. m. (es, e).

Outrager, beschimpfen, beleidigen, v. a.

Ouvrage, Werk, s. n. (es, e).

Ouvrier, Arbeiter, s. m. (s, —).   [v. a.

Ouvrir, öffnen, aufmachen,

P.

Pacifique, friedfertig, adj.

Pacte, Vertrag, s. m. (es, "e).

Page, Seite, s. f. (—, n).

Païen, Heide, s. m. (n, n).

Paille, Stroh, s. n. (es, ...).

Pain, Brod, s. n. (es, e).

Pair, gerade, gleich, adj.

Paire, Paar, s. n. (es, e).

Paître, weiden, grasen, v. n.

Paix, Friede, s. m. (ns, n).

Pâleur, Bläſſe, s. f. (-, n)

Pâlir, erblaſſen, v. n.

Palpiter, zucken, klopfen, v. n.

Panier, Korb, s. m. (es, "e).

Panser, verbinden, v. ir.; imp. verband, p. verbunden.

Paon, Pfau, s. m. (es, en).

Pape, Papſt, s. m. (es, "e).

Papier, Papier, s. n. (es, e).

Papillon, Schmetterling, s. m. (es, e).

Pâques, Oſtern, pl.

Paquet, Pack, s. m. et n. (es, "e); Bündel, s. n. (s, —).

Paraître, scheinen, v. ir.; imp. schien, p. geschienen.

Parcelle, Theilchen, s. n. (s, —).

Pardon, Verzeihung, Vergebung, s. f. (—, en); Gnade, s. f. (—, n).

Pardonner, verzeihen, v. ir.; imp. verzieh, p. verziehen; begnadigen, v. a.

Pareil, ähnlich, gleich, adj.

Parent, Verwandte, s. m.
(n, n).
Parents, Eltern, pl.
Parer, putzen, schmücken,
zieren, v. a.
Paresse, Faulheit, s. f.
(—, ...).
Paresseux, faul, träge,
adj.
Parfait, vollkommen, adj.
Pari, Wette, s. f. (—, n).
Parier, wetten, v. a.
Parité, Gleichheit, s. f.
(—, en).
Parjure, Meineid, s. m.
(es, e).
Parler, sprechen, v. ir.;
imp. sprach, p. gespro-
chen; reden, v. n.
Parole, Wort, s. n. (es, e);
Sprache, s. f. (—, n).
Part, Theil, Antheil, s.
m. (es, e).
Partage, Theilung, s. f.
(—, en).
Partager, theilen, verthei-
len, v. a.
Parti, Partei, s. f. (—, en);
Anhang, Entschluß, s.
m. (es, "e).
Partir, abreisen, verreisen,
v. n.

Pas, Schritt, Tritt, s. m.
(es, e); enger Paß, s.
m. (es, "e).
Pas, nicht, adv.
Passage, Durchreise, s. f.
(—, n); Durchzug, s.
m. (es, "e); Ueberfahrt,
s. f. (—, en).
Passer, gehen, v. ir.; v.
aller; kommen, v. ir.;
v. venir; vorbeigehen,
v. ir.; v. aller; entbeh-
ren, v. a.
Passif, leidend, adj.
Passion, Leidenschaft, s.
f. (—, en); Liebe, s. f.
(—, ...).   [(s, en).
Pasteur, Pastor, s. m.
Pâte, Teig, s. m. (es, e).
Paternel, väterlich, adj.
Patience, Geduld, s. f.
(—, ...).
Patient, geduldig, adj.
Patienter, sich gedulden,
v. r.   [(es, e).
Patin, Schlittschuh, s. m.
Patiner, Schlittschuh lau-
fen, v. ir.; v. courir.
Pâtir, leiden, v. ir.; imp.
litt, p. gelitten.
Patrie, Vaterland, s. n.
(es, e ou "er).

Patron, Gönner, s. m.
(s, —); Patron, s. m.
(s, e).

Patte, Pfote, Tatze, Klaue,
s. f. (—, n); Fuß, s
m. (es, "e).

Paupière, Augenlied, s
n. (es, er).

Pauvre, arm, ärmlich,
armselig, adj.

Pauvreté, Armuth, s. f.
(—, …).   [v. a.

Payer, zahlen, bezahlen,

Pays, Land, Vaterland, s.
n. (es, e ou "er).

Paysan, Landmann, s. m.
(es, leute); Bauer, s.
m. (n, n).

Peau, Haut, s. f. (—, "e);
Fell, s. n. (es, e).

Pêcher, fischen, v. a.

Peigne, Kamm, s. m.
(es, "e).   [v. a.

Peindre, malen, abmalen,

Pendre, aufhängen, hän=
gen, v. irr.; imp. hing,
p. gehangen.

Penser, denken, v. ir.;
imp. dachte, p. gedacht.

Percevoir, empfangen, v.
ir.; imp. empfing, p.
empfangen.

Perdre, verlieren, v. ir.;
imp. verlor, p. verloren;
einbüßen, v. a.

Perdrix, Rebhuhn, s. n.
(es, "er).

Père, Vater, s. m. (s, "—).

Perfide, treulos, ungetreu,
adj.

Péril, Gefahr, s. f. (—, en).

Périr, umkommen, v. ir.:
v. venir; vergehen, v.
ir.; v. aller.

Persister, beharren, v. n.

Personne, Person, s. f. •
(—, en).

Persuader, überreden, be=
reden, überzeugen, v. a.

Perte, Verlust, s. m. (es, e);
Verfall, s. m. (es, …);
Schade, s. m. (ns, "n);
Verderben, s. n. (s, —).

Peser, wägen, v. a.; wie=
gen, v. ir.; imp. wog,
p. gewogen.

Petit, klein, kurz, adj.

Petit-fils, Enkel, s. m.
(s, —).

Peu, wenig, adv. ["er).

Peuple, Volk, s. n. (es,

Peur, Furcht, s. f. (—, …);
Besorgniß, s. f. (—, e).

Peut-être, vielleicht, adv.

Pièce, Stück, s. n. (es, e);
Gemach, s. n. (es, "er);
Geldstück, s. n. (es, e).
Pied, Fuß, s. m. (es, "e);
Bein, s. n. (es, e);
Stamm, s. m. (es, "e).
Piége, Schlinge, Falle, s.
f. (—, n).
Pierre, Stein, s. m. (es, e).
Piété, Frömmigkeit, s. f.
(—, ...).
Pigeon, Taube, s. f. (–, n).
Pillage, Plünderung, s. f.
(—, en).   [v. a.
Piller, plündern, rauben,
Pince, Kneipzange, s. f.
(—, n); Brecheisen, s.
n. (s, —).
Pinceau, Pinsel, s. m.
(s, —).   [v. a.
Pincer, kneipen, zwicken,
Pipe, Tabakspfeife, s. f.
(—, n).
Piquer, stechen, v. ir.;
imp. stach, p. gestochen.
Pirate, Seeräuber, s. m.
(s, —).
Pire, ärger, schlechter,
schlimmer, adj.
Pitié, Mitleiden, Erbar=
men, s. n. (s, ...).
Place, Platz, Raum, s.

m. (es, "e); Stelle,
Stätte, s. f. (—, n).
Placer, setzen, stellen, v. a.
Plaindre, beklagen, be=
dauern, v. a.
Plaine, Ebene, Fläche, s.
f. (—, n).
Plaire, gefallen, v. ir.;
v. tomber.
Plaisir, Vergnügen, s. n.
(s, —); Lust s. f. (–, "e);
Freude, s. f. (—, en).
Plantation, Anpflanzung,
s. f. (—, en).
Planter, pflanzen, v. a.
Plein, voll, völlig, voll=
kommen, adj.
Pleurer, weinen, v. n.
Pleurs, Thränen, s. pl.
Pleuvoir, regnen, v. i.
Plier, falten, falzen, beu=
gen, v. a.
Plioir, Falzbein, s. n.
(es, e).
Plomb, Blei, s. n. (es, e).
Plonger, tauchen, unter=
tauchen, v. a. et n.
Ployer, beugen, v. a.;
biegen, v. ir.; imp. bog,
p. gebogen.
Pluie, Regen, s. m. (s, –).
Plume, Feder, s. f. (–, n).

Plus, mehr, adv.

Plutôt, eher, lieber, adv.

Poindre, sprossen, keimen, v. n.

Poing, Faust, Hand, s. f. (—, "e).

Point, Punkt, Stich, s. m. (es, e).

Point, nicht, kein, nein, adv.

Pointe, Spitze, s. f. (-, n); Stachel, s. m. (s, n); Stift, s. m. (es, e).

Pois, Erbse, s. f. (—, n).

Poison, Gift, s. n. (es, e).

Poisson, Fisch, s. m. (es, e).

Poitrine, Brust, s. f. (—, "e).

Poivre, Pfeffer, s. m. (s, —).

Pomme, Apfel, s. m. (s, "—).

Pont, Brücke, s. f. (—, n).

Porc, Schwein, s. n. (es, e).

Port, Hafen, Seehafen, s. m. (s, "—).

Porter, tragen, v. ir.; imp. trug. p. getragen.

Porteur, Träger, Ueberbringer, s. m. (s, —).

Poser, setzen, legen, stellen v. a.

Positif, wirklich, zuverläßig, adj.

Posséder, v. ir.; imp. besaß, p. besessen.

Possible, möglich, adj.

Poste, Post, s. f. (—, en). Posthaus, s. n. (es, "er;

Pot, Topf, s. m. (es, "e).

Potage, Suppe, s. f. (-, n).

Pouce, Daumen, s. m. (s, —); Zoll, s. m. (es, e).

Poudre, Staub, s. m. (es, ...); Pulver, s. n. (s, —).

Poule, Huhn s. n. (es, "er).

Poulet, junges Huhn, s. n. (es, "er).

Pouls, Puls, s. m. (es, e).

Poumon, Lunge, s. f. (—, n).

Poupée, Puppe, s. f. (—, n). [prép.

Pour, für, um, zu, wegen,

Pourboire, Trinkgeld, s. n. (es, er).

Poursuite, Verfolgung, s. f. (—, en).

Poursuivre, verfolgen, nachsetzen, v. a.

Pourtant, doch, dennoch, conj.

Pourvoir, forgen (à, für) v. n.; verforgen, v. a

Pourvu que, wenn nur, wenn, conj.

Pousser, ftoßen, v. ir.; imp. ftieß, p. geftoßen; fchieben, v. ir.; imp. fchob, p. gefchoben; treiben, v. ir.; imp. trieb, p. getrieben.

Poussière, Staub, s. m. (es, ...).

Poutre, Balfen, s. m. (s, —).

Pouvoir, fönnen, v. ir.; prés. ich fann, imp. fonnte, p. gefonnt; vermögen, v. ir.; prés. ich vermag, imp. vermochte, p. vermocht.

Prairie, Wiefe, Aue, s. f. (—, n).

Précaution, Vorficht, s. f. (—, ...). [ebel, adj.

Précieux, foftbar, föftlich,

Précipice, Abgrund, s. m. (es, "e).

Précipiter, ftürzen, befchleunigen, v. a.

Précis, beftimmt, adj.

Précoce, frühzeitig, voreilig, adj.

Prédicateur, Prebiger, s. m. (s, —).

Prédiction, Weiffagung, s. f. (—, en).

Prédire, vorherfagen, weiffagen, v. a.

Préface, Vorrede, s. f. (—, n).

Préférer, vorziehen, v. ir.; v. tirer.

Prendre, nehmen, v. ir.; imp. nahm, p. genommen; faffen, v. a., greifen, v. ir.; imp. griff, p. gegriffen.

Prénom, Vorname, s. m. (ns, n).

Préparer, bereiten, zurichten, einrichten, v. a.

Prépondérant, überwiegenb, adj.

Près, bei, an, neben, nahe, prép.

Prescrire, vorfchreiben, v. ir.; v. écrire.

Présence, Gegenwart, Anwefenheit, s. f. (—, en).

Présent, Gefchenf, s. n. (es, e); gegenwärtige Zeit, s. f. (—, en).

Présenter, barreichen, vorzeigen, vorftellen, v. a.

Préserver, verwahren, be=
hüten, beschützen, v. a.

Presque, beinahe, fast, adv.

Pressant, dringend, eilig,
adj.

Presse, Gedränge, s. n.
(8, ...); Presse, s. f.
(—, n).

Pressentir, ahnen, v. a.

Presser, pressen, drücken,
drängen, v. a.

Pression, Druck, s. m.
(es, "e).

Prétendre, fordern, ver=
langen, v. a.

Prêter, leihen, v. ir.; imp.
lieh, p. geliehen.

Prêteur, Leiher, s. m.
(8, —).

Preuve, Beweis, s. m.
(es, e); Probe, s. f.
(—, n).

Prévenir, zuvorkommen,
v. ir.; v. venir; benach=
richtigen, v. a.

Prier, bitten, v. ir.; imp.
bat, p. gebeten; einla=
den, v. ir.; v. charger.

Prière, Bitte, s. f. (—, n);
Gebet, s. n. (es, e).

Prince, Fürst, Prinz, s.
m. (en, en).

Principalement, haupt=
sächlich, adj.

Principauté, Fürsten=
thum, s. n. (es, "er).

Principe, Ursprung,
Grund, Grundsatz, s.
m. (es, "e).

Priser, schätzen, tariren,
v. a.

Prison, Gefängniß, s. n.
(es, e); Kerker, s. m.
(8, —).

Privation, Beraubung, s.
f. (—, en); Verlust, s.
m. (es, e); Mangel,
s. m. (8, "—).

Prix, Werth, s. m. (es, ...);
Preis, s. m. (es, e).

Probité, Redlichkeit,
Rechtschaffenheit, s. f.
(—, ...).

Proche, nahe, adv.

Procuration, Vollmacht,
s. f. (—, en).

Produire, hervorbringen,
v. ir.; v. apporter;
zeugen, erzeugen, v. a.

Produit, Ertrag, s. m.
(es, "e).

Profit, Gewinn, s. m.
(es, e); Nutzen, s. m.
(8, ...).

Profiter, gewinnen, v. ir.; imp. gewann, p. gewon=nen; nutzen, benutzen, v. a.; wachsen, v. ir.; imp. wuchs, p. gewachsen; ge=beihen, v. ir.; imp. ge=bieh, p. gebiehen.

Profondeur, Tiefe, s. f. (—, n).

Progrès, Fortschritt, s. m. (es, e).

Prohiber, verbieten, v.ir.; imp. verbot, p. verboten.

Proie, Raub, s. m. (es, ...); Beute, s. f. (—, ...).

Projet, Entwurf, An=schlag, Plan, s. m. (es, "e).

Promener, spazieren gehen v. ir.; v. aller.

Promenade, Spazier=gang, s. m. (es, "e).

Promettre, versprechen, v. ir.; v. parler; zusa=gen, angeloben, v. a.

Prononcer, aussprechen, v. ir.; v. parler.

Prononciation, Ausspra=che, s. f. (—, en).

Propre, eigen, tüchtig, tauglich, reinlich, rein, sauber, adj.

Propreté, Reinlichkeit, s. f. (—, ...).

Propriété, Eigenthum, s. n. (es, "er).

Prospère, günstig, ge=neigt, adj.

Prospérer, v. profiter.

Prouver, beweisen, v. ir.; imp. bewies, p. bewiesen.

Provenir, herkommen, v. n. ir.; v. venir; her=rühren, v. n.

Proverbe, Sprichwort, s. n. (es, "er)

Providence, Vorsehung, s f. (—, ...).

Provision, Vorrath, s. m. (es, "e).

Prudence, Klugheit, s. f. (—, ...).

Prune, Pflaume, s. f. (—, n).

Pruneau, gedörrte Pflau=me, s. f. (—, n).

Prunelle, Augapfel, s. m. (s, "—). [adj.

Public, öffentlich, bekannt,

Publier, verkündigen, be=kannt machen, v. a.; herausgeben, v. ir.; v. donner.

Puce, Floh, s. m. (es, "e).

Pudeur, Schamhaftigkeit, s. f. (—, en).
Puiser, schöpfen, v. a. et n.
Puissance, Macht, s. f. (—, "e); Gewalt, s. f. (—, en).   [adj.
Puissant, mächtig, stark,
Puits, Brunnen, s. m. (s, —).
Punaise, Wanze, s. f. (—, n).   [v. a.
Punir, strafen, bestrafen,
Punition, Strafe, s. f. (—, n).
Pupille, Mündel, s. m. (s, —) et f. (—, —).
Pupitre, Pult, s. n. (es, e).
Pur, rein, lauter, adj.
Pureté, Reinheit, s. f. (—, en).
Purgatif, Abführungsmittel, s. n. (s, —).
Purger, reinigen, säubern, purgiren, v. a.

Q.

Quand, wann, wenn, als, conj.
Quantité, Größe, Menge, s. f. (—, n).
Quart, Viertel, s. n. (s, -).

Quartier, Viertel, s. n. (s, —); Vierteljahr, s. n. (es, e).
Quelquefois, bisweilen, zuweilen, adv.
Quelqu'un, einer, jemand, pron.
Querelle, Zank, s. m. (es, "e); Streit, s. m. (es, e); Händel, pl.
Quereller, zanken, v. n.; streiten, v. ir.; imp. stritt, p. gestritten.
Question, Frage, s. f. (—, n); Folter, s. f. (—, n).
Queue, Schwanz, s. m. (es."e); Schweif, Stiel, s. m. (es, e); Billardstock, s. m. (es, "e); Gefolge, s. n. (s, —).
Qui, welcher, pron. rel.
Quille, Kegel, s. m. (s, -); Kiel, s. m. (es, e).
Quincaillerie, kurze Waaren, s. pl.
Quintal, Zentner, s. m. (s, —).
Quittance, Quittung, s. f. (—, en).
Quittancer, quittiren, bescheinigen, v. a.

Quitte, frei, los, ledig, adj.
Quitter, verlassen, loslaſ=
fen, v. ir.; v. laisser.
Quoique, obgleich, ob=
ſchon, conj.
Quotidien, täglich, adj.
Quotité, Antheil, s. m.
(es, e); Betrag, s. m.
(es, "e).

R.

Rabais, Nachlaß, Abzug,
s. m. (es, "e); Rabatt,
s. m. (es, e).
Rabattre, niederſchlagen,
v. ir.; v. battre; nie=
derdrücken, v. a.
Raccommoder, ausbeſ=
ſern, verſöhnen, v. a.
Race, Geſchlecht, s. n. (es,
er); Stamm, s. m. (es, "e);
Art, s. f. (—, en).
Racheter, wiederkaufen,
auslöſen, v. a.
Racine, Wurzel, s. f. (-, n).
Raconter, erzählen, v. a.
Rade, Rhede, s. f. (—, n).
Radeau, Floß, s. n. (es, "e).
Radoucir, milder, ſanfter,
gelinder machen; beſänf=
tigen, v. a.

Raffiner, verfeinern, läu=
tern, reinigen, v. a.
Raffinerie, Zuckerſiederei,
s. f. (—, en).
Rafraichir, erfriſchen, ab=
kühlen, erquicken, laben,
v. a.
Rafraîchissement, Er=
friſchung, s. f. (—, en).
Rage, Wuth, s. f. (—, ...);
Tollheit, s. f. (—, en).
Raie, Strich, s. m. (es, e);
Linie, s. f. (—, n).
Railler, ſpotten, ſcherzen,
v. n.
Raillerie, Spötterei, s. f.
(—, en); Spott, s. m.
(es, ...); Scherz, s. m.
(es, e); Spaß, s. m.
(es, "e).
Raisin, Traube, Wein=
traube, s. f. (—, n).
Raison, Vernunft, s. f.
(—, ...); Verstand, s.
m. (es, ...); Urſache, s.
f. (—, n); Grund, s. m.
(es, "e).   [billig, adj.
Raisonnable, vernünftig,
Rajeunir, verjüngen, v. a.
Râle, Röcheln, s. n. (s, ...).
Ralentir, mindern, mäßi=
gen, ſchwächen, v. a.

Râler, röcheln, v. n.

Ramasser, ſammeln, auf=
raffen, v. a.

Rame, Ruder, s. n. (8, —);
Ries, s. n. (es, e).

Rameau, Zweig, s. m.
(es, e).

Ramoneur, Schornſtein=
feger, s. m. (8, —).

Rampant, kriechend, adj.

Rampe, Treppengeländer,
s. n. (8, —).

Ramper, kriechen, v. ir.;
imp. kroch, p. gekrochen.

Rancune, Groll, s. m.
(es, …).

Rang, Reihe, s. f. (—, n);
Ordnung, s. f. (—, en);
Glied, s. n. (es, er).

Ranger, in Ordnung ſtel=
len, wegräumen, v. a.

Rapacité, Raubgier, s. f.
(—, …).

Rapide, ſchnell, reißend,
adj.

Rare, ſelten, ſeltſam, dünn,
adj.

Rareté, Seltenheit, s. f.
(—, en).

Raser, ſcheren, v. ir.; imp.
ſchor, p. geſchoren; ſchlei=
fen, v. a.

Rasoir, Schermeſſer, s. n.
(8, —).

Rassasié, ſatt, adj.

Rassurer, wieder beruhi=
gen, v. a.

Rat, Ratte, s. f. (—, n).

Rate, Milz, s. f. (—, en).

Râteau, Rechen, s. m.
(8, —); Harke, s. f.
(—, n).

Ratifier, beſtätigen, v. a.

Rave, Rübe, s. f. (—, n).

Ravir, rauben, entführen,
entzücken, v. a.

Rayon, Strahl, s. m. (8,
en); Speiche, Furche, s.
f. (—, n).   [ʒen, v. n.

Rayonner, ſtrahlen, glän=

Réalité, Wirklichkeit, s. f.
(—, en).

Rebelle, Aufrührer, Em=
pörer, s. m. (8, —).

Rebut, Ausſchuß, s. m.
(es, "e).

Recevoir, annehmen, auf=
nehmen, einnehmen, v.
ir.; v. prendre.

Recommander, empfeh=
len, v. ir.; imp. em=
pfahl, p. empfohlen.

Récompense, Belohnung
s. f. (—, en).

Récompenser, belohnen, v. a.; vergelten, v. ir.; imp. vergalt, p. vergolten.

Reconnaissance, Erkennung, Dankbarkeit, Verschreibung, Besichtigung s. f. (—, en).

Reconnaitre, erkennen, anerkennen, v. ir.: v. connaitre.

Récréer, ergötzen, vergnügen, v. a.

Recueillir, einsammeln, ernten, v. a.

Redouter, fürchten, v. a.

Reflux, Ebbe, s. f. (—, n).

Réforme, Verbesserung, s. f. (—, en).

Refroidir, abkühlen, v. a.; se —, sich erkälten, v. r.

Refuge, Zuflucht, Ausflucht, s. f. (—, "e).

Refus, Versagung, s. f. (—, en).

Refuser, versagen, v. a., ausschlagen, abschlagen, v. ir.; v. battre; verweigern, v. a.

Réfuter, widerlegen, v. a

Régaler, bewirthen, v. a.

Regard, Blick, Anblick, s. m. (es, e).

Regarder, ansehen, v. ir.; v. voir; anblicken, beschauen, v. a.

Région, Himmelsgegend, s. f. (—, en).

Règle, Regel, s. f. (—, n); Lineal, s. n. (s, e).

Règne, Regierung, s. f. (—, en); Reich, s. n. (es, e).

Régner, regieren, herrschen, v. n.

Regret, Bedauern, s. n. (s, ...); Reue, s. f. (—, ...); Leid, s. n. (es, ...).

Regretter, bedauern, v. a.

Régulier, regelmäßig, pünktlich, adj. [nen].

Reine, Königin, s. f. (—,

Réjouir, erfreuen, ergötzen, belustigen, v. a.

Reliure, Einband, Band, s. m. (es, "e).

Reluire, glänzen, blinken, leuchten, v. n.

Remercier, danken, abdanken, v. a.

Rempart, Wall, s. m. (es, "e); Vormauer, s. f. (—, n).

Remplir, füllen, anfüllen, verwalten, v. a.

Remuer, bewegen, rüh=ren, regen, v. a.

Renard, Fuchs, s. m. (es, "e).

Rencontre, Begegnung, s f. (—, en); Zusam=mentreffen, s. n. (s, —).

Rencontrer, begegnen, v. n.; treffen, v. ir.; imp. traf, p. getroffen.

Rendre, wiedergeben, zu=rückgeben, v. ir.; v. don-ner; leiſten, bezeigen, v. a.

Renommée, Ruf, s. m. (es, ...); Gerücht, s. n. (es, e).

Renoncer, entſagen, ver=zichten, v. n.

Rentier, Rentner, s. m. (s, —).

Renverser, umſtoßen, nie=berſtürzen, umſchütten, umkehren, v. a.   [v. n.

Répondre, antworten,

Réponse, Antwort, s. f. (—, en).

Repos, Ruhe, s. f. (—, ...); Ruheplatz, s. m. (es, "e).

Reposer, ausruhen, v. n.

Reproche, Vorwurf, s. m. (es, "e).

Réputation, Ruf, s. m. (es, ...).

Réserve, Vorbehalt, s. m. (es, e).

Résidence, Wohnſitz, Wohnort, s. m. (es, e).

Résolu, entſchloſſen, be=ſchloſſen, adj.

Respect, Ehrfurcht, s. f. (—, ...); Ehrerbietung, s. f. (—, en).

Respecter, ehren, v. a.

Respirer, athmen, v. a. et n.

Ressembler, gleichen, v. ir.; imp. glich, p. ge=glichen.

Ressentir, empfinden, v. ir.; imp. empfand, p. empfunden.

Rester, bleiben, v. ir.; imp. blieb, p. geblieben.

Résultat, Erfolg, s. m. (es, e); Folge, s. f. (—, n).

Résulter, erfolgen, folgen, v. n.

Retour, Rückkehr, Erwie=berung, s. f. (—, en).

Réussir, gelingen, v. ir.;
imp. gelang, p. gelun=
gen; glücken, v. n.
Réussite, Erfolg, s. m.
(es, e).
Revanche, Genugthuung
s. f. (—, en).   ["e).
Rêve, Traum, s. m. (es,
Réveil, Erwachen, s. n.
(s, ...).
Réveiller, wecken, auf=
wecken, erneuern, v. a.
Revenant, Gespenst, s. n.
(es, er).
Rêver, träumen, v. a. et n.
Rhume, Schnupfen, s. m.
(s, —).   [adj.
Riant, lachend, freundlich,
Riche, reich, kostbar, adj.
Richesse, Reichthum, s.
m. (es, "er).
Ride, Runzel, Falte, s. f.
(—, n).
Rideau, Vorhang, s. m.
(es, "e).
Ridicule, lächerlich, adj.
Rien, nichts, adv.
Rigidité, Strenge, Schärfe
s. f. (—, ...).
Rire, lachen, v. n.
Risque, Gefahr, s. f.
(—, en).

Rivage, Ufer, s. n. (s,—);
Strand, s. m. (es, e);
Küste, s. f. (—, n).
Rival, Nebenbuhler, s. m.
(s, —).
Rivaliser, wetteifern, v. n.
Rive, Ufer, s. n. (s, —);
Rand, s. m. (es, "er).
Rivière, Fluß, Strom, s.
m. (es, "e).
Rixe, Zank, s. m. (es,"e);
Streit, s. m. (es, e).
Riz, Reis, s. m. (es, ...).
Robe, Rock, s. m. (es,"e);
Kleid, s. n. (es, er);
Haut, s. f. (—, "e);
Schale, s. f. (—, n).
Roche, Felsen, s. m.
(s, —).
Rocher, Felsen, s. m.
(s, —); Klippe, s. f.
(—, n).
Roi, König, s. m. (es, e).
Rôle, Liste, Rolle, s. f.
(—, n).
Rompre, brechen, v. ir.;
imp. brach, p. gebro=
chen; reißen, v. ir.; imp.
riß, p. gerissen.
Rond, rund, adj.
Ronde, Runde, s. f.
(—, n).

Ronger, nagen, v. a. et n.

Rosaire, Rosenkranz, s. m. (es, "e).

Rose, Rose, s. f. (—, n).

Rosée, Thau, s. m. (es, ...).

Rosser, prügeln, v. a.

Rossignol, Nachtigall, s. f. (—, en); Dieterich, s. m. (es, e).

Rôti, Braten, s. m. (s, —).

Rôtir, braten, v. ir.; imp. briet, p. gebraten.

Roue, Rad, s. n. (es, "er).

Rouer, rädern, v. a.

Rouge, roth, glühend, adj.

Rougeole, Rötheln, s. pl.

Rouiller, rosten, v. n.

Rouler, rollen, wälzen, wickeln, v. a.

Route, Weg, s. m. (es, e); Straße, s. f. (—, n).

Royal, königlich, adj.

Royaume, Königreich, s. n. (es, e).   ["er).

Ruban, Band, s. n. (es,

Ruche, Bienenkorb, s. m. (es, "e).

Rude, rauh, hart, strenge, adj.

Rue, Gasse, Straße, s. f. (—, n).

Ruisseau, Bach, s. m.

(es, "e); Gosse, s. f. (—, n).

Ruisseler, rieseln, v. n.; rinnen, v. ir.; imp. rann, p. geronnen.

Rupture, Bruch, s. m. (es, "e).

Ruse, List, s. f. (—, en); Arglist, Hinterlist, s. f. (—, ...); Ränke, s. pl.

Rusé, listig, hinterlistig, adj.   [lich, adj.

Rustique, bäuerisch, länd=

Rustre, sehr grob, flegel= haft, adj.

S.

Sable, Sand, s. m. (es, ...).

Sablier, Sanduhr, s. f. (—, en).

Sabot, Holzschuh, s. m. (es, e); Huf, s. m. (es, e).

Sabre, Säbel, s. m. (s, —).

Sac, Sack, s. m. (es, "e); Beutel, s. m. (s, —).

Sacré, heilig, verflucht, adj.

Sacrer, salben, weihen, v. a.

Sacrifier, opfern, v. a.

Sage, weise, verständig, adj.

Sage-femme, Hebamme, s. f. (—, n).

Sagesse, Weisheit, s. f. (—, …).

Saignée, Aberlaß, Abzug. s. m. (es, "e).

Saillie, Vorsprung, s. m. (es, "e).

Sain, gesund, adj.

Saint, heilig, adj.

Saisie, Arrest, Beschlag, s. m. (es, e).

Saisir, ergreifen, v. ir.; imp. ergriff, p. ergriffen; mit Beschlag belegen, v. a.

Saison, Jahreszeit, s. f. (—, en).

Salle, Saal, s. m. (es, Säle).

Salubre, gesund, heilsam, adj.

Saluer, grüßen, begrüßen, v. a.

Salut, Wohlfahrt, s. f. (—, …); Heil, s. n. (es, …); Gruß, s. m. (es, "e).

Salutation, Begrüßung, s. f. (—, en).

Samedi, Sonnabend, Samstag, s. m. (s, e).

Sang, Blut, s. n. (es, …).

Sanglier, Eber, s. m. (s, —).

Sanglot, Schluchzen, s. n. (s, …).

Sangsue, Blutigel, s. m. (s, —).

Sans, ohne, prép.

Sapin, Tanne, s. f. (—, n).

Satin, Atlas, s. m. (es, e).

Saule, Weide, s. f. (—, n).

Saumon, Lachs, s. m. (es, e).

Saut, Sprung, Satz, Fall, s. m. (es, "e).

Sauter, springen, v. ir.; imp. sprang, p. gesprungen.

Sauvage, wild, leutescheu, adj.

Sauver, retten, v. a.; bergen, v. ir.; imp. barg, p. geborgen; erlösen, v. a.

Sauveur, Retter, Erlöser, s. m. (s, —).

Savant, gelehrt, adj.

Saveur, Geschmack, s. m. (es, …).

Savoir, wissen, v. ir.; imp. wußte, p. gewußt.

Savon, Seife, s. f. (—, n).

Sceau, Siegel, s. n. (s, —).

Scélérat, Böfewicht, s. m.
(es, er).

Scie, Säge, s. f. (—, n).

Science, Wiſſenſchaft, s. f.
(—, en).

Scier, ſägen, v. a.

Séance, Sitzung, s. f.
(—, en).

Seau, Eimer, s. m. (s, —).

Sec, trocken, gedörrt, dürr,
adj.

Sécher, trocknen, dörren,
v. a.

Secouer, ſchütteln, rüt-
teln, v. a.

Secourir, helfen, v. ir.;
imp. half, p. geholfen.

Secours, Hülfe, s. f.
(—, ..)

Secret, Geheimniß, s. n.
(es, e).

Sécurité, Sicherheit, s. f.
(—, en).

Séduire, verführen, v. a.

Scigle, Roggen, s. m.
(s, ...); Korn, s. n.
(s, ...).

Seigneur, Herr, s. m.
(n, en).

Seigneurie, Herrſchaft, s.
f. (—, en).

Sein, Buſen, s. m. (s, —);
Bruſt, s. f. (—, "e).;
Schooß, s. m. (es,
Schöße).

Séjour, Aufenthalt, s. m.
(es, e).

Sel, Salz, s. n. (es, e).

Selle, Sattel, s. m. (s, "-).

Semaine, Woche, s. f.
(—, n).

Semblable, ähnlich, gleich,
adj.

Sembler, ſcheinen, v. i. et
ir.; imp. ſchien, p. ge-
ſchienen; dünken, v. i.

Semelle, Sohle, s. f.
(—, n).

Semer, ſäen, v. a.

Sens, Sinn, s. m. (es, e);
Seite, s. f. (—, n).

Sensation, Eindruck, s. m.
(es, "e).

Sensible, empfindlich, gefühlvoll, adj.

Sentir, empfinden, v. ir.;
imp. empfand, p. em-
pfunden; fühlen, ſpü-
ren, v. a.

Serein, heiter, klar, adj.

Serment, Eid, s. m. (es, e);
Schwur, s. m. (es, "e).

Serpent, Schlange, s. f.
(—, n).

Serrure , Schloß, s. n.
(es, ¨er).

Servante , Magd , s. f.
(—, ¨e).

Service , Dienst , s. m.
(es , e).

Servir, dienen, v. n.; be=
dienen, v. a.

Serviteur, Diener, s. m.
(s, —).

Sévérité, Strenge, Härte,
s. f. (—, ...).

Sexe , Geschlecht , s. n.
(es, er).

Siècle, Jahrhundert, s. n.
(es, e).

Siége, Stuhl, s. m. (es, ¨e);
Sessel, s. m. (s, —);
Sitz, s. m. (es, e).

Siéger, sitzen, v. ir.; imp.
saß, p. gesessen.

Signe , Zeichen , s. n.
(s, —).

Silence, Stillschweigen,
s. n. (s, —).   [adj.

Simple, einfach, einzig,

Singe, Affe, s. m. (n, n).

Sobriété, Mäßigkeit, Mä=
ßigung, s. f. (—, en).

Soin, Sorge, s. f. (—, n).

Soir, Abend, s. m. (s, e).

Sol, Boden, s. m. (s, ¨-).

Soleil, Sonne, s. f. (—, n).

Solide , fest , dicht , stark,
dauerhaft, derb, adj.

Sommeil, Schlaf, s. m.
(es, ...).   [(s, —).

Sommet, Gipfel, s. m.

Son, Laut, s. m. (es, e);
Schall, Ton, Klang, s.
m. (es, ¨e).

Sonner, klingen, v. ir.;
imp. klang, p. geklun=
gen; läuten, v. a.; schel=
len, v. n.

Sonnette, Schelle, s. f.
(—, n).

Sorcier, Zauberer, s. m.
(s, —).

Sort, Schicksal, Loos, s. n.
(es, e).

Sorte, Sorte, s. f. (—, n);
Gattung, s. f. (—, en).

Sortie, Ausgang, Auszug,
s. m. (es, ¨e); Ausfuhr,
s. f. (—, en).

Sortir, ausgehen, v. ir.;
v. aller.

Souffler, blasen, v. ir.;
imp. blies, p. geblasen.

Souffrir, leiden, v. ir.;
imp. litt, p. gelitten.

Soufre, Schwefel, s. m.
(s, —).

Souhait, Wunsch, s. m. (es, "e).

Souhaiter, wünschen, gönnen, v. a.

Soulier, Schuh, s. m. (es, e).

Soupçon, Verdacht, Argwohn, s. m. (es, ...).

Souper, zu Abend essen, v. ir.; v. manger.

Soupirer, seufzen, v. n.

Source, Quelle, s. f. (—, n).

Sourcil, Augenbraune, s. f. (—, n).

Sourd, taub, adj.

Sourire, lächeln, v. n.

Souris, Maus, s. f. (-,"e).

Sous, unter, prép.

Soutien, Stütze, s. f. (-, n).

Souvenir, Andenken, s. n. (s, —); Gedächtniß, s. n (es, e).

Souvent, oft, adv.

Spectacle, Schauspiel, s. n. (es, e).

Spectateur, Zuschauer, s. m. (s, —).

Spirituel, geistig, geistreich, adj.

Splendeur, Glanz, s. m. (es, ...).

Squelette, Gerippe, s. n. (s, —).

Statue, Bildsäule, s. f. (—, n); Standbild, s. n. (es, er).

Stérile, unfruchtbar, adj.

Stupide, dumm, adj.

Sublime, erhaben, adj.

Submersion, Überschwemmung, s. f (—, en).

Subtilité, Feinheit, Zartheit, Spitzfindigkeit, s. f. (—, en).

Sucer, saugen, einsaugen, v. a.

Sucre, Zucker, s. m. (s,-).

Suer, schwitzen, v. n.

Sueur, Schweiß, s. m. (es, ...).

Suicide, Selbstmord, s. m. (es, e).

Suif, Talg, s. m. et n (es, e).

Suite, Gefolge, s. n. (s,...); Folge, Reihe, s. f. (-, n); Fortsetzung, s. f. (-, en).

Suivre, folgen, nachfolgen, v. n.; beobachten, v. a.

Sujet, Ursache, s. f. (-, n); Veranlassung, s. f. (—, en). [(es, en).

Sujet, Unterthan, s. m.

Supplier, flehen, v. a.

Supplique, Bittschrift, s. f. (—, en).

Supporter, tragen, v. ir.; v. porter; stützen, unterstützen, v. a.

Sur, auf, über, an, in, prép.

Sûr, sicher, gewiß, zuverläßig, adj.

Sûreté, Sicherheit, s. f. (—, en).

Surface, Oberfläche, s. f. (—, n).

Surplus, Überschuß, s. m. (es, "e).

Surpoids, Übergewicht, s. n. (es, e).

Surprendre, überraschen, überrumpeln, v. a.

Surprise, Ueberfall, s. m. (es, "e).; Ueberraschung, Bestürzung, s. f. (-, en).

Suscription, Aufschrift, s. f. (—, en).

Suspect, verdächtig, adj.

Suspendre, aufhängen, aussetzen, ausstellen, v. a.

Syllabe, Sylbe, s. f. (-, n).

Symbole, Sinnbild, s. n. (es, er).

T.

Table, Tisch, s. m. (es, e); Register, s. n. (s, —); Verzeichniß, s. n. (es, e).

Tableau, Gemälde, s. n. (s, —); Bild, s. n. (es, er).

Tache, Flecken, s. m. (s, —).

Tâche, Arbeit, s. f. (—, en); Aufgabe, s. f. (—, n).

Taie, Ueberzug, s. m. (es, "e).

Taille, Schnitt, s. m. (es, e); Wuchs, s. m. (es, "e); Leib, s. m. (es, er).

Taille-douce, Kupferstich s. m. (es, e).

Tailler, schneiden, v. ir.; imp. schnitt, p. geschnitten.

Tailleur, Schneider, s. m. (s, —).

Taire, verschweigen, se-, schweigen, v. ir.; imp. schwieg, p. geschwiegen.

Talon, Ferse, Hacke, s. f. (—, n); Absatz, s. m. (es, "e).

Tambour, Trommel, s. f.
(—, n); Tambour, s.
m. (ß, en).
Tantôt, bald, vorhin, adv.
Tapis, Teppich, s. m.
(eß, e).
Tard, spät, adv.
Tarder, zögern, säumen,
zaudern, verweilen, v. n.
Tardif, spät, langsam, adj.
Tarir, austrocknen, ver=
siegen, v. a. et n.
Tarte, Torte, s. f. (—, n).
Tas, Haufen, s. m. (ß, —).
Tasse, Schale, Tasse, s. f.
(—, n).
Tasser, häufen, aufhäu=
fen, v. a.
Tâter, befühlen, betasten,
prüfen, v. a.
Taupe, Maulwurf, s. m.
(eß, "e).   [(eß, e).
Taureau, Stier, s. m.
Taverne, Weinschenke, s
f. (—, n).   [v. a.
Taxer, schätzen, tariren,
Teindre, färben, v. a.
Teinte, Farbe, s. f. (-, n).
Témérité, Verwegenheit,
s. f. (—, en).
Témoigner, zeugen, v. n.;
bezeugen, bezeichnen, v. a.

Témoin, Zeuge, s. m.
(n, n).
Tempête, Ungewitter, s.
n. (ß, —).
Temps, Zeit, s. f. (—, en);
Wetter, s. n. (ß, —).
Tenaille, Zange, s. f.
(—, n).
Tendre, spannen, aufstel=
len, v. a.   [adj.
Tendre, weich, mürbe, zart,
Tendresse, Zärtlichkeit,
s. f. (—, en).
Teneur, Inhalt, s. m.
(eß, e).
Tenir, halten, v. ir.; imp.
hielt, p. gehalten; fassen,
besitzen, v. a.
Tente, Zelt, s. n. (eß, e).
Tenter, versuchen, v. a.
Tenue, Haltung, s. f.
(—, en).
Terme, Ende, s. n. (ß, n);
Ziel, s. n. (eß, e); Aus=
druck, s. m. (eß, "e).
Terminer, begrenzen, en=
bigen, v. a.
Terne, matt, trübe, adj.
Terrain, Platz, s. m. (eß,
"e); Boden, s. m. (ß, —).
Terre, Erde, s. f. (—, ...);
Feld, s. n. (eß, er).

Terreur, Schrecken, s. m.
(ß, —).

Tête, Kopf, s. m. (eß, "e);
Haupt, s. n. (eß, "er).

Théière, Theekanne, s. f.
(—, n).

Tiède, lau, lauwarm, adj.

Tige, Stamm, s. m. (eß, "e);
Stängel, s. m. (ß, —);
Stiel, s. m. (ß, e);
Schaft, s. m (eß, "e).

Tilleul, Linde, s. f. (—, n).

Timide, schüchtern, blöde,
adj.   [zog, p. gezogen.

Tirer, ziehen, v. ir.; imp.

Tireur, Schütze, s. m.
(n, n); Jäger, Zieher,
s. m. (ß, —); Traffent,
s. m. (en, en).

Tiroir, Schublade, s. f.
(—, n).

Tisser, wirken, v. a.

Toile, Leinwand, s. f.
(eß, e).

Toit, Dach, s. n. (eß, "er).

Tôle, Eisenblech, s. n.
(eß, e).

Tombe, Grabstein, s. m.
(eß, e); Grab, s. n.
(eß, "er).

Tomber, fallen, v. ir.;
imp. fiel, p. gefallen.

Tome, Band, s. m. (eß, "e);
Theil, s. m. (eß, e).

Tort, Unrecht, s. n. (eß, e);
Schaden, s. m. (ß, —).

Tortue, Schildkröte, s. f.
(—, n).

Total, ganz, gänzlich, adj.

Toucher, berühren, an-
rühren, v. a.

Tour, m., Umlauf, Gang,
s. m. (eß, "e); Reise,
s. f. (—, n).

Tour, f., Thurm, s. m.
(eß, "e).

Tourmenter, quälen, pei-
nigen, plagen, v. a.

Tourner, drehen, kehren,
v. a.; wenden, v. ir.;
imp. wandte p. gewandt.

Tousser, husten, v. n.

Tout, ganz, alle, jeder, adj.

Trace, Spur, s. f. (—, en).

Tradition, Ueberlieferung
s. f. (—, en); Sage, s.
f. (—, n).

Traduction, Uebersetzung,
s. f. (—, en).

Traduire, übersetzen, v. a.

Tragédie, Trauerspiel, s.
n. (eß, e).

Trahir, verrathen, v. ir.;
v. conseiller.

Trahison, Verrätherei, s. f. (—, en).

Train, Gang, Zug, s. m. (es, "e); Gefolge, s. n. (s, …).

Traîneau, Schlitten, s. m. (s, —).

Traîner, schleppen, schleifen, v. a.; ziehen, v. ir.; imp. zog, p. gezogen.

Traire, melken, v. ir.; imp. molf, p. gemolfen.

Trait, Zug, s. m. (es, "e); Strich, s. m. (es, e).

Trajet, Reise, s. f. (—, n).

Trancher, schneiden, v. ir.; imp. schnitt, p. geschnitten.

Transe, Angst, s. f. (—, "e).

Transférer, versetzen, verlegen, v. a.

Transport, Fortschaffung, s. f. (—, en); Hitze, s. f. (—, n).

Travail, Arbeit, s. f. (—, en).

Travailler, arbeiten, v. n.

Travailleur, Arbeiter, s. m. (s, —).

Traversée, Ueberfahrt, s. f. (—, en).

Tremblant, zitternd, bebend, adj.

Trembler, zittern, beben, v. n.

Trésor, Schatz, s. m. (es, "e).

Tresse, Tresse, Flechte, s. f. (—, n).

Tresser, flechten, v. ir.; imp. flocht, p. geflochten; schlingen, v. ir.; imp. schlang, p. geschlungen.

Trève, Waffenstillstand, s. m. (es, "e).

Tribunal, Gericht, s. n. (es, e).

Trimestre, Vierteljahr, s. n. (es, e).

Triste, traurig, betrübt, adj.

Tristesse, Traurigkeit, s. f. (—, …).

Tromper, betrügen, v. ir.; imp. betrog, p. betrogen.

Tronc, Stamm, s. m. (es, "e).

Trône, Thron, s. m. (es, e).

Tronquer, verstümmeln, v. a.   [adv

Trop, zu viel, zu sehr, zu

Troquer, tauſchen, ver=
tauſchen, v. a.
Trotter, traben, v. n.
Trou, Loch, s. n. (es,
"er).
Trouble, trübe, adj.
Troubler, trüben, ſtören,
v. a.
Trouver, finden, v. ir.;
imp. fand, p. gefunden.
Tuer, tödten, ſchlachten,
fällen, v. a.
Tuteur, Vormund, s. m.
(es, "er).
Tyran, Tyrann, s. m.
(en, en); Wütherich, s.
m. (es, e).

U.

Un, ein, art.
Unanime, einmüthig, adj.
Uni, eben, gleich, einfach,
adj.
Uniforme, einförmig, adj.
Union, Vereinigung, Ei=
nigkeit, s. f. (—, en);
Eintracht, s. f. (—, ...).
Unir, vereinigen, v. a.
Univers, Weltall, s. n.
(es, ...).
Urgent, dringend, adj.

Usage, Gebrauch, s. m
(es, "e); Benutzung,
Nutzung, s. f. (—, en).
User, brauchen, gebrau=
chen, v. a.
Usure, Wucher, s. m.
(s, —); Abnutzung, s.
f. (—, en).
Usurier, Wucherer, s. m.
(s, —).
Utile, nützlich, adj.
Utilité, Nutzen, s. m.
(s, —); Vortheil, s. m.
(s, e).

V.

Vacant, leer, unbeſetzt, adj.
Vacarme, Geſchrei, s. n.
(es, ...); Lärm, s. m.
(es, ...).
Vache, Kuh, s. f. (—, "e).
Vague, Welle, Woge, s. f.
(—, n).
Vaillant, tapfer, beherzt,
adj.
Vain, eitel, nichtig, vergeb=
lich, ſtolz, hochmüthig,
adj.
Vaincre, beſiegen, v. a.
Vainqueur, Sieger, s. m.
(s, —).

Valeur, Werth, s. m. (es, e).

Vallée, Thal, s. n. (es, "er).

Valoir, gelten, v. ir.; imp. galt, p. gegolten.

Valse, Walzer, s. m. (s, —).

Vanité, Eitelkeit, Nichtigkeit, s. f. (—, en).

Vanter, rühmen, v. a.

Vapeur, Dampf, Dunst, s. m. (es, "e).

Variable, veränderlich, adj.

Varier, verändern, v. a.

Vase, Gefäß, s. n. (es, e).

Vaste, groß, weit, ungeheuer, adj.

Vautour, Geier, s. m. (s, —).

Veau, Kalb, s. n. (es, "er); Kalbfleisch, s. n. (es, ...).

Veiller, wachen, v. n.

Veine, Ader, s. f. (—, n).

Velours, Sammet, s. m. (es, e).

Vendange, Weinlese, s. f. —, n).

Vendre, verkaufen, v. a.

Vendredi, Freitag, s. m. (es, e).

Vénérable, ehrwürdig, adj.

Vénération, Verehrung, s. f. (—, en).

Vénérer, verehren, v. a.

Vengeance, Rache, s. f. (—, ...).

Venger, rächen, v. a.

Vengeur, Rächer, s. m. (s, —)

Venin, Gift, s. n. (es, e).

Venir, kommen, v. ir.; imp. kam, p. gekommen.

Vent, Wind, s. m. (es, e).

Vente, Verkauf, s. m. (es, "e).

Ventre, Bauch, s. m. (es, "e).

Verbal, mündlich, adj.

Vérité, Wahrheit, s. f. (-—, en).

Verre, Glas, s. n. (es, "er).

Vers, gegen, nach, zu, prép.

Verser, gießen, v. ir.; imp. goß, p. gegossen.

Vert, grün, herbe, jung, frisch, adj.

Vertige, Schwindel, s. m. (s, —).

Vertu, Tugend, s. f. (—, en).

Vertueux, tugendhaft, adj.
Veuf, Wittwer, s. m. (s, —).
Viande, Fleisch, s. n. (es, e).
Vice, Laster, s. n. (s, —).
Vicieux, fehlerhaft, laster=haft, adj.
Vicomte, Vicomte, s. m. (s, —).
Victime, Opfer, s. n. (s, —).
Victoire, Sieg, s. m. (es, e).
Vide, leer, ledig, adj.
Vider, leeren, ausleeren, v. a.
Vie, Leben, s. n. (s, —).
Vieillard, Greis, s. m. (es, e).
Vieillesse, Alter, s. n. (s, —).
Vierge, Jungfrau, s. f. (—, en).
Vieux, alt, adj.
Vif, lebend, lebhaft, adj.
Vigne, Weinstock, s. m. (es, "e); Weinberg, s. m. (es, e).
Vigueur, Stärke, s. f. (—, ...); Kraft, s. f. (—, "e).

Vilain, häßlich, garstig, adj.
Village, Dorf, s. n. (es, "er).
Ville, Stadt, s. f. (—, "e).
Vin, Wein, s. m. (es, e).
Vinaigre, Essig, s. m. (s, e).
Violence, Heftigkeit, Ge=waltthätigkeit, s. f. (—, en).
Vipère, Viper, Otter, Natter, s. f. (—, n).
Vis, Schraube, s. f. (—, n).
Visage, Gesicht, Angesicht, s. n. (es, er).
Viser, zielen, v. n.
Visible, sichtbar, adj.
Vision, Erscheinung, s. f. (—, en).
Visionnaire, Geisterseher, s. m. (s, —).
Visite, Besuch, s. m. (es, e); Untersuchung, Be=sichtigung, s. f. (—, en).
Visiter, besuchen, durch=suchen, besichtigen, v. a.
Visiteur, Beschauer, s. m. (s, —).
Vite, geschwind, adj.
Vitesse, Geschwindigkeit, s. f. (—, en).

Vitre, Fenster, s. n. (s, —); Scheibe, s. f. (—, n).

Vivacité, Lebhaftigkeit, Hitze, s. f. (—, ...).

Vivant, lebend, adj.

Vivre, leben, v. n.

Vivres, Lebensmittel, s. pl.

Vocation, Beruf, Ruf, s. m. (es, e).

Vœu, Gelübde, s. n. (s, -).

Voie, Weg, s. m. (es, e); Straße, s. f. (—, n); Spur, s. f. (—, en).

Voile, Schleier, s. m. (s, —); Vorhang, s. m (es, "e).

Voile, Segel, s. n. (s, —).

Voir, sehen, v. ir.; imp. sah, p. gesehen.

Voisin, Nachbar, s. m. (n ou s, en).

Voiture, Wagen, s. m. (s, —).

Voix, Stimme, s. f. (–, n).

Vol, Diebstahl, s. m. (s, "e).

Volaille, Geflügel, s. n. (s, ...).

Volée, Flug, Zug, Schwarm, s. m. (es, "e).

Voler, stehlen, v. ir.; imp. stahl, p. gestohlen.

Voler, fliegen, v. ir.; imp. flog, p. geflogen.

Voleur, Dieb, s. m. (es, e).

Volonté, Wille, s. m. (ns, n).

Voter, stimmen, v. n.

Vouer, widmen, geloben, v. a.

Voûte, Gewölbe, s. n. (s, —).

Voyage, Reise, s. f. (-, n).

Voyageur, Reisende, s. m. (n, n).

Vrai, wahr, adj.

Vraisemblance, Wahrscheinlichkeit, s. f. (-, en).

Vue, Gesicht, s. n. (es, e); Anblick, s. m. (es, e).

Z.

Zèle, Eifer, s. m. (s, —).

Zélé, eifrig, adj.

Zéro, Null, s. f. (—, en).

Zone, Zone, s. f. (—, n); Erdstrich, s. m. (es, e).

Zoologie, Naturgeschichte der Thiere, s. f. (—, ...).

Cours comparatif des monnaies d'Allemagne.

MONNAIES.	ARGENT de FRANCE.		ARGENT de PRUSSE			ARGENT de SAXE			FLORINS au pied de 24 1/2.			FLORINS au pied de 20.		
	Francs.	Centimes.	Thaler.	Silbergroschen.	Pfennig.	Thaler.	Gute Groschen.	Pfennig.	Florins.	Kreuzer.	Pfennig.	Florins.	Kreuzer.	Pfennig.
ARGENT DE FRANCE.														
Pièce de 20 francs	—	—	5	10	—	5	8	—	9	14	3	7	41	2
» 5 »	—	—	1	10	—	1	8	—	2	18	3	1	55	1
» 1 franc	—	—	—	8	—	—	6	5	—	27	2	—	23	—
» — 50 centimes	—	—	—	4	—	—	3	2	—	13	3	—	11	2
» — 20 »	—	—	—	2	—	—	1	7	—	5	2	—	4	2
» — 1 centime	—	—	—	—	1	—	—	3/4	—	—	1	—	—	1
ARGENT DE PRUSSE. *Le papier-monnaie est de 100, 50, 5 et 1 Thaler, et a cours comme l'argent.* (Th. Sgr. Pf.)														
Le double frédéric d'or. 11 10 —	42	50	—	—	—	11	8	—	19	52	3	16	20	—
Le frédéric d'or. 5 20 —	21	25	—	—	—	5	16	—	9	56	1	8	10	—
Papier-monnaie de 5 th. 5 — —	18	75	—	—	—	5	—	—	8	46	3	7	12	2
1 Thaler d°, ou argent (divisé en 30 gros). 1 — —	3	75	—	—	—	1	—	—	1	45	1	1	26	2
1/3 de Thaler . — 10 —	1	25	—	—	—	—	8	—	—	35	—	—	28	2
1/6 » . — 5 —	—	62 1/2	—	—	—	—	4	—	—	17	2	—	14	1
1 gros ou Silbergroschen (div. en 12 Pfennig). — 1 —	—	12 1/2	—	—	—	—	—	9 1/2	—	3	2	—	2	3
1 Pfennig . — — 1	—	1	—	—	—	—	—	3/4	—	—	1	—	—	3/4
FLORINS AU PIED DE 24 1/2 *(pour toute l'Allemagne, excepté la Prusse, la Saxe et l'Autriche).*														
1 florin (divisé en 60 Kreuzer)	2	16 1/3	—	17	—	—	13	9	—	—	—	—	49	—
1 Kreuzer (divisé en 4 Pfennig)	—	3 1/3	—	—	3 1/2	—	—	3	—	—	—	—	—	3 1/3
1 Pfennig	—	1	—	—	1	—	—	3/4	—	—	—	—	—	1
FLORINS AU PIED DE 20 (Autr.).														
1 florin de convention (divisé en 60 Kreuzer)	2	60	—	20	6	—	16	6	1	12	2	—	—	—
1 Kreuzer (divisé en 4 Pfennig)	—	4 1/3	—	—	4	—	—	3 1/2	—	1	1/3	—	—	—
1 Pfennig	—	1 1/10	—	—	1	—	—	3/4	—	—	1 1/3	—	—	—

Le papier-monnaie d'Autriche *(Wiener Wœhrung)* vaut à peu près la moitié de la valeur nominale.

A la même Librairie :

GUIDES-RICHARD,

ITINÉRAIRES EUROPÉENS

A L'USAGE DES VOYAGEURS,

PAR

RICHARD, AD. JOANNE, DU PAYS, ETC.

Chacun de ces itinéraires est accompagné de cartes routières, plans de villes, vues, etc.

EUROPE, 1 vol. in-12. — BAINS D'EUROPE, par Ad. Joanne et le docteur Le Pileur, 1 vol. in-18. — FRANCE ET BELGIQUE, 1 vol. in-12. — FRANCE, 1 vol. in-18. — FRANCE MONUMENTALE, 1 vol. in-12. — PYRÉNÉES, 1 vol. in-18. — ENVIRONS DE PARIS, 1 vol. in-18. — BELGIQUE ET HOLLANDE, 1 fort vol. in-18. — BELGIQUE *seule*, 1 vol. in-18. — SPA ET SES ENVIRONS, par Ad. Joanne, 1 vol. in-18. — HOLLANDE *seule*, 1 vol. in-18. — BORDS DU RHIN, 1 vol. in-18. — BORDS DU RHIN (*guide pour les trains de plaisir*), par Ad. Joanne, 1 vol. in-18. — BADE ET LA FORÊT-NOIRE, par Ad. Joanne, 1 vol. in-18. — ALLEMAGNE, 1 vol. in-12. — TYROL, 1 vol. in-12. — SUISSE ET JURA FRANÇAIS, par Ad. Joanne; 1 fort vol. in-12. — SUISSE, SAVOIE ET PIÉMONT, traduit de Murray; 1 vol. in-18. — NOUVEL-EBEL. SUISSE, 1 vol. in-18. — ITALIE ET SICILE, 1 fort vol. in-12. — LE MIDI DE LA FRANCE ET L'ITALIE, 1 vol. in-12. — SICILE, 1 vol. in-18. — ROME, SES MONUMENTS, SES CURIOSITÉS, SES ENVIRONS, par G. Robello; 1 fort vol. in-12. — ROME VÜE EN HUIT JOURS, 1 vol. in-18. — ESPAGNE ET PORTUGAL, 1 fort vol. in-18. — ANGLETERRE, ÉCOSSE ET IRLANDE, 1 fort vol. in-12. — ÉCOSSE, par Ad. Joanne, 1 vol. in-18. — LONDRES ET SES ENVIRONS, 1 fort vol. in-18. — LONDRES TEL QU'IL EST, 1 vol. in-18. — ORIENT, un fort vol. in-12. — CONSTANTINOPLE, 1 vol. in-12. — LA TERRE-SAINTE, 1 vol. in-12. — ALGÉRIE, 1 vol. in-18. — CALIFORNIE (Description de la), 1 vol. in-12. — CALIFORNIE (Route de la), 1 vol. in-12.

www.ingramcontent.com/pod-product-compliance
Lightning Source LLC
LaVergne TN
LVHW021938030726
842523LV00001B/201